LA PAIX PUBLIQUE

SELON

LA LOGIQUE ET L'HISTOIRE

PAR

H. DE FAVIERS

PARIS
LIBRAIRIE PLON
E. PLON, NOURRIT ET Cie, IMPRIMEURS-ÉDITEURS
RUE GARANCIÈRE, 10

1885

EN VENTE A LA MÊME LIBRAIRIE :

PARIS. TYPOGRAPHIE DE E. PLON, NOURRIT ET Cie, RUE GARANCIÈRE, 8.

LA

PAIX PUBLIQUE

SELON

LA LOGIQUE ET L'HISTOIRE

PARIS. — TYPOGRAPHIE DE E. PLON, NOURRIT ET Cie, RUE GARANCIÈRE, 8.

LA

PAIX PUBLIQUE

SELON

LA LOGIQUE ET L'HISTOIRE

PAR

H. DE FAVIERS

PARIS
LIBRAIRIE PLON
E. PLON, NOURRIT ET Cie, IMPRIMEURS-ÉDITEURS
RUE GARANCIÈRE, 10

1885

LA PAIX PUBLIQUE

SELON LA LOGIQUE ET L'HISTOIRE

AVANT-PROPOS

Il est inutile de se flatter ou de s'abuser : la paix perpétuelle, aussi bien que la justice absolue, ne sont pas en notre pouvoir ici-bas. Imparfait, dépendant, mobile, de quel fond l'homme pourrait-il donc tirer cette certitude de justice et cette stabilité de paix qu'il ne rencontre nulle part, et ne sent pas même en soi? Pourtant son esprit net les conçoit d'emblée, son cœur sain se dilate vers elles; et, dès lors, elles doivent exister, elles existent, bien qu'au dehors et au delà.

Mais s'il ne nous est pas donné de saisir ces biens dans leur plénitude, et de les retenir dans leur intégralité, nous pouvons toutefois en atteindre une partie, une fraction, réduite comme nous-mêmes aux limites étroites et aux conditions subordonnées que la nature impose.

C'est ainsi qu'au lieu d'une paix et d'une justice

totales, nous ne possédons que la paix dans un temps et la justice dans un degré, mais avec la faculté de conserver l'une et d'augmenter l'autre en raison de nos efforts et de nos volontés.

La plus grande somme possible de paix et de justice, ou, mieux, de paix par la justice, tel est donc le but légitimement proposé à l'avenir de l'humanité, et qu'elle doit poursuivre avec foi au travers de ses hésitations et de ses défaillances.

Remarquons-le, il ne s'agit pas ici de cette sorte de paix intérieure et transcendante que le juste porte au plus profond de lui; non plus que de la paix privée ou domestique qui entretient l'harmonie dans les familles et les groupes d'individus, mais seulement d'une paix publique, authentique, officielle en même temps que réelle, civile aussi bien qu'étrangère. Et bien que cette dernière dépende pour beaucoup des deux autres, et se relie à elles par la solidarité d'une seule et invariable morale, elle s'en distingue toutefois par son mobile à part, et le cercle différent de son action. Tandis que la première s'appuie sur des croyances intimes; la seconde, sur des affections ou des intérêts circonscrits, c'est le propre de la paix publique de se baser sur des droits et des devoirs d'ordre général, politiques et historiques, nationaux et internationaux.

De là, l'étendue de son objet, aussi bien que la difficulté de sa mission; car il ne suffirait pas que ces droits et ces devoirs fussent connus, s'ils n'étaient en même temps reconnus et acceptés; et, trop souvent, l'animosité, l'ignorance, la mauvaise foi les dénaturent ou en entravent l'exercice.

A nous de chercher à diminuer ces obstacles et à redresser ces jugements. Par là, nous devenons les collaborateurs de la grande œuvre pacificatrice; ouvriers insuffisants, avec plus de tâche que de forces, et prenant part au tout, quoique nous y soyons presque un rien.

Mais ce rien est responsable et actif; et si, dans le champ de travail des choses, le moindre germe, le dernier, peut croître et fructifier, dans celui du bien et de la vérité, nul n'a droit de refuser sa semence ni de se désintéresser de la moisson.

PREMIÈRE PARTIE

I

Rien n'est si faux que cette affirmation de Montesquieu : « Dans l'état de pure nature, les hommes ne chercheraient pas à s'attaquer, et la paix serait leur première loi naturelle. » Ceux qui idéalisaient ainsi l'homme de la nature, et qui l'imaginaient, avec J. J. Rousseau, avant que « la société l'eût dépravé », seraient fort surpris aujourd'hui, en constatant, à la suite des découvertes modernes, de quelle quantité d'armes de silex ou de bronze, haches, flèches, pointes de lances, massues, etc., les plus anciens habitants de notre globe avaient soin et besoin de se pourvoir. Que l'on ne croie pas qu'ils les aient employées seulement pour se défendre contre les animaux féroces, ou leur donner la chasse. Actuellement encore, dans un pays qui n'est pourtant pas incivilisé, au Japon [1], des armes de pierre polie, pareilles aux leurs, font partie de l'équipement des troupes régulières. C'étaient donc proprement des armes de guerre; et ils ne s'en servaient que trop contre leurs semblables, puisqu'on a retrouvé, dans un certain nombre de leurs sépultures, des ossements humains entaillés et incrustés [2],

[1] CHABAS, *Études sur l'antiquité historique*. Comptes rendus de l'Académie des inscriptions, 1871, t. X, ch. VII, p. 360, 363.
[2] ISSEL, *Grotte ossifère de Finale*. Milan, 1861.

ainsi que des colliers formés de dentales humaines, usage qui s'est conservé chez les Indiens de l'Amérique [1]. Comme ils n'y pouvaient figurer qu'à titre de trophées, il faut reconnaître que parmi nos antiques ascendants nous en avons eu de fâcheux, qui s'entre-tuaient et se déchiquetaient, et cela, malgré leur état de « pure nature ». Tout barbares qu'ils nous paraissent, ils savaient pourtant préparer ces armes et disposer ces affreux ornements, et ce dernier signe de leur dégénérescence demeure encore celui de leur noblesse originelle; ces féroces raisonnaient, choisissaient, exécutaient; ils étaient hommes. C'est par là qu'il faut les relever malgré tout, en cherchant sous ces crânes, même accidentellement déprimés ou difformes, non les tristes linéaments de la bête, mais cette capacité d'intelligence qui, si haut que l'on remonte, ne leur a jamais fait défaut [2].

Prenons donc ces hommes primitifs tels qu'ils ont dû être, rudes de corps, incultes d'esprit, et placés au milieu de la nature comme dans un centre ennemi. Ils n'en peuvent tirer leur subsistance qu'au prix de fatigues et d'efforts. Les uns veillent à la garde des troupeaux; d'autres s'exténuent à cultiver le sol. La différence des professions et, par suite, celle des caractères suscitent bientôt la jalousie et la haine. La paix intérieure s'altère; les cœurs et les bras se soulèvent; le sang coule, et la vie de l'homme est en même temps répandue.

D'autres passions occasionnent d'autres crimes : les

[1] CAZALÈS DE FONDOUCE, *Musées de Copenhague. Matériaux pour l'histoire de l'homme*, t. VI, p. 143.

[2] « Les crânes les plus anciens que l'on connaisse n'offrent rien qui indique des êtres dégradés. » Discours d'un savant transformiste, M. Wallace, au Congrès de Glasgow, en 1876.

querelles surgissent et s'échauffent; on se frappe, on se blesse; et le blessé devient meurtrier à son tour; tandis que les familles, associées à des craintes ou à des projets de vengeance, perdent la sécurité et la paix de leurs foyers.

Mais l'humanité des anciens âges était encore voisine de ce berceau dont on voudrait faire aujourd'hui une sorte de repaire à l'usage d'on ne sait quel monstre fantastique; et cette identité d'origine qui, du moins, n'est guère sérieusement contestée (*a*), lui maintenait, avec sa tradition familiale, une unité de langage propre à faciliter les rapprochements. Un jour vint enfin où ce dernier lien fut rompu (*b*). Les hommes ayant cessé de se comprendre, cessèrent aussi de s'entendre; et, comme ils se sentaient déjà éloignés les uns des autres, ils furent contraints de se séparer effectivement. Comment cette dispersion dut-elle se faire? Par groupes de même famille, de même langage, allant occuper une même région, et formant autant de noyaux de nations. Puis, à cette division de l'humanité succéda logiquement celle de la terre elle-même, lorsque les générations, en multipliant, commencèrent à la remplir.

En même temps, les peuples se constituaient en corps de nations, sous la conduite des plus forts, des puissants, devenus leurs chefs ou leurs rois. Ces royaumes nouveaux ne tardèrent pas beaucoup à s'entre-choquer, et les rixes des particuliers dégénérant en luttes générales, la guerre s'organisa avec son cortége de dévastations et d'homicides.

(*a*) Grâce, en bonne partie, au livre de M. DE QUATREFAGES, *l'Unité de l'espèce humaine*.

(*b*) La Bible nous dit dans quelles circonstances (*Genèse*, ch. XI).

Dès lors que ces attentats collectifs changeaient de caractère, et que la civilisation naissante paraissait les autoriser, la paix publique était partout compromise ou virtuellement troublée.

Tel est, dans ses éléments humains, le récit que nous transmet la Genèse [1] de la première période de notre histoire sociale; et l'on doit convenir que, si nous ne le possédions déjà, nous pourrions l'imaginer sans peine, tant il est simple, tant il parait plausible.

Pour le compléter et l'ennoblir, il faudrait montrer ici, à la suite d'une de ces guerres inhumaines, et au milieu des dépouilles et des captifs, la grandiose figure du roi-prêtre Melchisedech [2], présentant à l'Éternel le pain et le vin, comme une offrande pure et pacificatrice.

[1] Ch. IV, X, XI, XIV.

[2] « Roi de Salem, c'est-à-dire roi de paix. » (*Ép. de saint Paul aux Hébreux*, ch. VII, ℣ 2.)

II

La guerre, et avec elle l'esclavage ou la mort des vaincus, était ainsi entrée dans les mœurs, en attendant qu'elle le fût dans les lois. Celles des Juifs sont probablement les plus anciennes que l'on connaisse sur ce sujet, et Moïse qui les leur donna [1] et les fit d'abord exécuter [2], y introduisit, à côté d'ordres formels de destruction, quelques prescriptions plus clémentes pour tempérer leur terrible rigueur, commune à toute l'antiquité militante (a). Laissons le glaive vengeur s'abattre sur ces races maudites de Chanaan (b) et les exterminer dans la terre dès longtemps promise et comme préparée aux Hébreux. Si nous n'avons pas à chercher la justification de ces faits d'ordre providentiel, non plus qu'à arguer de leur exemple, il reste toutefois ceci, que le sentiment d'une

[1] *Deutéronome*, xx.

[2] *Nombres*, xxi-xxxi; *Deutéronome*, ii, iii.

(a) Au sujet du massacre des femmes et des enfants des vaincus, voir Homère, qui cite « les corps des enfants brisés sur la terre, tandis que le féroce Mars renverse tout »; dans Thucydide, la prise de Mycalesse par les Thraces; dans Arrien (l. I), celle de Thèbes par les Macédoniens; dans Appien, celle d'Iturge par les Romains, qui « massacrèrent sans distinction les femmes et les enfants ».

(b) On n'a pas assez remarqué que la malédiction de Noé atteignait, non pas son fils Cham, mais Chanaan, son petit-fils, et ses descendants. (Voir *Genèse*, ix, 25-27; x, 15-19, et *Deutéronome*, vii, 12.)

expiation due, et d'un sacrifice à offrir par des mains non sanglantes, a toujours accompagné et en quelque sorte corrigé ces fureurs.

Moïse, qui, pendant la mêlée, obtenait la victoire en levant au ciel ses bras désarmés, avait confié aux seuls prêtres, fils d'Aaron, les rites des immolations pacifiques [1]. Saül, pour avoir un jour empiété sur les fonctions sacerdotales, réservées à Samuel, en offrant lui-même « l'holocauste et les hosties pacifiques » à la veille du combat, mérita d'être rejeté de Dieu dont il violait la loi [2]. Enfin ce ne fut pas à David [3], roi guerrier, qu'échut l'honneur d'élever le temple de Jérusalem, mais à son fils, au pacifique Salomon [4].

Par là, la conscience publique se maintenait dans sa rectitude, et les nobles instincts du cœur humain y conservaient leur prééminence.

Mais voici qu'à la guerre étrangère vint se joindre un plus dur et plus démoralisant fléau, celui de la guerre civile. Les annales de ce même peuple hébreu nous en découvrent, à plusieurs reprises, l'origine et les suites. Il faut pénétrer avec elles dans le détail des faits.

L'outrage fait à la femme d'un lévite et le refus de punir les coupables avaient armé tout Israël contre les Benjamites et amené la destruction presque complète de leur tribu [5]. Un châtiment aussi atroce devait laisser des ferments haineux.

Plus tard, sur les instances du peuple qui voulait un

[1] *Lévitique*, III, IX.
[2] *I Rois*, XIII.
[3] *II Rois*, VII.
[4] *III Rois*, V, VIII.
[5] *Juges*, XX.

Roi [1], Saül, sorti des survivants de cette tribu de Benjamin, avait été personnellement choisi et désigné [2]. A sa mort, deux chefs et deux partis se trouvaient en présence. Isboseth, son fils, réussit à retenir le royaume d'Israël; de beaucoup le plus considérable, tandis que David ne put régner d'abord que sur sa propre tribu, celle de Juda. Les droits du sang et ceux du choix divisaient ainsi déjà les esprits. Mais David seul était l'oint de Dieu, et il l'emporta finalement dans une longue lutte que les combattants poursuivaient à contre-cœur [3].

Plus heureux que son prédécesseur, Dieu lui assura le trône, et à l'un de ses fils après lui, ensuite à leur postérité si elle demeurait fidèle [4]. Cette protection conditionnelle ne le garantissait pas des obstacles. Le roi adultère vit les malheurs s'accumuler dans sa famille, son fils Absalon circonvenir ses sujets, le chasser du trône et le réduire à prendre la fuite [5]. Tandis qu'il s'éloignait en pleurant, un ancien partisan de Saül, issu comme lui de Benjamin, le poursuivait de ses invectives, lui reprochait de s'être injustement « emparé de royaume [6] » et l'appelait « un homme de sang ». La faction vaincue relevait la tête.

L'armée d'Absalon exterminée, et le fils rebelle mis à mort, il fallut encore étouffer un autre soulèvement d'Israël, suscité par un Benjamite contre la tribu fidèle mais privilégiée de Juda [7], et éteindre enfin les dernières

[1] *I Rois*, VIII.
[2] *Id.*, IX.
[3] *II Rois*, II.
[4] *Id.*, VII.
[5] *Id.*, XV.
[6] *Id.*, XVI.
[7] *Id.*, XIX, XX.

vindictes dans le sang des sept rejetons de Saül.

Le règne paisible de Salomon ne fut qu'un intervalle. A peine son fils Roboam était-il monté sur le trône, que dix tribus, excédées de la dureté du gouvernement et de son refus de l'adoucir, se séparèrent de lui, et sous le nom de royaume d'Israël, opposé à celui de Juda, opérèrent une scission politique et religieuse [1] qui, après avoir souvent mis aux prises ces peuples frères, les affaiblit mutuellement, jusqu'au jour où ils tombèrent, l'un, puis l'autre, sous le joug de l'étranger.

Bornons ici ces traits qui, dans leur cadre restreint, offrent une image multiple. Aussi bien trouverait-on partout, à la naissance de ces grands mouvements, les mêmes passions indomptables, les mêmes compétitions, les mêmes cabales; les rivalités de région ou de famille, les animosités ambitieuses, l'esprit de parti se perpétuant avec ses haines tenaces, l'esprit de domination voulant tout retenir à soi, jusqu'à ce qu'enfin le lien se brise et que la rupture se consomme.

Dans ces phases sanglantes de son histoire intérieure, on ne voit pas que le peuple hébreu ait osé recourir aux expiations ordinaires. Une seule fois, après le massacre des Benjamites, il se hâta de « construire un autel » et d'immoler des « victimes pacifiques » [2]. Alors, « tout Israël éprouva une grande douleur, et fit pénitence du meurtre d'une de ses tribus [3] ». Cette exécution sommaire, quelque barbare qu'elle fût, trouvait encore son pardon : elle tenait de la justice plutôt que de la vengeance. Mais

[1] *III Rois*, XII.
[2] *Juges*, XXI, 4.
[3] *Juges*, XXI, 15.

ensuite, dans les autres guerres civiles, les prêtres restent inactifs et les autels éteints. Jéhovah avait défendu le combat entre les fils de Juda et d'Israël : « Vous ne ferez pas la guerre contre vos frères [1]. » Au lieu de l'apaiser par des holocaustes, ces fratricides auraient craint d'entendre sur eux la réprobation de Caïn : « La voix du sang de ton frère a crié de la terre jusqu'à moi [2]. »

Au milieu de ces luttes civiles ou étrangères, le besoin de concentrer la force et d'assurer la justice et la concorde contribua beaucoup à la recherche du meilleur gouvernement, et à l'art naissant de la politique. L'antiquité juive nous en transmet encore le témoignage circonstancié.

Moïse avait prévu qu'à l'issue du gouvernement sacerdotal et judiciaire, les Hébreux voudraient un roi « comme toutes les nations d'alentour [3] ». Cinq siècles plus tard, cette prédiction devait se réaliser. Pour échapper aux prévarications des Juges, fils de Samuel, les anciens d'Israël vinrent lui dire : « Établissez sur nous un roi, afin qu'il nous juge, comme en ont toutes les nations. Ce discours déplut à Samuel... Mais le Seigneur dit à Samuel : Écoute la voix du peuple en tout ce qu'ils te disent; car ce n'est pas toi qu'ils ont rejeté, mais moi, afin que je ne règne pas sur eux... Cependant, avertis-les, et dis-leur d'avance le droit du roi qui doit régner sur eux [4]. » Comme Samuel, en leur exposant ces droits

[1] *III Rois*, XII, 24.
[2] *Genèse*, IV, 10.
[3] *Deutéronome*, XVII, 14.
[4] *I Rois*, VIII, 5-9.

exorbitants, les menaçait de regrets tardifs : « Vous crierez en ce jour-là, à cause de votre roi que vous vous serez choisi, et le Seigneur ne vous exaucera pas, parce que vous avez demandé pour vous un roi. » Le peuple ne voulut pas entendre sa voix; mais ils dirent : Point du tout, car il y aura un roi sur nous, et nous serons, nous aussi, comme toutes les nations; et notre roi nous jugera, et il sortira devant nous, et il combattra nos guerres pour nous[1]. » « Le Seigneur dit alors à Samuel : Écoute leur voix, et établis sur eux un roi[2]. »

Remarquons, d'une part, que cette forme monarchique qui avait tous leurs vœux était alors générale; de l'autre, qu'ils furent repris et blâmés, non de l'avoir préférée, mais d'avoir substitué une créature à la place du créateur, et, pour ainsi dire, dépossédé leur Dieu.

Ce récit, à la fois sobre et substantiel, contient d'autres enseignements d'un ordre plus élevé. La prescience divine n'y entrave en rien la marche libre et régulière des destinées humaines. Le peuple y fait déjà entendre « sa voix »; et, bien qu'elle ne soit pas l'écho de celle de Dieu, ce Dieu veut bien accéder aux désirs des Israélites, et il intervient dans l'institution de leur gouvernement, en « établissant sur eux » un roi qui est aussi « choisi par eux ». L'action divine et l'acte humain concordent et concourent par là distinctement à la formation du pouvoir. Mais ce pouvoir une fois reconnu ne saurait être abandonné aux caprices de la multitude, et Samuel l'avertit expressément que les plaintes qui s'élèveraient

[1] *I Rois*, VIII, 19, 20.
[2] *Id.*, 22.

au sujet de ce roi demandé et choisi ne seraient plus exaucées d'en haut.

La paix publique était à ce prix.

C'est ainsi que sous l'écorce en apparence inerte des faits, nous apercevons la sève montante qui les vivifie, en même temps que les lois de leur développement commencent à se manifester. Mieux que tout autre, le peuple hébreu voyait qu'elles ne sont pas abandonnées au hasard, et il se savait l'auteur responsable de ses propres destinées[1]. Par des promesses ou des menaces, des prospérités ou des châtiments, la Providence se montrait visiblement à lui, et « le portait sur ses ailes, comme l'aigle qui provoque et soutient le premier vol de ses petits[2] ».

Il faut descendre de ces hauteurs bibliques et traverser la Perse, où la conscience est déroutée par le dualisme des principes, et l'Inde, où la personnalité s'égare dans une pluralité de créations et de transmigrations, pour atteindre un pays et une doctrine politique qui méritent de nous arrêter.

Isolé par ses mœurs, ses idées, sa position géographique à l'extrémité de l'Asie, l'empire de la Chine s'y est établi et assis avec une vitalité si tenace, qu'elle a pu soutenir jusqu'à nous la longue épreuve des siècles et des bouleversements. Les uns et les autres se déroulent posément dans les annales de cette singulière nation. Elle ne s'y perd pas dans les mythes ou les origines théogoniques; elle ne cherche pas à s'entourer de

[1] *Lévitique*, XXVI.
[2] *Deutéronome*, XXXII, 11.

légendes fabuleuses; elle se raconte avec une sincérité dépouillée, jointe à une rectitude de jugement qui pénètrent toute cette histoire plutôt qu'elles ne l'animent. Les faits coulent ou serpentent au milieu de préceptes et de réflexions morales. Sur leur surface unie de nobles pensées se déploient : « Agissons envers les autres comme nous voudrions qu'ils agissent envers nous [1]. » « La vertu est le fondement et la base du bon gouvernement [2]. » « Pour bien gouverner un royaume, il est nécessaire de s'attacher tout d'abord à mettre le bon ordre dans sa famille [3]. » « Faire jouir le monde de la paix et de l'harmonie consiste à bien gouverner son royaume [4]. »

A quelles marques reconnaître ce bon gouvernement chargé de prévenir les divisions et d'assurer la paix? C'est, dans la pratique, celui « qui procure d'abord au peuple les choses nécessaires à sa subsistance et à sa conservation, puis qui pense à le rendre vertueux [5] », c'est-à-dire qui pourvoit à tous ses besoins. En théorie, autant du moins qu'on peut l'extraire de ces œuvres peu didactiques, ce doit être celui du prince qui réunit au « mandat du ciel [6] » « l'affection du peuple [7] », qualifiés aussi postérieurement d' « acceptation du ciel » et « acceptation du peuple [8] ».

Beaucoup de passages d'un des plus anciens livres chinois, le Livre par Excellence, parlent expressément de

[1] *Ta-hio*, ch. IX, 3; compar. *Lévitique*, XIX, 18, et OSÉE, VI, 6.
[2] *Chou-king*, ch. I, 3.
[3] *Ta-hio*, ch. IX.
[4] *Ta-hio*, ch. X.
[5] *Chou-king*, ch. I, 3.
[6] *Chou-king*, 1re partie, ch. IV, 14.
[7] *Ta-hio*, ch. X, 6.
[8] *Meng-tseu*, l. II, ch. III.

ce « mandat du ciel » « donné », « reçu », « retiré » à telle ou telle dynastie [1]. Ils ne le mentionnent pas comme un terme vague, une expression figurative, mais lui prêtent un sens distinct et défini qui confond dans la même étymologie le « Ciel » (Ti), le « Seigneur du Ciel » (Ti ou Chang-ti), le « Ciel suprême » (Tien) et le « Fils du Ciel » ou le Souverain (Tien-tse). Nous pouvons en conclure que c'était alors là l'objet d'une croyance religieuse autant que politique, dont nous trouvons la trace dans une sorte d'instruction rhythmée, déjà vieille par rapport à l'antique auteur qui l'a reproduite. « Peuples, ne suivez pas une voie écartée ou inégale. Conformez-vous à la loi de votre roi. Ne vous en écartez d'aucune manière. Ne vous opposez pas à sa loi. Ne la violez pas... Ces préceptes sur le pivot ou l'exemple du souverain sont la règle immuable : ils sont la doctrine même du Seigneur (Ti) [2]. » D'autre part, les ministres ou les sages adressaient aux souverains des avertissements comme celui-ci : « Ce que le Ciel voit et entend, c'est ce que le peuple voit et entend. Il y a une communication intime entre le ciel et le peuple. Que ceux qui gouvernent le peuple soient donc attentifs et réservés [3] » ; ou cet autre : « Le mandat de la souveraineté n'est pas immuable [4] », qui servaient de frein et de contre-poids à leur autorité.

Confucius et surtout ses successeurs ont singulièrement modifié, sinon altéré cet équilibre en un point essentiel. Par leurs gloses et leurs commentaires raison-

[1] *Chou-king*, ch. IV, p. 14.
[2] *Id.*, 4e partie, ch. IV.
[3] *Id.*, 1re partie, ch. IV.
[4] *Id.*, 4e partie, ch. X.

neurs, ils ont retiré du Ciel son mandat, et l'ont graduellement ramené à la terre. Écoutons d'abord le philosophe : « Avant que les princes de la dynastie de Yn eussent perdu l'affection du peuple, ils pouvaient être comparés au Très-Haut. Nous pouvons considérer dans eux que le mandat du ciel n'est pas facile à conserver, ce qui veut dire : Obtiens l'affection du peuple, et tu obtiendras l'empire : perds l'affection du peuple, et tu perdras l'empire. » Jusqu'ici nous côtoyons encore l'ancienne théorie; mais voici la conclusion : « C'est pourquoi le prince doit, avant tout, veiller à son principe rationnel et moral[1]. » Qu'est-ce que cela signifie ? Le petit-fils de Confucius, Tseu-tse, nous l'apprend en partie : « Le mandat du ciel, dit-il, s'appelle nature rationnelle[2]. » Enfin Meng-tseu ou Mencius, le rénovateur de l'école, va lever nos derniers doutes : « Celui qui développe toute la faculté de son principe pensant connait sa nature rationnelle : une fois que l'on connait sa nature rationnelle, alors on connait le ciel[3]. » Ainsi le ciel ou la raison, c'est tout un, et le mandat du ciel n'est autre, en définitive, que celui que la raison décerne (*a*).

Le rationalisme, voilà donc le terme peut-être inconscient, mais final, d'une doctrine qui, après avoir débuté

[1] *Ta-hio*, ch. x.
[2] *Tchoung-young*, ch. I.
[3] *Meng-tseu*, l. II, ch, VII.
(*a*) Ailleurs, il est vrai, Mencius parle de l'acceptation du ciel. « Le fils du Ciel (l'empereur Yao) proposa Chun au ciel, et le ciel l'accepta. Il (l'Empereur) lui ordonna de présider aux cérémonies des sacrifices, et tous les esprits eurent ses sacrifices pour agréables; c'est là *l'acceptation du ciel*. » (L. II, ch. III.) Mais ce n'est plus là son « mandat donné », et le « Seigneur du ciel », le « Très-Haut », est remplacé par « les esprits » : on sent la dégénérescence des idées.

par des axiomes dignes de Moïse, aboutit fatalement à ces paradoxes extrêmes : « La nature de l'homme est naturellement bonne. Il n'est personne qui ne soit naturellement bon[1]. »

— Sous le ciel bas et voilé de la Chine, ne semble-t-il pas que l'homme se replie et se concentre, et que son esprit, arrêté comme ses yeux, soit détourné d'en haut, pour se reporter trop près de lui et trop exclusivement sur lui-même? Il perd ainsi le vrai point de vue des choses, et leur perspective aérienne lui fait en même temps défaut.

[1] *Meng-tseu*, l. II, ch. v.

III

Tandis que la Chine avait gardé et consigné dans ses plus anciens livres, comme dans un code sacré, les traditions fondamentales d'une monarchie tempérée appuyée sur le monothéisme, la Grèce mobile, instable, curieuse de systèmes et de nouveautés, comptant presque autant d'États que de villes, de gouvernement que d'États, et de révolutions que de gouvernements [1], usait sa gloire et sa force, jadis expansive, en rivalités sanglantes et en luttes intestines. Athènes, la plus illustre de ses villes, vaincue finalement par Sparte, s'était vue obligée de subir le joug successif des trente tyrans et de la démocratie. Ces malheurs publics et le désir d'y porter remède eurent pour suite de provoquer certains esprits d'élite à rechercher sur quels principes la stabilité d'un État repose, et quelle sorte de constitution les sauvegarde le mieux ; en d'autres termes, à créer la philosophie politique. Tout était à élucider dans ce nouvel ordre d'idées où Socrate et Platon, ensuite Aristote, apparaissent comme des initiateurs.

Socrate, au dire de Xénophon, voyait dans la désunion de ses concitoyens le premier obstacle au rétablissement

[1] Voir, entre autres, le chapitre VIII de la *Politique d'Aristote*.

de leur grandeur, et les exhortait instamment à la paix et la concorde [1]. « Rien de si beau que la concorde dans les États; tous les jours les magistrats et les premiers de la nation la recommandent aux citoyens. Chez tous les peuples de la Grèce une loi porte que les citoyens jureront de vivre dans l'union, et partout ils prêtent ce serment... pour qu'ils obéissent tous aux lois. Tant qu'ils leur restent soumis, les États conservent leur vigueur et la plus brillante prospérité; et, sans la concorde, ni les républiques ni les familles ne peuvent être bien gouvernées [2]. »

Mais ces maximes contingentes ne suffisant pas à ce ferme esprit, c'est à la Divinité qu'il a recours pour trouver dans les lois de l'ordre moral l'appui et l'assurance d'une sanction. N'arrive-t-il pas souvent, en effet, que la loi humaine soit impunément transgressée, tandis que « les hommes qui violent les lois divines subissent un juste châtiment [3] »? Aussi la Providence a-t-elle principalement, à ses yeux, le rôle de rémunérateur et de régulateur suprême, tandis que les affaires humaines doivent être confiées aux plus capables de procurer la justice et l'utilité publiques (*a*).

Platon, disciple de Socrate, devait atteindre au delà de son maître, et reconnaître dans la divinité, non-seulement la plus haute nécessité sociale, mais la raison d'être et le moteur de toutes choses. Écoutons-le dans cet

[1] XÉNOPHON, *les Mémorables*, l. III, ch. V.
[2] XÉNOPHON, *les Mémorables*, l. IV, ch. IV.
[3] *Id.*
(*a*) Nous adoptons volontiers, avec M. FOUILLÉE, auteur de la *Philosophie de Socrate*, cette quintessence des idées semi-politiques du philosophe.

étonnant passage où il recueille le souffle lointain de l'inspiration primitive : « Dieu, suivant l'antique tradition Orphique, est le commencement, le milieu et la fin de tous les êtres... Quiconque veut être heureux doit s'attacher à la justice, marchant humblement et modestement sur ses pas. Quelle est la conduite agréable à Dieu? Une seule, fondée sur le principe ancien, que le semblable plait à son semblable, quand l'un et l'autre sont dans le juste milieu... Or Dieu est pour nous la juste mesure de toutes choses, beaucoup plus qu'un homme ne peut l'être... Dieu étant donc ainsi, il n'est point d'autre moyen de s'en faire aimer, que de travailler de tout son pouvoir à être ainsi soi-même. Suivant ce principe, l'homme tempérant est ami de Dieu, car il lui ressemble... Il en faut dire autant des autres vertus [1]. »

Voilà le but moral individuellement marqué; collectivement, il n'en prescrit point d'autre que cette conformité et cette harmonie dans le bien (a) qui relie l'État à l'homme, comme l'homme à Dieu, car « ce qui rend l'État juste rend également l'individu juste [2] ».

Comment établir cette justice publique qu'il maintient en même temps une « vertu » et une « habileté [3] »? En chargeant « les artistes (philosophes) de tracer le plan de l'État d'après le modèle divin qu'ils ont sans cesse sous les yeux [4] »..

Laissons de côté ce qu'il y a d'utopique et d'irréalisable

[1] PLATON, *les Lois*, liv. IV.

(a) Par une étrange condescendance, il permet « le mensonge aux magistrats, pour le bien de la République ». (*Rép.*, l. III.)

[2] PLATON, *la République*, l. I.

[3] *Id.*

[4] *Id.*, l. VI.

dans cette théorie, et cherchons l'idéal politique qu'elle devait avoir pour but de favoriser.

Platon, frappé sans doute du récent désastre de sa patrie et de la licence qui s'en était suivie, se base sur la puissance patriarcale héréditaire, comme sur « le gouvernement des temps primitifs [1] », et « la plus juste des royautés [2] », pour déclarer que « le vrai gouvernement, lorsqu'il l'est réellement, doit être cherché dans une seule personne ou dans deux, ou dans un petit nombre, qu'ils règnent par la force ou le libre consentement, suivant les lois, ou sans les lois [3] ». Puis se rectifiant lui-même, et partageant les gouvernements en six, il ajoute que « la monarchie enchaînée par de sages règlements que nous appelons des lois est le meilleur des six gouvernements [4] »; et il donne finalement pour but à « l'art royal » de réunir les caractères forts et les modérés par les « liens de la concorde et de l'amitié [5] ».

Ces premiers tempéraments devaient l'amener, avec l'expérience, à en introduire d'autres; voici, en effet, comme il s'exprime dans un ouvrage postérieur : « On peut dire avec raison qu'il y a, en quelque sorte, deux espèces de constitutions politiques mères, d'où naissent toutes les autres : l'une est la monarchie, et l'autre la démocratie. Chez les Perses la monarchie, et chez nous autres Athéniens la démocratie, sont portées au plus haut degré, et presque toutes les autres constitutions sont composées et mélangées de ces deux-là... Il est absolu-

[1] *Lois*, l. III.
[2] *Id.*
[3] *La Politique*.
[4] *Id.*
[5] *Id.*

ment nécessaire qu'un gouvernement tienne de l'une et de l'autre, si l'on veut que la liberté, les lumières et la concorde y règnent. Les Perses et les Athéniens, en aimant à l'excès et exclusivement, les uns la monarchie, les autres la liberté, n'ont pas su garder une juste mesure dans l'une et dans l'autre [1]. »

Grande et féconde idée que cette union de la monarchie et de la démocratie, de l'autorité et de la liberté, mais toutefois inachevée, à moins que l'on ne considère comme son complément l'introduction dans l'État de l'élément mixte sous la forme d'un Sénat, dont « l'élection sera faite de manière à tenir le milieu entre la monarchie et la démocratie, milieu essentiel à tout bon gouvernement [2] » (*a*).

En même temps qu'il cherchait à concilier les opinions, Platon s'efforçait de rapprocher les hommes. C'est ainsi que nous lui devons, et à Socrate, des conseils généreux que leur pays et leur époque ne pouvaient pas encore suivre ni apprécier. « Les Grecs, disait-il, traiteront de discordes leurs différends avec les autres Grecs... et ne leur donneront pas le nom de guerre... et dans ces différends, ils se comporteront avec eux comme devant un jour s'accommoder avec leurs adversaires... ils les réduiront doucement à la raison, sans vouloir, pour les châtier, ni les rendre esclaves, ni les ruiner [3] » (*b*). Il ajoutait :

[1] *Lois*, l. III.
[2] *Lois*, l. XII.
(*a*) A Sparte, « le Sénat fut, ainsi que le dit Platon, un contrepoids salutaire entre le peuple et les Rois ». (PLUTARQUE, *Vie de Lycurgue*.) Il est remarquable de voir, à peu près à la même époque, deux autres philosophes grecs, Archytas et Hippodame, préconiser très-explicitement l'association des trois pouvoirs.
[3] *République*, l. V.
(*b*) Un siècle après, Antigone, ayant Sparte en son pouvoir,

« Le législateur doit avoir en vue d'éviter la guerre, et non-seulement la guerre du dehors, mais la guerre intestine appelée sédition... Dans le cas d'une sédition, est-il quelqu'un qui préférât voir la paix achetée par la ruine d'un des partis et la victoire de l'autre, plutôt que l'union et l'amitié rétablies entre eux par un bon accord, et toute leur attention tournée vers les ennemis du dehors[1]? » Il allait plus loin, et refrénait aussi toute propension aux guerres étrangères : « Quiconque aura pour objet unique et principal les guerres de dehors, ne sera jamais un bon politique ni un sage législateur; mais il faut qu'il règle tout ce qui concerne la guerre en vue de la paix, plutôt que de subordonner la paix à la guerre[2]. »

Rien de surprenant que ce respect de la vie l'ait porté, dans ses lois, à prescrire une expiation pénale au meurtrier involontaire d'un homme libre, et, pour le moins, une purification, si la victime était esclave[3].

Après cet essor d'humanité, et cet idéal proposé, si haut, si noble, que selon ses propres expressions on peut dire qu'il a « honoré l'âme », il faut oublier ce qui dépare ou dégrade l'État imaginaire auquel Platon a donné son nom, et n'y plus envisager finalement, avec lui, qu'une République appelée à « jouir d'une paix inaltérable si elle est vertueuse, tandis que si elle se laisse corrompre, la guerre l'attend au dedans aussi bien qu'au dehors[4] ».

« laissa à ses habitants la forme de gouvernement de leurs ancêtres et la liberté ». (POLYBE.) Exemple de désintéressement trop rare pour n'être pas cité.

[1] *Lois*, l. I.

[2] *Id.*

[3] *Id.*, l. IX.

[4] *Id.*, l. VIII.

Ainsi se trouve consacré le principe initial de la vertu « rémunérée » de Socrate, et « avantageuse » de Platon; et en même temps ce corollaire, que la justice publique reçoit sa récompense et son complément dans la paix.

IV

Otons à la philosoph e ses ailes, et au lieu de planer avec Platon jusqu'aux cimes, tâchons de les gravir, à la suite d'Aristote, par notre impulsion propre et nos efforts. Le but final ne variera pas sensiblement; c'est toujours l'acquisition du bonheur, mais d'un bonheur envisagé humainement, positivement, et qui, bien que détaché de l'idéal divin, ne peut toutefois être acquis, par les hommes et les sociétés, qu'au prix même de la vertu [1]. En quoi le fera-t-on consister? Non, dans de basses satisfactions et dans la possession incertaine des choses; ni même, pour les particuliers, dans le libre exercice de leurs facultés, ou, pour l'État, dans le développement de sa puissance et de sa prépondérance, car ce ne sont là encore que des moyens et des instruments transitoires, mais dans leur usage réglé de telle sorte, que finalement les actes publics ou privés soient conformes au type du beau et du bien [2].

Dès lors que « les gouvernements et les individus ont la même fin, puisque la même définition s'applique à l'homme parfait et au gouvernement parfait, les gouvernements ont donc besoin, comme les individus, des

[1] *Politique*, l. VII, ch. II; l. VIII, ch. I.
[2] L. VIII, ch. XIII.

vertus du repos, car la paix est la fin de la guerre (a), comme le repos est la fin du travail[1] ».

Dans sa politique, Aristote ne craint donc pas de réprouver l'éducation uniquement belliqueuse des jeunes Spartiates, et l'esprit d'égoïsme et de domination qu'on leur inculquait. « Jamais, dit-il, on ne doit former des hommes à l'art de la guerre pour en asservir d'autres qui n'ont pas mérité l'esclavage. Le premier but des institutions est de préserver de l'asservissement, le second est de ne viser à l'Empire que pour l'avantage des vaincus[2]. » La guerre, qu'il appelle « un moyen naturel d'acquérir[3] », n'est ainsi envisagée comme un juste moyen, qu'autant qu'elle se trouve nécessitée par les besoins de la défense et de la préservation (b). Autrement, faudrait-il lui appliquer ce qu'il en dit ailleurs : « Rien de plus affreux que la force au service de l'injustice[4]. »

Mais l'éducation de Sparte n'est pas seule l'objet de sa critique; ses institutions lui paraissent défectueuses par beaucoup de côtés[5]. Tandis que, dans son projet de constitution, Platon subit, peut-être inconsciemment, l'influence des vainqueurs d'Athènes, et demande à leurs

(a) Aristote, comme Platon, pense que « le législateur doit faire en sorte que même les lois sur la guerre n'aient en vue que la paix et le repos ». (L. VIII, ch. I.)

[1] L. VIII, ch. II.

[2] L. VIII, ch. I.

[3] L. I, ch. V.

(b) En jetant la Grèce sur l'Asie, l'élève d'Aristote, Alexandre le Grand, ne pouvait pas arguer de cette sorte de nécessité : mais il faut faire honneur à son maître de la modération et de la tolérance extraordinaires dont il usa à l'égard des peuples vaincus.

[4] L. I, ch. II.

[5] L. II, ch. VII.

lois le secret de leur force, Aristote, au contraire, se dégage ostensiblement de ces réminiscences étrangères, et ne les rencontre guère que pour les combattre. C'est que la balance politique de la Grèce venait de pencher d'un autre côté, à la suite d'un événement qu'Aristote mentionne à plusieurs reprises comme récent [1], et qui donnait tort aux admirateurs de « la constitution de Lacédémone et de son législateur, dont toutes les institutions sont tournées vers la guerre et la conquête [2] ». La victoire avait été infidèle à ce peuple trop militant, pour passer successivement à d'autres; et comme ses aptitudes étaient toutes dirigées et tendues du côté des armes, il semblait que l'abaissement de la nation dût être en même temps la condamnation de son système.

Ces circonstances transitoires de l'histoire hellénique ont probablement été cause de l'hésitation et d'une sorte de tâtonnement qui se trahissent dans les écrits du philosophe, d'ailleurs si précis, lorsque passant de l'analyse savante et subtile des diverses constitutions à sa profession de foi personnelle, il lui faut opter pour une forme politique. A l'opposé de Platon, qui se plait dans l'imaginaire, il ne quitte qu'à regret le terrain assuré des faits pour s'aventurer sur celui des hypothèses et de la spéculation. Plutôt que les siennes, il cite de préférence les opinions de ses devanciers, et volontiers aussi les réfute, surtout lorsqu'il s'agit des Spartiates : « Quelques philosophes, dit-il, pensent que la constitution la plus parfaite résulte de l'heureux mélange des divers gouver-

[1] L. VIII, ch. I.
[2] *Id.*

nements. Ainsi font-ils l'éloge de la constitution de Lacédémone, qu'ils regardent comme une combinaison de l'oligarchie, de la royauté et de la démocratie. Elle est, disent-ils, monarchique par ses rois, oligarchique par le Sénat, démocratique par les Éphores, qui sont toujours pris dans la classe du peuple. D'autres (sans doute il est de ce nombre) prétendent, il est vrai, qu'elle est tyrannique par ses Éphores, et qu'elle tient à la démocratie par les repas publics, et par l'égalité des exercices communs à tous [1]. » Puis, détaillant les différents rouages de ce pouvoir complexe, il en montre successivement les défauts ou les vices, et reconnait pourtant que leur assemblage a créé une machine durable et satisfaisante [2]. Mais, selon lui, ni Lycurgue ni Solon n'ont réussi à mélanger de telle sorte les forces sociales que dans la suite l'une d'elles n'ait empiété sur les autres et altéré la constitution [3].

Leur accord étant si difficile à obtenir, à qui, en définitive, faudra-t-il confier la souveraineté? Est-ce à tous, à plusieurs, à un seul; aux riches, ou aux pauvres? Autant de combinaisons diverses qu'Aristote propose pour les écarter successivement, et au milieu desquelles sa pensée fuyante nous échapperait, si nous n'avions pour nous guider des données saisissables, bien qu'en apparence contradictoires.

Voici en premier lieu comme il s'exprime : « S'il fallait décider la question, il paraîtrait plus convenable de remettre la souveraineté à la multitude plutôt qu'à la

[1] L. II, ch. IV.
[2] L. II, ch. VII.
[3] L. II, ch. VII et X.

classe distinguée et au petit nombre... En effet, il est possible qu'aucun individu ne se distingue dans une multitude. Cependant la collection peut être meilleure qu'un petit nombre d'hommes distingués, si l'on compare, non les individus, mais les masses [1]. »

Plus loin, il reconnaît que « lorsqu'une race entière, ou même un individu de la masse vient à briller d'une vertu tellement supérieure qu'elle surpasse la vertu de tous les autres citoyens ensemble, alors il est juste que cette race soit élevée à la royauté, à la suprême puissance; que cet individu soit pris pour roi [2] ».

Enfin, dans sa métaphysique, il se déclare en faveur du gouvernement d'un seul (a).

Rapprochons ici Aristote de lui-même, et comprenons que s'il a d'abord paru incliner vers la démocratie, ç'a été en réservant cette question de la prééminence de vertu royale qui place la monarchie en tête des trois « bons gouvernements, royauté, aristocratie, république », comme « le meilleur et le plus divin [3] ». Au surplus, une intelligence si ample et si variée n'était pas pour s'enfermer dans une théorie exclusive, et s'ouvrait librement à tous les rayons. Son principe fondamental le plus explicite pourrait se résumer comme suit : Tant valent les hommes, tant vaut le gouvernement [4].

Après cela, qu'Aristote ait eu des préférences politiques, et que voyant de tous côtés des abus et des excès,

[1] L. III, ch. VII.
[2] L. III, ch. XI.
(a) « Qu'il n'y ait donc qu'un seul chef. » (*Métaphysique*. A la fin.)
[3] L. IV, ch. II.
[4] L. III, ch. XII.

il ait cru que dans un petit État, comme le sien, un « gouvernement moyen [1] » réussirait mieux à s'en préserver, rien de surprenant, de la part d'un citoyen d'Athènes, assez éloigné des agitations qui avaient traversé la vie et la pensée de Platon pour les juger avec maturité et en tirer un calme enseignement.

Il ne veut donc, ni de l'oligarchie [2], qui lui rappelle le sénat aristocratique des trente, imposé à l'instar de Sparte, ni de la démocratie [3] qu'une réaction avait ensuite amenée : mais rejetant également ces deux influences extrêmes, il se prononce pour le gouvernement « des classes intermédiaires [4] » placées dans cette « moyenne » qui fait la mesure du bonheur comme de la vertu [5], et qui, en politique, tient la balance et le juste milieu [6]. Voilà quelle serait, selon lui, « la vraie république » et « le plus stable des gouvernements [7] ». Mais tous les régimes ont également besoin de modération et de cette limitation dans la puissance qui est proprement le pivot de son système, et qu'il recommande pareillement aux monarchies. « C'est par elle que la royauté se maintient. Moins ses attributions souveraines sont étendues, plus elle a de chances de durée dans toute son intégrité. Le roi songe moins alors à se faire despote, il respecte plus dans toutes ses actions l'égalité commune; et les sujets de leur côté sont moins enclins à lui porter envie [8] »

[1] L. IV, ch. XI.
[2] L. IV, ch. XI.
[3] L. IV, ch. XI.
[4] L. IV, ch. XI et XII.
[5] L. IV, ch. XI.
[6] L. IV, ch. XI.
[7] L. V, ch. I.
[8] L. V, ch. XI

Puis il ajoute : « L'inégalité est la cause de toutes les révolutions; car aucune compensation ne dédommage de l'inégalité [1]. »

Par ces remarques profondes, et sa lumineuse division du pouvoir public qu'il distingue en — délibératif — exécutif — judiciaire, il semblerait qu'Aristote dût prendre place parmi les modernes, si le même philosophe qui a ainsi observé et analysé la société ne s'était si étrangement mépris lorsqu'il parle de l'individu. En dehors des droits politiques, l'homme, à ses yeux, n'a ni personnalité ni indépendance. Fatalement engrené dans la machine publique, il ne s'appartient plus, et perd littéralement son autonomie (αὐτόν αὐτοῦ) [2]. Il n'a même aucun titre à la revendiquer, s'il est vrai que « le caractère essentiel du mauvais gouvernement soit de laisser chacun vivre comme il le veut [3] ». Dangereux paradoxes, qui ont compromis Aristote, et ne le rattachent que trop à Platon, et, avant lui, à Lycurgue, dans leur commun dédain de la liberté et de la dignité humaines. Mais sont-ce bien là des maximes oubliées et surannées, et n'y a-t-il pas, aujourd'hui encore, une école qui s'essaye à les ressusciter, en attendant qu'elle les impose? Que les mœurs d'autrefois aient pu, jusqu'à un certain point, leur servir d'excuse; nous l'accordons : les nôtres, du moins, répugnent-elles positivement à subir une contrainte qui sacrifie les individus et la famille à l'État [4], pour mieux concentrer ensuite les forces de cet État

[1] L. V, ch. XI.
[2] L. V, ch. I.
[3] L. V, ch. VI.
[4] L. I, ch. II, et l. VIII, ch. III, IV, V.

dans le gouvernement despotique d'une cité [1] (*a*).

Cet écueil évité à la paix publique, la politique d'Aristote s'impose comme l'œuvre la plus considérable et la mieux conçue que les anciens nous aient laissée en matière de constitution; tel un vaste chantier, où tous les matériaux seraient réunis et savamment préparés pour servir ensuite à différents édifices.

[1] L. III, ch. I et suiv.

(*a*) Cela est si vrai que la politique (πολιτεία) se confond, dans la langue grecque, avec le gouvernement de la ville (πόλις).

V

En passant de la Grèce à Rome, nous quittons le pays des idées et des hypothèses pour celui du fait et de la réalité. Mais si, dans les premiers siècles de son histoire, les spéculations métaphysiques eurent peu de prise sur un peuple voué à la conquête et à l'absorption de tous les autres, il n'en possédait pas moins, en exercice, ces vertus publiques et privées qui faisaient alors le fonds de la sagesse antique.

C'est ce que comprit, au deuxième siècle, l'historien grec Polybe, lorsque forcé de s'expatrier, il découvrit chez les Romains, et pour ainsi dire aux Romains eux-mêmes, le secret de leur grandeur et la justification de leur éclatante fortune.

La constitution mixte que les philosophes avaient rêvée, et à peine entrevue, y était en effet dès longtemps établie, et cela, non par les procédés toujours hasardeux de la science, mais au prix de luttes, et grâce à une expérience laborieusement acquise. « C'est ainsi, dit Polybe, que les Romains sont parvenus au même résultat que Lycurgue, et qu'ils ont institué le gouvernement le plus beau que nous connaissions. Les trois formes (monarchie, aristocratie, démocratie) se trouvaient réunies dans la république romaine, et l'on avait fait à chacune une part si égale et si exacte, elles concordaient si bien toutes à l'administration, que personne ne pouvait affirmer, même parmi les Romains, si Rome était une aristocratie, une monarchie, ou une démocratie. Comment, en effet, l'affirmer? A considérer l'autorité des consuls, il semblerait qu'il y eût monarchie, royauté; celle du Sénat annonçait une aristocratie; enfin en voyant la puissance du peuple, on croyait fermement avoir sous les yeux un état démocratique [1] (a). »

Cet hommage inattendu de la part d'un ancien adversaire devait flatter singulièrement l'orgueil romain; aussi, lorsqu'il le cite et s'appuie sur son témoignage, Cicéron le nomme-t-il volontiers « notre Polybe ».

En adoptant, après lui, le système du « balancement et du mélange des trois pouvoirs [2] », qu'il loue jusqu'à cinq reprises [3] dans le cours de son dialogue, le grand orateur n'a-t-il fait que répéter l'historien, et se conformer en quelque sorte à la tradition reçue et consacrée d'une école à laquelle il appartenait comme lui? Nous ne le pensons pas; ni que l'on puisse adresser au livre de la République le reproche de manquer d'inspiration propre et d'originalité.

Son auteur, remarquons-le, y a su acquérir un genre de mérite aussi nouveau que réel, celui de créer la véri-

[1] Polybe, l. VI.

(a) Cet état de choses était profondément altéré lorsque le sceptique Tacite écrivait, plus tard, qu' « une forme de société composée du mélange heureusement assorti des trois autres est plus facile à louer qu'à établir, et ne saurait être durable ». (*Annales*, l. IV, ch. xxxiii.)

[2] *République*, l. I, ch. xxix.

[3] *République*, l. I, ch. xxxv; l. I, ch. xlv; l. II, ch. xxxix; l. II, ch. xii.

table méthode, décisive et définitive, à laquelle la science politique doit se conformer, lorsque, sortant des théories, elle aspire à devenir applicable; c'est la méthode historique et traditionnelle.

Peu satisfait de la marche suivie par ses prédécesseurs [1], laissant de côté leurs généralités, leurs abstractions, les pays chimériques de Platon [2], ou étrangers d'Aristote [3], il s'est borné au sien propre, et l'a étudié dans ses antiquités, dans ses origines [4], dans le développement de ses institutions et de son histoire. L'érudition l'a donc mis à même de comparer et d'apprécier, de telle sorte que le critique a devancé et facilité chez lui la tâche du philosophe et du penseur.

Comme d'ailleurs, par sa vie et ses études, il était dès longtemps armé de connaissances très-variées et d'une grande expérience des hommes et des choses, on peut dire que dans ce traité, qu'il appelle « une tâche importante et difficile [5] », il a autant donné du sien qu'il a pu recevoir d'autrui.

Il ne s'est pas borné, en effet, à faire disserter ses interlocuteurs sur les qualités des différentes constitutions, l'avantage qu'elles tirent de la réunion des trois formes principales du pouvoir, et, dans le cas de conflit ou d'option, sur la supériorité marquée qu'il convient de reconnaître à la monarchie [6]; mais pénétrant plus avant, et, pour ainsi dire, forant le tuf de la poli-

[1] *République*, l. I, ch. XXII.
[2] *Id.*, l. II, ch. XI.
[3] *Id.*
[4] *Id.*, l. II, ch. I.
[5] *Lettres à Atticus*, l. IV, 16.
[6] L. I, ch. XXXV.

tique, il montre qu'à Rome, sous la royauté, ces trois éléments vitaux étaient à la vérité « réunis », mais non pas « pondérés [1] » : « car dans une société où quelqu'un est investi d'un pouvoir perpétuel, et surtout d'un pouvoir royal, eût-on d'ailleurs un sénat, comme à Rome, sous les rois, et à Lacédémone, par les lois de Lycurgue, ou même le peuple exerçât-il une sorte de juridiction, comme du temps de notre monarchie, ce titre de roi emporte toujours la balance, et il est impossible qu'un État ainsi constitué ne soit pas un royaume, et de fait, et de nom [2] ». Cette disproportion ne le chagrine pas, car il ajoute, en parlant de Tarquin et de son fils : « Par le crime d'un seul, la forme de gouvernement, de bonne qu'elle était, devint pernicieuse [3] ».

Que faut-il en conclure? sinon que, fidèle à sa méthode, et s'appuyant sur l'histoire, Cicéron a apprécié les avantages décisifs de la monarchie, bien qu'auprès d'elle les deux autres pouvoirs fussent plutôt virtuellement existants qu'effectivement exercés; et que pour lui, comme pour Aristote et Platon, ce n'était pas la royauté, même dominante, qu'ils redoutaient, mais certains rois, ou plus exactement, les tyrans [4].

Avec le crime de Tarquin et l'abrogation de la royauté commence ce que Cicéron appelle : « ce cercle dont il faut étudier le mouvement et la progression. Car le point capital de la science politique, c'est de connaître la marche et la déviation des États, afin que sachant vers quel écueil

[1] L. II, ch. XXIII.
[2] *République*, l. II, ch. XXIII.
[3] L. II, ch. XXVI.
[4] *Lois*, l. III.

incline chaque gouvernement, vous puissiez le retenir sur le penchant, ou d'avance lui opposer des barrières[1] ».

A mesure que cette courbe historique se poursuit, on voit que pour en éviter les déviations, il ramène et associe au passé les institutions de la République. Ainsi il rappelle avec éloge l'époque où « les consuls exerçaient une puissance annuelle par la durée, mais royale par sa nature et ses prérogatives[2] », tandis que « les résolutions du peuple ne pouvaient être définitives, sans l'approbation du sénat[3] ». Peu après, dit-il, « on vit l'institution de la dictature, et cette nouvelle espèce de pouvoir parut fort voisine d'une reproduction de la royauté[4] ».

Cet état de choses ne devait pas durer. L'équilibre fût bientôt déplacé au milieu des oscillations de l'aristocratie et de la démocratie, et, par suite, la paix publique souvent et gravement compromise.

Pour y remédier, surtout à l'époque turbulente et désordonnée où vivait Cicéron, il n'y avait, à ses yeux, qu'un moyen, celui de recourir à la tradition, et de remonter « aux principes, aux lois et aux mœurs[5] » qui, après avoir fondé le gouvernement de Rome, étaient seuls capables de le maintenir.

La recherche de ces mœurs « oubliées et méconnues[6] » fait l'objet de deux livres[7] dont nous n'avons plus que

[1] *République*, l. II, ch. XXV.
[2] L. II, ch. XXXII.
[3] *Id.*
[4] *Id.*
[5] L. II, ch. XXXVIII.
[6] L. V, ch. I.
[7] L. IV et V.

des fragments tronqués, suffisants toutefois pour apprécier la solidité que ce nouvel ordre d'idées et d'arguments donnait à l'ouvrage, et l'avantage que l'auteur en retirait sur la méthode des anciens.

Mais, avant tout, fallait-il rattacher le gouvernement à ce principe de « justice suprême [1] », et à cette « droite raison, loi universelle, immuable, éternelle, née de Dieu [2] », que l'ami de Scipion défendait éloquemment.

C'est elle qui, « s'opposant à la violence et à l'arbitraire [3] », a introduit dans la guerre les formes légales, et « l'intervention religieuse des Féciaux, sans laquelle toute déclaration de guerre doit être regardée comme sacrilége [4] »; elle qui « tient pour injustes toutes les guerres faites sans motif [5] », et veut « qu'on les entreprenne de telle sorte qu'elles n'aient en vue que la paix [6] »; qui défend au vainqueur la cruauté et la vengeance, intercède pour la multitude inoffensive [7], et finalement repousse, sous prétexte de la raison d'État, toute malhonnêteté politique [8].

Nobles maximes, ou nouvelles ou déjà invoquées, et trop souvent méconnues par ce peuple romain, si habile à prendre ostensiblement la défense de ses alliés, pour s'acheminer progressivement à la conquête de l'univers [9].

Enfin, au sommet de la morale, la religion apparaît,

[1] L. II, ch. XLII.
[2] L. III, ch. XVII.
[3] L. III, ch. XIX.
[4] L. II, ch. XVII.
[5] Fragment de la *République*. (ISIDORE, *Origines*.)
[6] *Les Offices*, l. I.
[7] *Id.*, l. I, ch. XI et XXIV.
[8] *Id.*, l. III, ch. XI.
[9] NONIUS.

et consacre tout. Cicéron s'efforce de monter jusqu'à elle; et, dans cet admirable songe où Scipion entrevoit une « éternité de bonheur[1] » comme le terme et la récompense de sa « tâche d'homme » accomplie, il enseigne à mépriser les choses humaines[2], et à fixer ses regards sur la « patrie éternelle[3] », vers « l'Être qui est le principe incréé, le point de départ de toutes choses[4] ».

Dieu était invoqué : restait de le connaître.

[1] *République*, l. VI, ch. v.
[2] L. VI, ch. xii.
[3] L. VI, ch. xvi.
[4] L. VI, ch. xviii.

VI

Une nouvelle ère s'ouvre : le Pacificateur vient au monde. Tandis que les hommes ignorent sa naissance, le ciel l'annonce par cet étonnant message : « Gloire à Dieu au plus haut des cieux, et paix sur la terre aux hommes de bonne volonté » ; en nous avertissant ainsi que plus haut nous ferons remonter la gloire, plus profonde sera notre paix; et que, comme cette gloire ne doit être rendue qu'au seul Glorieux, de même cette paix ne peut être obtenue que par les bienvoulants et les pacifiques.

Dans l'ordre d'idées qui nous occupe, quelle sorte de glorification Dieu a-t-il droit d'attendre de nous, sinon la reconnaissance de son fondamental et souverain pouvoir? de sorte que, lors même qu'il lui plairait nous en départir quelque émanation, il faut en renvoyer l'éclat à Celui qui seul renferme et retient en soi la Toute-Puissance dans la plénitude de l'essence et de l'attribut.

Faute d'avouer cette dépendance, l'Écriture nous apprend par quel châtiment étrange Nabuchodonosor, enflé de sa propre grandeur, se vit abaissé et courbé au niveau des bêtes, jusqu'au jour où il put « lever les yeux [1] », et reconnaître que « le Très-Haut domine sur

[1] DANIEL, IV, 31.

le royaume des hommes [1] », « qu'il le donne à qui il veut [2] », et qu'ici-bas « toute puissance vient du ciel [3] ».

Voici, avec le même enseignement, un bien plus grand et plus solennel spectacle. Le plus juste des hommes, le seul Juste est trahi, livré, saisi; il l'avait prédit; il y acquiesce. Doux à la violence et respectueux de l'autorité, au Grand Prêtre qui l'en adjure, il affirme sa Divinité; devant le gouverneur romain qui l'interroge, il maintient et explique sa royauté : et lorsque enfin ployé de douleurs et d'outrages, mais toujours maître de lui, Pilate croit l'intimider en lui disant : « Ignores-tu que j'ai le pouvoir de te crucifier et le pouvoir de te délivrer [4] ? » l'inculpé reprend son juge, et soucieux jusqu'au bout de rendre témoignage à la vérité : « Tu n'aurais sur moi aucun pouvoir s'il ne t'avait été donné d'en haut [5] »; et il ajoute : « C'est pourquoi celui qui m'a livré à toi a un plus grand péché [6] », parce que le péché de Pilate n'était pas de juger le Christ sans droit, mais de le « condamner sans justice [7] », tandis que le « plus grand péché » de Judas avait été de livrer son Maître sans droit comme sans justice, servant ainsi d'instrument au « pouvoir des ténèbres [8] ».

Dans ce drame infini d'un jour, deux pouvoirs contraires se trouvent donc nettement désignés et opposés. L'un,

[1] DANIEL, IV, 22.
[2] *Id.*
[3] *Id.*, 24.
[4] JEAN, XIX, 10.
[5] *Id.*, 11.
[6] *Id.*
[7] *Épître I* de saint PIERRE, II, 23.
[8] S. LUC, XXII, 53.

celui d'en bas, inique, occulte, violent, intermittent; qui arme la cohorte « d'épées et de bâtons », comme « contre un voleur »; et, n'osant se saisir ouvertement du Christ « dans le temple », agit de nuit pour le prendre, parce que c'est là « son heure[1] ». L'autre, supérieur, immuable, suréminent, plane au-dessus des hommes et des événements, affermit l'autorité et la justice publiques, et les munit de ce droit suprême de vie et de mort qu'aucune société ne saurait donner parce qu'aucun de ses membres ne le possède.

Si Jésus-Christ a voulu reconnaître le pouvoir qui allait être exercé contre lui-même, s'il l'a revendiqué comme divin dans la personne d'un Pilate, à plus forte raison l'Église chrétienne devait-elle enseigner aux fidèles une adhésion et une obéissance semblables.

« Que toute âme, dit saint Paul, soit soumise aux puissances supérieures, car il n'y a point de puissance qui ne vienne de Dieu (*a*). C'est pourquoi qui résiste à la puissance résiste à l'ordre de Dieu.[2] »

Remarquons que l'apôtre ne parle pas indistinctement de toutes les puissances, — ailleurs il en mentionne d'occultes et de néfastes[3], — mais seulement des « puissances supérieures », c'est-à-dire authentiquement investies et

[1] S. LUC, XXII, 52, 53.

(*a*) Il est aussi écrit dans l'*Ecclésiastique*, XXVIII, 2 : « Toute médecine vient de Dieu (*Omnis medela a Deo*) », parce que toute puissance qui a un ministère de bien, soit pour régir les corps, soit pour les guérir, émane de Dieu comme de la source de tout bien. Aussi l'Écriture dit-elle pareillement qu'il faut « honorer le médecin ». (*Id.*, 1.) Mais où J. J. Rousseau a-t-il donc trouvé que « toute maladie vient de Dieu » ? (*Contrat social*, ch. III.)

[2] S. PAUL, *Épître aux Romains*, XIII, 1, 2.

[3] *Éphés.*, IV, 12.

légalement reconnues. Tel, en effet, avait été le caractère de celle de Pilate. Amener le Christ au prétoire, lieu officiel des jugements, puis refuser de le juger parce qu' « il n'était plus permis aux Juifs de mettre personne à mort[1] », n'était-ce pas, de la part de ces Juifs, avouer implicitement leur déchéance, et le transfert de la domination aux Romains?

Cette question de fait — la seule que le Christ ait envisagée, lorsque, montrant sur une monnaie l'effigie impériale, il disait : « Rendez à César ce qui est à César[2] » — a suffi à éclairer la conscience politique des premiers siècles. Les chrétiens d'alors, minorité haïe, traquée par une société hostile, ont invariablement suivi une même conduite tracée par les apôtres. Avec saint Paul, ils se sont inclinés « par conscience[3] » devant « la puissance supérieure » qui les régissait; « rendant à tous ce qui leur était dû; à qui le tribut, le tribut; à qui l'impôt, l'impôt; à qui la crainte, la crainte; à qui l'honneur, l'honneur[4] ». Avec saint Pierre, ils ont « aimé la fraternité, craint Dieu, honoré le Roi[5] », considérant leurs persécuteurs et leurs tyrans comme ces « maîtres fâcheux[6] » auxquels ils étaient néanmoins tenus de rester soumis[7].

[1] S. JEAN, XVIII, 31.
[2] S. MARC, XII, 17.
[3] *Épître aux Romains*, XIII, 5.
[4] *Épître aux Romains*, XIII, 7.
[5] *Ire Épître* de S. PIERRE, II, 17.
[6] *Id.*, 18.
[7] « A nos princes, à ceux qui nous gouvernent sur la terre, c'est toi, Seigneur, qui as donné le pouvoir de la royauté, par la vertu magnifique et inénarrable de ta puissance, afin que connaissant la gloire et l'honneur que tu leur as départis, nous leur soyons soumis, et ne nous opposions pas à ta volonté. » (S. CLÉMENT, *Ad. Cor.*)

Mais cette patience surhumaine de tant de martyrs ne parvenait pourtant pas à convaincre leurs bourreaux. Un siècle et demi plus tard, alors que le paganisme perdait sensiblement de terrain, et que les forces numériques des deux cultes commençaient à se balancer, nous voyons encore Tertullien protester de la fidélité des chrétiens qui prient pour « tous les empereurs[1] », les regardent comme « élus de Dieu », et demeurent étrangers aux guerres civiles, bien qu'il leur eût suffi, non d'une révolte, mais seulement d'une retraite, pour ébranler et désorganiser l'Empire[2].

Au travers des persécutions, l'Église chrétienne contribuait donc à soutenir la paix publique, en affirmant l'origine divine de ce pouvoir *(a)* dont les détenteurs faisaient contre elle un si cruel abus *(b)* : et lorsque enfin les temps furent changés et les Césars gagnés à sa cause, elle eut principalement à cœur de faire régner avec eux et sur eux un esprit nouveau de clémence et de paix.

C'est ainsi qu'après le massacre de Thessalonique, et pour obtenir de saint Ambroise son pardon, Théodose dût promettre de rendre une loi qui suspendait pendant trente jours les exécutions capitales : ainsi encore que ce

[1] TERTULLIEN, *Apologétique*, ch. XXX.

[2] TERTULLIEN, *Apologétique*, ch. XXXVII.

(*a*) Nous voyons dans les empereurs le jugement de Dieu, qui les établis sur les peuples. (TERTULLIEN.)

(*b*) « Celui, dit saint Augustin, qui a donné l'empire à Vespasien, qui l'a donné au père et au fils de ce prince, empereurs d'une grande douceur, c'est Celui qui l'a conféré au cruel Domitien ; Celui qui l'a donné à Constantin l'a donné à Julien l'Apostat. » (*Cité de Dieu*, l. V.) Remarquons toutefois, avec saint Jean Chrysostome, que « tel ou tel prince n'est pas établi de Dieu », mais le pouvoir du prince. CHRYSOSTOME, *Homélie* 23 sur l'*Épître aux Romains*.)

même prince, touché et repentant, hésitait ensuite à verser le sang, même dans une guerre juste, et craignait d'en être souillé.

Une œuvre d'époque, la *Cité de Dieu*, témoigne de cette noble tendance qui sollicitait alors la meilleure portion de la société à s'élever et à se rapprocher de son prototype éternel. La prospérité n'y est plus envisagée comme une fin, mais la justice. « Sans la justice, les royaumes sont-ils autre chose que de grandes troupes de brigands? Et qu'est-ce qu'une troupe de brigands, sinon un petit royaume? Car c'est une réunion d'hommes où un chef commande, où un pacte social est reconnu, où certaines conventions règlent le partage du butin[1]. » A ces fortes paroles, faites pour réveiller le sens moral d'un peuple, saint Augustin ne craint pas d'ajouter d'autres maximes qui devaient étonner le vieux génie romain. « Je le demande, convient-il aux gens de bien de se réjouir de l'accroissement de leur empire? Car les progrès en sont dus à l'injustice de leurs ennemis, qui a provoqué de justes guerres; et l'État serait encore faible, si les voisins, fidèles observateurs de la justice et de la paix, n'eussent, par aucune offense, appelé contre eux les armes vengeresses; les destinées humaines s'écouleraient plus heureuses, si l'union d'un paisible voisinage eût laissé les États dans la médiocrité; le monde compterait plusieurs royaumes, comme la cité plusieurs familles. Ainsi guerroyer, dompter les nations, étendre son empire, est aux yeux des méchants une félicité, aux yeux des bons une triste nécessité[2]. »

[1] *Cité de Dieu*, l. IV, ch. IV.
[2] *Id.*

Ce qui n'empêche, comme saint Augustin le remarque autre part[1], qu'il soit licite et utile de châtier les méchants, non-seulement pour les corriger, mais pour leur ôter les moyens de malfaire impunément. Ainsi entendue, la guerre, que d'ailleurs l'Évangile ne défend pas, puisqu'elle prescrit des devoirs aux gens de guerre, reste comme un dernier, un extrême recours contre ces malfaiteurs publics qu'aucune voie de patience ou de conciliation n'a pu réussir à gagner.

— L'Église, désormais affranchie, inaugurait son influence sociale. Par la bouche de ses premiers Pères, elle répétait au monde les paroles messianiques : « Paix aux hommes de bonne volonté. »

[1] Lettre à Marcellin.

VII

Pendant les siècles qui suivent, ce n'est plus dans le domaine abstrait des enseignements, mais dans les exemples, puis les préceptes, qu'il faut rechercher la seule action pacifiante et protectrice de cette époque bouleversée, celle de la religion et du clergé.

Les Goths s'emparent de Rome et la saccagent : ils ne respectent que les sanctuaires; ils n'épargnent que ceux qui s'y réfugient. A la voix de saint Léon, Attila et les Huns se détournent, et la ville éternelle est préservée. Les Vandales la mettent au pillage, et c'est encore l'intercession de saint Léon qui obtient à ses habitants d'échapper au massacre.

Partout où se précipite le flot montant des invasions, l'Église cherche à l'endiguer ou à en modérer le cours; et lorsque enfin ses eaux s'arrêtent, lorsque l'ancien sol les absorbe, la vase malfaisante qu'elles ont déposée se change, sous l'effort continu d'une légion de travailleurs, moines, évêques, missionnaires et martyrs, en une terre stable et raffermie.

Péniblement l'édifice de la civilisation s'y relève : l'Église lui en fournit les meilleurs éléments. Soit qu'elle intercède, soit qu'elle s'interpose, elle prend à tâche de raviver l'esprit de fraternité. C'est un saint Martin qui sauve les prisonniers; un saint Épiphane qui délivre les Goths captifs; un saint Grégoire, un saint Germain [1], un saint Éloi, qui rachètent et libèrent les esclaves. A leur exemple, les évêques multiplient de telle sorte les affranchissements, qu'une loi des Francs Ripuaires statue spécialement sur le sort de la classe d'affranchis, nommés Tabularii, dont le clergé inscrivait les noms sur ses tables.

Les Conciles imposent aussi leur voix. Dès 511, celui d'Orléans défend aux serfs des églises de piller ou de faire des prisonniers; celui de Worms, en 868, se constitue le protecteur des esclaves, et interdit à leurs maîtres de les tuer de leur autorité privée.

En même temps qu'elle secourt ainsi au dehors les opprimés, l'Église leur ouvre ses temples comme autant de lieux d'asile. Mais bientôt elle ne se contentera plus de conjurer ces infortunes; et comme c'est la guerre, principalement la guerre civile qui les provoque et les renouvelle, c'est contre elle désormais qu'il lui faudra s'élever. Le pape Nicolas Ier se fait, dès le neuvième siècle, le promoteur de cette généreuse entreprise. Il sollicite les princes; il stimule les évêques : « Unissez-vous à nous, leur dit-il, pour détruire les discordes, extirper les haines, et répandre partout l'esprit de conciliation et de paix [2]. »

Les admonitions ne suffisaient pas : il fallait passer aux actes.

[1] « Combien d'esclaves il racheta! Toutes les nations en peuvent témoigner : Goths, Bretons, Saxons, Burgondes l'imploraient pour se faire délivrer de la servitude. » (*Vita sancti Germani*, ch. LXXIV.)

[2] *Épître* 79.

Après que la rivalité de Robert et de Charles le Simple eut pris fin à la sanglante bataille de Soissons (923), les Français engagés de part et d'autre dans cette lutte vindicative se virent condamnés, par un jugement ecclésiastique [1], à une longue et rigoureuse pénitence. Pendant les premiers temps ils furent même séparés des fidèles, et durent être ensuite officiellement réconciliés.

Toutefois, ces témoignages de la conscience publique restaient, somme toute, isolés, à cette époque d'anarchie féodale, et sans action sur une race d'hommes qui tiraient de leur origine ou de leur alliage barbare un âpre fond de violence et de brutalité. Comme les possesseurs de fiefs ne connaissaient guère alors que la force, et qu'ils revendiquaient le privilége d'en user pour soutenir leurs droits, sinon pour empiéter sur ceux des autres, il s'ensuivait que les conflits à main armée surgissaient presque journellement.

Plus agitée que les autres pays, parce qu'elle ne se sentait pas gouvernée par les Carolingiens, ou qu'elle redoutait de l'être par les Capétiens, la France, du dixième au onzième siècle, servait impunément de champ clos à une infinité de querelles locales ou particulières, toujours fatales au peuple désarmé, destructives des biens du sol, et qui dégénéraient, finalement, en de véritables brigandages.

Pour y couper court et maîtriser ces perturbateurs, le Concile de Bourges (1031) entreprit d'interdire toutes les luttes privées (*a*), et bientôt après celui de Limoges (1031)

[1] Un canon du Concile de 923.

(*a*) Déjà en 995, une assemblée d'évêques et de seigneurs, réunis au Puy, avait cherché à les circonscrire.

menaça de l'excommunication les chevaliers du diocèse qui avaient refusé ou refuseraient de s'engager par serment à garder exactement la paix et la justice. Mais cette réforme était trop haute, trop radicale, pour entrer d'emblée dans les idées et les mœurs. Il fallut y renoncer, au moins en partie, et recourir à un moyen restreint et détourné qui permît d'enrayer progressivement le mal. Ce fut la Trêve de Dieu, déjà instituée par le concile d'Elne, en Roussillon (1027), pour assurer la paisible sanctification du dimanche.

Soutenus cette fois par la puissance de son vocable [1], plusieurs conciles des Gaules prescrivirent cette suspension d'hostilités, pendant laquelle il était défendu d'attaquer son ennemi ou d'en tirer vengeance; ils la reculèrent depuis le mercredi jusqu'au lundi (concile de Toulouse, 1041), et l'étendirent ensuite à l'Avent, au carême, aux semaines de l'Ascension et de la Pentecôte, et à tous les jours de jeûne et de fête (concile de Narbonne, 1054). Enfin, le second concile d'Elne (1065) fit un dernier pas, en comprenant dans la durée des temps réservés, quinze semaines consécutives, entre le dimanche qui précède le carême et celui qui termine l'octave de la Pentecôte. Plus des deux tiers de l'année se trouvaient de la sorte reconquis.

Ce n'est pas tout. Les canons de ces mêmes conciles formulèrent des exceptions successives en faveur de certaines catégories de personnes ou de choses, qui devaient être absolument et invariablement respectées. Dans ce nombre figurent les églises, les ecclésiastiques, les reli-

[1] « Placuit universis ut Treuga Domini vocaretur. » (GLABER.)

gieux, les clercs désarmés, « les pauvres gens qu'il est défendu de dépouiller soit par force, soit par ruse [1] », les femmes et ceux qui les accompagnent, les hommes qui vont à l'église ou en reviennent, les marchands et leur suite, les paysans inoffensifs, les cultivateurs avec tout ce qui sert à l'agriculture, les laboureurs et leurs fardeaux, les bergers et leurs brebis, les étrangers, les chasseurs, les voyageurs, les conducteurs de charrues « et ceux qui se réfugient auprès d'elles »; puis les biens d'église et leurs fermiers, les bêtes de somme ou de labour, les animaux domestiques, les plantations, en particulier les oliviers; finalement les maisons rurales et les habitations qui avoisinent les églises à la distance de trente pas [2].

En outre, les croix placées le long des routes étaient déclarées lieux d'asile aussi bien que les églises [3].

Touchante sollicitude que celle qui allait à prévoir tous les genres de dommages, s'étendait ainsi des malheureux à leurs dernières ressources, et ouvrait aux paisibles, aux neutres, et même aux suppliants, une enceinte inviolée toujours grandissante.

L'Aquitaine qui avait pris l'initiative de ce généreux mouvement eut aussi l'honneur de le propager. L'Austrasie suivit de près son exemple. Mais il n'en fut pas de même de la Neustrie, où la résistance se prolongea jusqu'à ce qu'un fléau étrange, appelé mal des Ardents, eût frappé les esprits et fléchi les cœurs.

[1] Canon X du Concile de Reims, 1049.
[2] Voir les Conciles d'Elne, 1027; de Reims, 1049; de Narbonne, 1051; second d'Elne, 1065; de Rouen, 1096; second de Reims, 1119, et le second Concile général de Latran, 1180.
[3] Canon XXIX du Concile de Clermont, 1095, présidé par Urbain II.

Adoptée dans le comté de Barcelone (1060), puis en Angleterre et en Normandie (1080), la Trêve de Dieu, solennellement approuvée des papes Urbain II[1], Pascal II[2] et Calixte II[3], fut ensuite généralisée et rendue partout obligatoire par le premier, puis le second Concile œcuménique de Latran (1122, 1180).

Mentionnons, pour terminer, l'interdiction des tournois qui remonte à la même époque[4]. Cette image de la guerre semblait trop vive et trop fidèle, dès lors qu'elle en portait l'empreinte sanglante et souvent meurtrière. Mais l'esprit de chevalerie maintint longtemps cette institution : pour en avoir raison, il fallut plusieurs siècles d'attente, et la fin tragique d'un roi.

Ces pacifiques leçons, l'Église ne les donnait pas seulement aux grands et aux puissants, qui s'arrogeaient le droit d'user de la force, mais à ceux qui en étaient les dépositaires avoués, aux souverains eux-mêmes. Ainsi vers la fin du huitième siècle, dans son livre de l'*Éducation royale,* dédié au roi Pepin, Jonas, évêque d'Orléans, ne craignait-il pas de lui adresser de graves enseignements, que bientôt après le Concile de Paris (829) devait recueillir et enregistrer : « Un roi tire son nom de la rectitude du gouvernement. S'il gouverne avec piété, justice et miséricorde, c'est à bon droit qu'il est nommé Roi; sinon qu'il en perde le nom (*a*). » « La fonction spé-

[1] Concile de Clermont, 1095.
[2] Concile de Reims, 1107.
[3] Décret rendu au Concile de Reims, 1119.
[4] Concile de Reims, 1131.
(*a*) Le Concile n'a pas voulu aller jusque-là; il termine par cette variante : « Sinon, ce n'est plus un roi, mais un tyran. »

ciale de la royauté est de gouverner le peuple de Dieu avec équité et justice, et de s'efforcer de lui conserver la paix et la concorde. » « Qu'aucun roi ne se figure que son royaume lui vient de ses ancêtres, mais qu'il croie humblement et sincèrement qu'il le tient de Dieu. » Et encore : « Ainsi celui qui pour un temps commande aux autres hommes, doit croire que le royaume lui a été confié non par les hommes, mais par Dieu. Car beaucoup de souverains le sont par un don de Dieu, beaucoup d'autres seulement par sa permission. Ceux qui gouvernent avec piété, justice et miséricorde, sans aucun doute c'est Dieu qui les fait régner; ceux qui en sont dépourvus ne sont pas donnés, mais permis par Dieu. »

A d'aussi fortes paroles, dont l'énergique liberté s'explique par la récente élévation de Pepin, se joignait pourtant ce correctif, que le pouvoir royal étant ordonné de Dieu, tous (*a*) lui doivent, selon l'apôtre saint Paul (*Rom.*, XIII), fidélité, aide et obéissance.

Trois siècles plus tard, un semblable langage n'aurait plus lieu de surprendre.

C'était alors l'époque où l'Église, dans la personne de ses pontifes, se trouvait portée par la gratitude ou le besoin des peuples à intervenir dans la direction de leurs destinées. Comme ces destinées étaient principalement confiées aux mains des souverains, comme ils n'en partageaient guère la responsabilité, il s'ensuivait qu'étant presque toujours seuls en cause (*b*), l'arbitrage des papes

(*a*) Le Concile ajoute « tous les sujets », pour affirmer et préciser.

(*b*) Il y a pourtant des exemples contraires; ainsi le jugement rendu contre les barons d'Angleterre en faveur de Jean Sans terre, sans compter les condamnations qui frappaient les révoltes

prenait le plus souvent à leur égard la forme de jugements personnels.

De là les avertissements, les censures; finalement l'excommunication des empereurs ou des rois, mesure de répression, dont les conséquences nous semblent aujourd'hui excessives, mais qui, à l'origine surtout, et à défaut de toute autre entrave, a été une revendication, même la seule possible, la seule efficace, de l'ordre social et de la morale impunément violentés. Dans ces temps, les règles du droit public appuyaient et corroboraient de telle sorte les sentences de l'autorité religieuse, qu'en certains cas, le souverain excommunié était subséquemment tenu pour civilement frappé. Mais bien que manifestées par un même organe, et unies dans une action commune, ces deux forces motrices ne doivent pas moins être soigneusement distinguées; et il n'est pas besoin, comme alors, de recourir à des textes subtils ou douteux pour expliquer leur coexistence et leur corrélation.

Le pouvoir des papes au moyen âge se présente donc revêtu d'un double caractère : l'un, immuable, inamissible, d'essence religieuse, moral et directif, mais sans juridiction sur les affaires temporelles comme sans action sur la prérogative souveraine; l'autre, d'institution humaine, variable, politique et par conséquent accidentel, qui, en vertu de l'usage et des maximes publiques ayant force de loi, constituait le Saint-Siége en un tribunal suprême, effectif sinon coercitif, vis-à-vis des peuples et de leurs gouvernements.

populaires de l'ordre civil et religieux, les Cotereaux, les Patarins, les Fratricelles, etc.

Remarquons aussi que nombre de pays où s'exerçait ce droit de juridiction, s'étaient volontairement placés, par rapport à la papauté, dans des conditions de dépendance féodale ; ainsi Naples et la Sicile, l'Aragon, Venise, l'Angleterre, l'Irlande, le royaume de Jérusalem, la Bulgarie (a), peut-être aussi la Hongrie, le Danemark et l'Espagne, sans compter l'Empire d'Occident, astreint par son origine et sa forme constitutive à des obligations particulières (b).

Est-ce à dire que cette intervention ecclésiastique dans les affaires humaines n'ait jamais eu lieu d'être improuvée? Assurément non, puisqu'une lumière de l'église, un saint Bernard, la déplorait hautement et pourtant l'excusait comme une fâcheuse nécessité des temps [1].

Au surplus, voici comme l'ancienne puissance des papes sur les choses temporelles a été appréciée, dans son origine et son objet, par un pape dont le témoignage ne saurait être récusé, Pie IX, qui, peu après la proclamation de l'infaillibilité, a voulu lever tous les doutes et distinguer les questions. Il s'exprimait ainsi devant un auditoire d'élite :

« Le droit, pour les papes, de déposer les rois et de délier leurs peuples du serment de fidélité, fut bien, il est vrai, exercé autrefois, en des circonstances

(a) Pas la France, dont « les rois ne reconnaissent aucun supérieur pour les choses temporelles ». Lettre d'Innocent III à Guillaume de Montpellier. (Baluze, t. I, part. II, p. 675.)

(b) Les noms des royaumes, provinces, villes et îles tributaires du Saint-Siége étaient inscrits sur trois tables d'airain, dans l'ancienne basilique de Saint-Pierre.

[1] Saint Bernard, *De Consideratione*, l. I, ch. VI.

suprêmes, par des pontifes, mais il n'a rien à voir avec l'infaillibilité. La source en était, non dans l'infaillibilité, mais dans l'autorité papale. Cette autorité, par suite du droit public en vigueur alors, et de l'accord des nations chrétiennes qui regardaient le Pape comme le juge suprême de la chrétienté, cette autorité s'étendit à juger, même civilement, les princes et les États. Seulement aujourd'hui les conditions sont changées. Il n'y a que la méchanceté capable de confondre des époques et des choses si différentes, comme si le jugement infaillible sur un principe de révélation avait quelque affinité avec ce que les papes faisaient lorsqu'ils en étaient requis par les peuples, et que le bien commun le demandait. » (Allocution du 20 juillet 1871 aux membres de l'Académie de la religion catholique.) (*a*).

Importantes déclarations, qui, en dissipant certains nuages, ont dégagé l'atmosphère et facilité la lumière.

Cette suprématie temporelle de la papauté, ainsi ramenée à la valeur d'un système politique, et comme tel, discutable dans ses applications, n'en reste pas moins, avec la Trêve de Dieu, un des plus grandioses que l'humanité ait jamais connus, pour parer à ses maux, arrêter ses oppresseurs, et leur imposer le respect.

(*a*) S. S. Léon XIII tenait le même langage aux évêques de la Sicile, le 22 avril 1882 : « Ce serait une grande erreur de juger les actes des papes, au moyen âge, d'après les idées et les mœurs des temps actuels, sans tenir compte des lois et des institutions de l'époque où ces papes ont vécu, et où l'autorité des pontifes romains pesait d'un grand poids, même dans les choses politiques, et cela avec l'assentiment des princes et des peuples. »

VIII

Avec Innocent III, puis saint Louis, l'édifice du moyen âge atteint son plein développement. La foi lui imprime au dedans l'élan et la hardiesse; au dehors le pouvoir l'arc-boute; tandis qu'à son faîte, comme une tour aérienne, mais forte et compacte, la théologie scolastique se dresse, s'étage et monte vers le ciel.

Nous n'aurions pas à considérer cette dernière portion de l'œuvre, faite de dogme et de logique, de foi et de raison, si le puissant esprit qui a le mieux cimenté ces matériaux et les a portés conjointement le plus haut, saint Thomas d'Aquin, n'eût compris et assemblé, dans cette imposante structure, tout ce qui, dès cette vie, mais en vue de l'autre, contribue à l'acquisition du bonheur social et individuel.

Terme final de nos vœux qui renferme en soi son évidence, le bonheur inaltérable, immuable, parfait, la béatitude absolue, n'est pas en notre pouvoir ici-bas, puisqu'elle reste inséparable de la vision même de Dieu[1]. Nous ne saurions donc aspirer qu'à un bonheur limité et imparfait, qui consiste, pour les individus, dans la possession de trois sortes de biens, ceux de l'âme, ceux

[1] *Somme*, I*e* S*e*, quest. 4, art 5.

du corps, ceux du dehors [1], et pour les groupes sociaux, dans la mise en exercice de la plus grande somme de vertu [2]; les uns se subordonnant d'ailleurs comme les autres à l'accomplissement de l'ordre providentiel.

Ce but supérieur étant assigné à la vie abstraite de la cité ou de l'État, sur quels principes doivent-ils se régler pour l'atteindre? en d'autres termes, quelle est leur loi organique? La voici. Elle consiste, dans tout gouvernement, à proportionner les droits à la vertu politique [3], et à traiter les citoyens vertueux en raison de cette supériorité légitimement due à leur vertu [4].

Il importe d'entrer ici dans la pensée de l'auteur qui, sous le nom de vertu, comprend cet ensemble de qualités et de mérites qui rend chacun propre à contribuer directivement au bonheur de tous. C'est en ce sens qu'il juge les mercenaires, les marchands, les vagabonds inhabiles à les posséder, de même que les agriculteurs, à cause de la nature de leurs travaux, et qu'il leur refuse de participer à la politique active.

Est-ce là seulement l'opinion impersonnelle d'un commentateur d'Aristote qui se tient trop près de son modèle, et craint de s'en affranchir? On verra que non. Saint Thomas, en effet, n'a garde de toucher aux droits individuels; il ne cherche pas, comme le philosophe, à refouler la classe laborieuse et rurale dans

[1] *Commentaire sur la Politique d'Aristote*, l. VI, leç. I, § 6.

[2] *Commentaire sur la Politique d'Aristote*, l. III, leç. VII, § 12 : « Bene vel feliciter vivere in politicis est operari secundum optimam virtutem practice. ». Et *Gouvernement du prince*, l. I, ch. XIV.

[3] *Commentaire sur la Politique d'Aristote*, l. III, lect. 7.

[4] *Commentaire*, l. V, lect. 1.

un état de dépendance et de servilité [1]; mais appréciant par expérience les hommes de son temps selon leur degré de culture encore rudimentaire, il s'attache à les pondérer plutôt qu'à les dénombrer, et les distingue sans les diviser.

S'il juge ces exceptions utiles au bien public, la paix publique, le désir d'éviter les discordes, l'incitent d'ailleurs à élargir ses cadres politiques en faveur de la « masse sociale », de peur que se voyant écartée de toute participation au gouvernement, elle ne s'en désintéresse et ne s'en détache [2], en même temps qu'à rechercher le régime idéal qui permettrait à tous les citoyens d'entrer d'une façon coopérative dans cette agrégation [3].

Ces deux idées parallèles se combinent et se condensent dans un remarquable passage qu'il faut citer tout entier :

« Touchant la bonne organisation du pouvoir dans « une cité ou dans une nation, il y a deux choses à con- « sidérer : la première, c'est que tous les membres aient « une part au gouvernement, unique moyen de tenir « le peuple en paix et de lui faire aimer et défendre « sa constitution (*Politique*, II, 1); la seconde, c'est le « genre de gouvernement ou de constitution qui con- « vient au peuple. Or parmi les divers genres de gouver- « nement distingués par le philosophe (*Politique*, III, « 5, 6 et suiv.), nous devons mettre au premier rang « la royauté, où un seul homme commande à raison de

[1] *Politique d'Aristote*, l. VII, ch. IX.
[2] *Commentaire sur la Politique d'Aristote*, l. III, lect. 8, et *Somme P^e S^e*, quest. cv, art. 1.
[3] *Commentaire sur la Politique d'Aristote*, l. III, lect. 8, et *Somme, P^e S^e*, quest. cv, art. 1.

« ses éminentes qualités, et l'aristocratie, ce qui veut « dire gouvernement exercé par les meilleurs citoyens, « ou par un petit nombre qui commandent en vertu du « même principe.

« De la combinaison de ces deux formes de gouverne- « ment, il résulte que le pouvoir le mieux constitué est « celui qui repose sur un chef suprême, ayant sous lui « des ministres ou chefs subalternes classés suivant leur « mérite. Un tel pouvoir appartient en réalité à tous les « membres de la cité ou de la nation, soit parce que « tous peuvent y être élevés, soit parce qu'ils ont tous le « droit d'élire leurs chefs. Il en est ainsi d'un État qui « réunit les avantages de la royauté d'abord, puisqu'on y « reconnait un chef unique, de l'aristocratie ensuite, « puisque les meilleurs citoyens en partagent l'exercice, « de la démocratie enfin, ou gouvernement du peuple, « puisque les chefs peuvent être choisis même dans les « classes populaires, et que tout le peuple participe à « l'élection [1] (a). »

Dans cette large ébauche où saint Thomas suit la tradition des anciens, et toutefois devance les modernes par l'instinct et le sentiment politiques, il reste, en haut comme en bas, des lignes flottantes, indécises, que nous tâcherons de ressaisir à l'aide d'autres indications éparses.

C'est ainsi que le droit indéterminé d'élire ses chefs, en tant qu'il s'agit de chefs suprêmes, est collectivement

[1] *Somme*, *Pe Se*, quest. CV, art. 1.

(a) Au sujet de cette participation de tous à l'élection, voici ce que dit le continuateur de saint Thomas : « Il paraît juste de prendre le consentement de tous les citoyens, pour former le gouvernement selon les mérites de chacun et l'état de la société. » (*Gouvernement du Prince*, l. IV, ch. XVIII.)

accordé à la société, pourvu qu'elle contienne une certaine dose de vertu et de raison, et demeure accessible aux conseils de la sagesse, tandis qu'elle n'y pourrait prétendre dans le cas où, en l'absence de toute droiture et de tout bon sens, elle ne présenterait plus qu'une masse dégradée « méprisable et bestiale [1] ». Ce même droit, en tout état de cause, ne saurait appartenir au peuple d'un royaume, car alors la forme monarchique supprime la parité et suppose la subordination [2].

C'est encore ainsi que la participation de tous à l'élection donne lieu, dans un gouvernement mixte, au choix de « délégués » appelés, d'après saint Isidore de Séville, à concourir avec les anciens à la confection des lois [3]. Singulière rencontre, qui nous reporte à plus de douze siècles en arrière, pour trouver, la première fois, dans les gloses d'un évêque espagnol, cet exposé sommaire, mais bien reconnaissable, du régime que nous croyons récent parce qu'il nous est nouveau, et que nous avons généralisé aujourd'hui sous le nom de gouvernement représentatif.

Ajoutons, avec saint Thomas, cette remarque, que les lois ne devant pas être des œuvres individuelles, puisqu'elles prescrivent des mesures générales [4], le pouvoir législatif, qui est par là même collectif, implique une représentation du peuple, soit que le pays ait retenu ce pouvoir, et qu'il en ait seulement délégué l'exercice, soit qu'il en ait revêtu le souverain, qui agit et légifère dès lors comme son représentant [5].

[1] *Commentaire sur la Politique d'Aristote*, l. III, lect. 9
[2] *Commentaire sur la Politique d'Aristote*, l. III, lect. 9.
[3] *Somme*, Pa Sa, quest. XCV, art. 4.
[4] *Somme*, Pa Sa, quest. XCV, art. 3.
[5] *Id.*, quest. XCVII, art. 3.

Parmi les diverses constitutions que le travail de son esprit a successivement approfondies, y en a-t-il une vers laquelle il paraisse incliner, en lui accordant sur les autres une supériorité au moins relative? Cette question sera résolue à l'aide de son propre témoignage puisé à plusieurs sources.

Après avoir donné et maintenu le premier rang à la royauté [1], il déclare plus loin, dans la *Somme,* que c'est là, pour un peuple, le meilleur des régimes lorsqu'il se conserve sans altération [2].

Le *Commentaire* d'Aristote reproduit, en termes plus explicites, une proposition à peu près analogue. La royauté y est représentée comme la forme politique la plus parfaite, la plus conforme à la raison, mais aussi la plus mauvaise, lorsqu'on en vient à l'exagérer, et, pour ainsi dire, à l'outre-passer [3].

Puis, dans la première partie de son *Gouvernement du Prince,* la seule, suivant nous, qui retienne avec l'authenticité de sa signature le sceau de sa pensée, la même profession de foi et la même antithèse se trouvent développées et plus énergiquement accusées. C'est toujours le gouvernement monarchique qui doit être considéré comme le meilleur régime, ou, à l'inverse, le plus malfaisant s'il devient tyrannique; celui dont la force unifiée aura le plus de pouvoir ou en bien ou en mal, et qui méritera davantage nos sympathies ou nos animosités. Mais, en définitive, sous une autorité juste, cette puissante unité tourne à l'avantage commun; d'où il suit

[1] *Somme,* Pᵃ Sᵃ, quest. xcv, art. 4, et cv, art. 1.
[2] *Id.,* quest. cv, art. 1.
[3] *Commentaire sur la Politique d'Aristote,* l. IV, § 1, *in fine.*

que « la monarchie est préférable à l'aristocratie, et l'aristocratie à la République [1] ».

Enfin, comme à tout prendre, le gouvernement d'un seul, même tyrannique, offre moins de dangers que celui de plusieurs, et que d'ailleurs « la république aboutit toujours à la tyrannie [2] », saint Thomas se prononce pour la royauté, et conseille d'en prévenir les abus par le choix d'un prince dont le caractère puisse être une garantie, et le pouvoir tempéré un frein [3].

Nous savons d'autre part que si, en théorie, la monarchie élective lui paraît l'emporter, « en fait, il vaut mieux, dit-il, avoir un souverain à titre héréditaire [4] ».

Telles sont les principales conclusions que l'étude comparative des textes nous autorise à formuler, et qui, malgré l'évidente similitude des idées, distinguent toutefois saint Thomas d'Aristote par un degré supérieur d'élévation, et une plus grande précision de vues.

Après avoir jusqu'ici accompagné, comme de haut, le philosophe grec, nous allons le quitter désormais, et, cette fois sans initiateur, chercher la solution d'un problème politique, légué par saint Paul, où la conscience et la raison se trouvent également intéressées. Il s'agit de cette « soumission due par toute âme aux puissances supérieures », car, selon l'apôtre, « il n'y a point de puissance qui ne vienne de Dieu, et celles qui sont ont été établies de Dieu [5] ». Comment faut-il entendre cette soumission, et dans quelle mesure est-elle exigible?

[1] *De Regimine Principis*, l. I, ch. III.
[2] *Id.*, ch. V.
[3] *Id.*, ch. VI.
[4] *Commentaire sur la Politique d'Aristote*, l. III, lect. 14.
[5] S. PAUL, *Épître aux Romains*, ch. XIII.

Pour le savoir, attachons-nous à suivre et à pénétrer le raisonnement de saint Thomas.

Il établit d'abord que le pouvoir royal, comme tout autre pouvoir, peut être considéré sous trois aspects différents. *En lui-même*, comme pouvoir, il est de Dieu. *En tant que pouvoir acquis*, il est encore de Dieu, lorsque cette acquisition se fait selon l'ordre voulu, « ordinate ». Enfin, *en tant que pouvoir exercé*, il est de Dieu ou il n'en est pas, suivant que l'usage de ce pouvoir est conforme, ou non, aux décrets de la justice divine[1].

Cette division fondamentale ainsi posée, il s'en suit que tout pouvoir, par cela seul qu'il est, n'est pas nécessairement juste ni légitime, et que, même de la part d'un chef légitime, l'usage inique du pouvoir peut l'altérer et le rendre illégitime.

De là, deux limitations apportées au principe de l'obéissance : l'une, qui vise directement ceux qui commandent; l'autre, qui concerne d'abord les choses commandées, et ensuite leurs auteurs responsables.

Examinons-les successivement.

Tout homme légitimement investi de ce pouvoir qui vient d'en haut, fût-il personnellement indigne de l'exercer, n'en participe pas moins, par le fait de cette investiture, au privilège divin qu'elle comporte, et, par suite, au droit strict d'exiger la soumission. Mais il n'y saurait prétendre lorsque la violence, la simonie, ou d'autres moyens illicites, ont vicié l'acquisition du pouvoir. Son détenteur n'en est pas alors moralement revêtu; il ne lui appartient pas : libre à un autre de l'en

[1] *Commentaire* du chapitre XIII de l'*Épître aux Romains*.

dépouiller s'il le peut, à moins que l'autorité qui a été ainsi primitivement usurpée ne se trouve ensuite légitimée, soit par le consentement des sujets, soit par l'adhésion d'un autre pouvoir supérieur [1].

En l'absence de toute puissance légitime ou légitimée (*a*), l'arène politique reste, de droit, ouverte, et saint Thomas ne craint pas d'y faire descendre les citoyens les plus éminents par leur mérite, et de les provoquer à établir leur suprématie au prix de la lutte, pourvu que le bon droit, en même temps que les chances, se trouvent de leur côté. Dans des conditions semblables, y aura-t-il là une insurrection, une révolte? Non, sans doute, mais un juste et avouable conflit, auquel on devra recourir, si l'intérêt public y trouve son compte, aussi bien pour satisfaire la raison que pour obéir au devoir [2].

De telles règles peuvent rencontrer des difficultés dans leur application; elles reposent toutefois sur des données saisissables et tangibles. Il n'en est pas de même de celles qui vont suivre, et dont les distinctions si délicates, presque subtiles, ôtent au jugement sa fixité, et lui retirent l'assurance de son point d'appui.

Comment, en effet, spécifier nettement les cas où l'obéissance cessera d'être obligatoire, où le pouvoir perdra son caractère légitime?

Nul doute qu'il faille refuser d'obéir à toute prescrip-

[1] *Commentaire sur les Sentences* de P. LOMBARD, l. II, distinct. XLIV, quest. 1.

(*a*) Cette clause n'est pas expressément mentionnée, mais elle est implicitement contenue dans le texte, qui n'autorise le conflit que « si la cause est juste ».

[2] *Commentaire sur la Politique d'Aristote*, l. V, lect. 1.

tion contraire aux préceptes divins, car la conscience nous y oblige formellement; mais lorsqu'il s'agit de « lois oppressives », de « charges injustes », qui nous dira quel est le degré où elles excèdent le pouvoir conféré, le point précis à partir duquel « il est permis de résister[1] », et surtout le mode autorisé de cette résistance? Formidables questions! où saint Thomas ne s'engage qu'avec prudence, avec réserve, en ayant soin de blâmer par avance le refus d'obéissance légale qui risquerait d'entraîner du scandale, des désordres, ou d'attirer de plus grands maux[2].

Le bien public, ce but constant de la société, doit l'emporter sur tout; et comme c'est le compromettre que de changer les lois établies, le recours à une mesure aussi extrême ne saurait être provoqué que par une utilité évidente ou une impérieuse nécessité[3]. Mais enfin, si l'injustice et l'oppression sont telles que le souverain substitue son propre avantage à celui de la communauté, et qu'il tombe ainsi dans la « tyrannie », on pourra, sans devenir séditieux, exciter des troubles contre un pareil gouvernement, si d'ailleurs on n'a pas lieu d'en redouter les suites[4].

Tout à l'heure, la résistance semblait plutôt passive et morale; à présent, elle devient active, et s'accentue, on le voit, en proportion des abus. Elle va, dans le cas d'une tyrannie notoire, jusqu'à ouvrir toutes les issues à l'opposition publique, authentiquement manifestée, qui revêt alors une autorité égale ou même supérieure à celle du

[1] *Somme*, Iª IIª, quest. XCVI, art. 4.
[2] *Id.*
[3] *Id.*, quest. XCVII, art. 2.
[4] *Id.*, quest. XLII, art. 2.

tyran. En le choisissant, la société avait usé de son droit : elle le recouvre pour priver de tout ou partie du pouvoir son détenteur indigne. Et « il ne faut pas, dit saint Thomas, la taxer d'injustice si elle dépose un tyran, quand bien même avant elle se serait soumise à lui pour toujours (*a*), parce qu'en se conduisant en mauvais prince dans le gouvernement de l'État, il a mérité que ses sujets brisassent le pacte d'obéissance [1] ».

Malgré l'autorité de notre auteur, ces paroles pourraient surprendre si l'on ne considérait ici deux choses : l'une, qu'à l'époque où il écrivait on ne connaissait pas les ressources que les gouvernements constitutionnels ont à leur disposition pour empêcher la tyrannie, et qui, de nos jours, la rendent presque partout impossible; l'autre, que cette déposition d'un tyran antérieurement choisi désigne clairement un souverain électif, non héréditaire, et qu'en tous cas les droits successifs de sa race demeurent ici réservés.

Ajoutons cette remarque par laquelle saint Thomas conclut, et, peut-être, corrige, ses précédentes déclarations :

« Il vaut mieux, dit-il, supporter les abus du pouvoir monarchique, s'ils ne sont pas trop criants, que de jeter la société dans les embarras d'une révolution plus grave que la tyrannie elle-même [2]. »

(*a*) C'est par erreur que M. l'abbé Védrines traduit ces mots « Tyrannum destituens, etiam si eidem in perpetuo (ou « in perpetuum ») se ante subjecerat », par ceux-ci : « En chassant un tyran qu'elle s'est donné, même à titre héréditaire » ; le texte ne comporte pas cette extension du sens.

[1] *Gouvernement du Prince*, l. I, ch. VI.

[2] *Id.*

Voilà le vrai résumé, selon nous, le plus pratique, d'une des situations les plus litigieuses que la politique ait à démêler, et qu'elle gagne à tourner par la conciliation plutôt qu'à trancher par la violence; situation toute de fait, assez complexe pour que les princes et les peuples s'y rencontrent parfois avec une égale apparence de justice, assez lourde de conséquences pour fatiguer longtemps la polémique et peser sur l'histoire.

— En même temps que saint Thomas, un grand contemplatif, dont l'esprit était apparenté au sien, rencontrait ces mêmes questions et y apportait une lumière nouvelle.

Dieu, d'après saint Bonaventure, ne confère pas tellement le pouvoir, que l'homme ne coopère souvent aussi à cette collation; et, selon qu'il le fait, ou non, avec un juste titre, il confirme ou infirme la donation dont il est l'objet [1]. — Au-dessous de l'action divine, l'acte humain conserve ainsi sa part d'influence.

Faute de saisir cette profonde pondération des choses, nous verrons un peu plus tard deux intelligences d'ordre différend tomber dans des erreurs opposées.

Épris d'un rêve d'unité et de paix absolues, Dante cherche à enfermer l'univers dans une monarchie universelle dont l'Empereur serait le seul chef par une sorte de délégation divine. Personne au-dessus ni à côté de lui, puisque son pouvoir lui vient directement et immédiatement de Dieu. Ses Électeurs ont seulement charge de le désigner, textuellement de le « dénoncer », mais non proprement de l'élire. Il se trouve placé dans l'or-

[1] S. BONAVENTURE, *Commentaire sur les Sentences* de P. LOMBARD, l. II, distinct. 44.

dre temporel comme le Pape dans l'ordre spirituel[1].

On comprend ce que ce dogmatisme politique a d'exclusif et de faux, et quel recours il peut laisser contre l'abus du pouvoir.

Marsile de Padoue se fait, à son tour, le défenseur de la paix. Il la confie, non plus au seul monarque de Dante, ni, comme saint Thomas, à des gouvernements justes et légalement institués, mais à une autorité nouvelle, essentiellement et perpétuellement souveraine, qui possède en puissance tous les droits, législatifs, exécutifs, coercitifs, et en retient le contrôle ou en revendique à son gré l'exercice. Ce monarque omnipotent, et toutefois irresponsable, c'est le peuple pris dans son universalité, ou dans une partie des citoyens désignés par le choix général. A eux seuls de faire la loi, de « créer le pouvoir », de déterminer sa forme, de choisir ses titulaires ou de les déposer, finalement, d'exercer au nom du peuple « une domination supérieure[2] ».

Le faux dogme de la souveraineté populaire est ainsi nettement formulé avec ses dangereuses conséquences.

Saint Thomas, nous le savons, s'éloigne autant de Dante que de Marsile de Padoue.

Il ne connaît exclusivement ni le droit divin des chefs, ni le droit humain des peuples. Il les associe tous deux les pénètre, les tempère l'un par l'autre; et dans cett alliance féconde de l'autorité et de la liberté, du gouvernement monarchique et du concours public, son génie lui révèle, avec les conditions politiques de l'avenir, le gage le plus assuré de la paix.

[1] DANTE, *De monarchia mundi*.
[2] MARSILE DE PADOUE, *Defensor Pacis*, l. I, ch. XV.

IX (a)

Traversons deux siècles, et le moyen âge a cessé. Son idéal, ses conceptions, sa méthode, tout semble oublié ou méconnu pour faire place à un état d'esprit nouveau, qui peut s'appeler la politique de la Renaissance, et se personnifier dans Machiavel. Cette politique renait sans croyances et sans morale, presque sans philosophie : son auteur les rejette ou les dédaigne comme des éléments étrangers. Chez lui, nulle théorie abstraite. Les recherches spéculatives, la logique des principes semblent lui échapper. Ce qui l'attire, ce qui exerce sa pénétration, c'est l'étude précise des faits, moins pour en connaître les circonstances, que pour découvrir leurs ressorts, et analyser, en quelque sorte, leurs forces motrices. Les institutions et les bouleversements lui apprennent à démêler les hommes, et l'histoire de leur passé est à ses yeux le prélude utile du présent. Mais il ne se borne pas à commenter les événements successifs; il cherche à prévoir leur cours, et, s'il est possible, à prévenir ou à préparer leurs suites. Par le calcul du penseur, comme par l'expérience et la sagacité du praticien,

(a) Dans ce chapitre et plusieurs de ceux qui suivent, nous reconnaissons volontiers ce que nous devons aux savantes recherches de M. P. Janet sur la science politique.

il montre de quelle manière on peut se mesurer avec le destin, et parfois le surprendre et le surmonter. En un mot, c'est un jouteur d'État. Tel est le caractère original et l'objectif de sa science, ou, plus exactement, de son art; car s'il relève d'Aristote pour la méthode d'analyse, s'il emprunte à Cicéron l'emploi raisonné de l'histoire (*a*), il faut bien toujours, dans l'exécution, qu'il laisse une large part à l'industrie personnelle et au savoir-faire.

Cette réaction vers le côté positif des choses n'a d'ailleurs pas lieu de surprendre, à une époque de foi diminuée, de vitalité intense, et dans un pays remuant, fractionné, dissemblable de mœurs et de régimes comme l'était alors l'Italie (*b*). Toutes les énergies et les ambitions y trouvaient si naturellement à se produire que l'impulsion des doctrines répondait bien à celle des partis.

En vain Savonarole avait-il fait décréter le règne du Christ et la paix universelle. Il fallait qu'elle fût bien loin des esprits et des cœurs, pour que, si peu d'années après lui, le Florentin Machiavel ait pu formuler, avec l'assentiment de ses concitoyens, dans le livre du *Prince*, le code motivé du succès à tout prix.

Nous ne le suivrons pas dans son naïf exposé de maximes trop souvent frelatées; quelques unes suffiront :

« On ne doit pas perdre de vue qu'il faut gagner les hommes ou s'en défaire [1]. » — Le moyen de s'assurer des États conquis est d' « éteindre la famille des anciens sou-

(*a*) Son livre *De la République* était alors perdu ; mais dans les *Lois*, il expose la même théorie.

(*b*) Ce que M. Nourrisson a fort bien montré dans son ouvrage sur *Machiavel*.

[1] *Le Prince*, ch III.

verains », et de « détruire les villes » qui ne veulent pas se soumettre [1]. « Il faut commettre toutes les cruautés nécessaires en une seule fois », et « ne pas craindre d'encourir quelque blâme pour les vices utiles au maintien des États [2] ». — « Un prince doit éviter de tenir les promesses qu'il reconnait contraires à ses intérêts [3]. » — « Il lui est utile de persévérer dans le bien lorsqu'il n'y trouve aucun inconvénient [4]. »

Ce qui se pratiquait alors autour de lui, Machiavel a eu pour l'Italie le tort de le dire, et pour lui-même le malheur de l'approuver. C'est là chose jugée. La conscience publique repousse définitivement de pareils préceptes en les stigmatisant du nom même de leur auteur.

Mais malgré ce verdict, il subsiste encore une question complexe, d'une portée plus haute, et qui par ses côtés spécieux laisse l'opinion dans l'incertitude quand elle ne va pas jusqu'à l'égarer.

Ce qui est répréhensible et condamnable de la part d'un particulier, l'est-il également chez l'homme qui gouverne et qui veut se maintenir à la tête du pouvoir? En réalité, ne faut-il pas distinguer la morale privée de la morale publique, et faire fléchir quelquefois la justice devant la nécessité et la raison d'État (*a*)?

Posé en ces termes, il semblerait que le problème dût être bientôt résolu. Mais il n'en va pas ainsi.

Sans doute, on hésite à rejeter le principe supérieur

[1] *Le Prince*, ch. VII.
[2] *Id.*, ch. XV.
[3] *Id.*, ch. XVIII.
[4] *Id.*, *id.*
(*a*) C'est l'opinion de DESCARTES (*Lettre à la princesse Élisabeth*) et du cardinal DE RICHELIEU (*Testament politique*).

de Platon, et à séparer formellement l'utile de l'honnête; on se défend même des idées de Machiavel, mais on les subit : et lorsque l'apparence de l'événement lui a donné raison, lorsque le premier succès étonne et éblouit, il semble qu'appliquées, ses doctrines puissent trouver leur excuse, et qu'elles aient perdu leur venin.

Remarquons-le pourtant, ce système de ruses, de fourberies et de cruautés que Machiavel a fait sien, et qu'il regarde en soi comme indifférent, il ne le préconise que pour certaines personnes et dans certaines situations déterminées. D'après lui, il doit servir à appuyer les pouvoirs récents, mal affermis, et ajoutons, d'origine douteuse. Qu'il s'appelle Agathocle, César Borgia ou Oliverotto de Fermo [1], Romulus ou Cléarque [2], peu importe, c'est toujours « le prince, le tyran nouveau » qui est en cause. De là vient que, sauf l'éloge qu'il inflige aux ruses d'Alexandre VI, et le blâme d'imprudente loyauté dont il honore Louis XII, il épargne ses conseils malsains aux gouvernements stables de son temps, dont les souverains étaient, ou *héréditaires*, ou *paisiblement et légitimement investis*; et cela, non par scrupule, il n'en connaît pas, mais parce qu'il envisage, pour eux, comme inutile et superflu de recourir à de semblables moyens. Voici, en effet, ce qu'il dit des premiers :

« On a moins de difficulté à maintenir les États héréditaires, accoutumés à la famille de leur prince, que les États nouveaux. Il suffit à un prince héréditaire de ne pas outre-passer l'ordre et les mesures établis par ses prédécesseurs, et de céder à propos aux événements...

[1] Dans le *Prince*.
[2] Dans les *Discours sur Tite-Live*.

Le prince naturel, ayant moins d'occasion et de nécessité de vexer ses sujets, en doit être plus aimé : or, si des vices extraordinaires ne le font pas haïr, il est naturel qu'ils aient de l'inclination pour lui [1]. »

A l'égard des seconds, il s'exprime ainsi :

« On peut devenir prince de son pays par la faveur de ses concitoyens, et sans employer la violence et la trahison. C'est ce que j'appellerai principauté civile. Il n'est pas nécessaire pour y arriver d'avoir un mérite rare, ni un bonheur extraordinaire, mais seulement une heureuse adresse (*a*). » Ensuite il faut « se faire aimer des peuples ou des grands [2] ».

Pour les princes héréditaires, et ceux dont l'avénement est normal et pacifique, nous n'avons plus que faire, on le voit, des maximes de cruauté et de perfidie. Par une si grande différence d'appréciation, et l'opposition de conduite qu'elle comporte, Machiavel se condamne ici lui-même, et avec lui les gouvernements frauduleux qu'il prétend soutenir, puisque viciés déjà dans leur berceau, il s'attache encore à les corrompre, et qu'il met délibérément la méchanceté au service de l'injustice.

L'auteur despotique du *Prince* et démocratique du *Discours sur Tite-Live* a eu, dans sa vie changeante, l'occasion d'influer une fois sur la constitution de son propre pays. En quel sens l'a-t-il fait ? Quelles idées a-t-il soutenues ? C'est ce qui nous reste à connaître.

[1] *Le Prince*, ch. II.

(*a*) « Astuzia » veut dire adresse plutôt qu'astuce. Le contexte exclut ici une idée désavantageuse.

[2] *Le Prince*, ch. IX.

Au fond, bien qu'il ait professé d'autres procédés politiques, Machiavel ne paraît guère admettre que deux types de gouvernement, la monarchie sans mélange, mais « soumise comme en France à l'empire des institutions et des lois [1] » — retenons cette appréciation — et la liberté sans entraves. On peut s'en convaincre dès le début de sa *Réforme de la Constitution de Florence*, œuvre destinée, on le sait, à éclairer Léon X et les Médicis.

« Florence, dit-il, n'a jamais été proprement ni en monarchie ni en république. Ce n'est pas, en effet, une monarchie durable que celle où les affaires se décident par la volonté d'un seul, et sont soumises à la délibération de plusieurs. Et il ne faut pas s'imaginer qu'on puisse maintenir une république où on ne laisse pas un libre jeu à toutes les passions populaires, dont la répression inconsidérée amène la ruine de cette espèce de gouvernement [2]. »

Sa clairvoyance est ici en défaut. Mais s'il manque de perspicacité pour apprécier le meilleur tempérament de la monarchie, et de sens pratique pour conjurer les dangers de la république, pourquoi avance-t-il ailleurs, avec Polybe, Cicéron et saint Thomas, que la meilleure forme politique est celle qui tient de la monarchie, de l'aristocratie et de la démocratie réunies [3], bien qu'il affirme ensuite qu' « une véritable république ou une véritable monarchie peuvent seules assurer la constitution d'un État », et que « tous

[1] *Discours sur Tite-Live*, l. III, ch. I.
[2] *Réforme de la Constitution de Florence.*
[3] *Discours sur Tite-Live*, l. I, ch. II.

les gouvernements intermédiaires sont défectueux[1] »?

Une pareille contradiction pourrait choquer, si le plan de la Réforme n'en accusait naïvement une autre, et celle-ci intentionnelle.

Sans entrer dans le détail de l'organisation hybride qu'il propose à Florence, et que nous ne sommes plus à même de juger, on voit que s'il augmente tout de suite, comme il le dit, l'autorité de Léon X par l'élection du conseil des 65 « qui permettra au Pape d'y introduire ses partisans », par la nomination au conseil des 200, qu'il lui réserve, et par la création d'autres magistratures populaires « demeurant, sa vie durant, au choix de Sa Sainteté[2] », en réalité, il ruine surtout la prépondérance éventuelle des Médicis, en supprimant la Seigneurie et en disséminant le pouvoir.

Il prétend d'ailleurs que sa république renfermerait une véritable autorité monarchique; et pour l'exercer plus secrètement, il conseille l'emploi de stratagèmes comme ceux-ci, au sujet des élections :

« Votre Sainteté nommerait huit scrutateurs qui, dépouillant les scrutins en secret, pourraient donner les voix à leur gré, sans pouvoir publiquement exclure qui que ce fût; et pour que le peuple crût que ceux qu'il a portés ont été mis dans le scrutin, on lui donnerait la faculté d'élire deux citoyens qui seraient présents à cette première opération[3]. »

Après cela, lequel des deux Machiavel faut-il croire? Celui qui se joue ainsi du peuple? ou celui qui le loue,

[1] *Réforme de la Constitution de Florence.*
[2] *Réforme de la Constitution de Florence.*
[3] *Réforme de la Constitution de Florence.*

le flatte, qui va jusqu'à prétendre que « sa voix est la voix de Dieu [1] » (a), adage fallacieux et suspect que le « Tolle » du Prétoire démentira éternellement?

Répondons avec la morale et la saine politique : Ni l'un ni l'autre ne mérite d'être écouté. On ne conduit pas les hommes en les trompant. Un jour vient où, désabusés, ils se vengent.

Conseiller des tyrans ou séducteur des peuples, au jugement de la paix publique, Machiavel est donc un ennemi, et d'autant plus résistant qu'il est devenu chef d'école.

Après Niphus, son plagiaire [2], l'Allemand Schopp (ou Sciopius) entreprend de le justifier, en séparant scientifiquement la politique de la morale, et en délimitant la sphère qui leur est propre. Il oublie que l'auteur du *Prince* ne donne pas seulement des recettes de gouvernement, mais des conseils, et qu'à ce titre il se rend justiciable de la loi du devoir [3]. Puis voici un Flamand, l'honnête et savant Juste-Lipse, ennemi déclaré des trahisons et du mensonge, mais non jusqu'à rompre avec la fraude qu'il définit « un moyen ingénieux de dévier de la vertu ou des lois pour le bien du Roi et du royaume [4] ». Son excuse n'est-elle pas le siècle où il vivait, et où les princes, pour veiller à leur sûreté, étaient obligés, selon lui, « de ne rien croire et de tout redouter [5]? »

[1] *Discours sur Tite-Live*, l. I. ch. LVIII.
(a) Si Machiavel n'est pas l'auteur du *Vox populi, vox Dei*, au moins avant lui ne le trouve-t-on nulle part.
[2] V. *De regnandi peritia*.
[3] V. *Pædia Politices*.
[4] V. les *Politiques*, l. IV, ch. XIV.
[5] V. les *Politiques*, l. IV, ch. XIV.

Le philosophe Charron pense aussi qu' « il ne faut jamais tourner le dos à l'honneste, mais bien quelquefois aller à l'entour et le costoyer, y employer l'artifice et la ruse[1] ». Élève de Montaigne, on reconnait là son insinuant et gracieux scepticisme.

Vient ensuite la sombre figure de Fra Paolo Sarpi, qui ne s'arrête pas, lui, à défendre Machiavel, mais qui veut l'appliquer, en introduisant à Venise, au service d'un pouvoir plus despotique encore[2], une justice plus occulte et plus sommaire[3].

Enfin Naudé, ce Parisien dévoyé en Italie, d'où il rapporte une admiration candide pour les coups de force poussés jusqu'au crime[4].

Laissons les sectateurs moindres, pour nous occuper, à l'honneur de l'esprit humain, des adversaires et des censeurs de Machiavel.

En politique, Guichardin se sépare nettement de son compatriote. Il est noble, il a d'autres instincts et d'autres visées, il regarde les basses classes de plus haut. Comme la République ne lui présente, à Florence, aucune chance de durée, et qu'il prévoit ses excès, il incline vers un gouvernement mixte, avec un prince électif, un Sénat prépondérant, et certains droits réservés au peuple. Ce Sénat devra se recruter principalement dans les grandes familles[5] : les Guichardin en étaient. Le plébéien Machiavel n'avait-il pas aussi recommandé la création d'un Conseil « composé des hommes d'un caractère élevé qui

[1] V. *Traité de la Sagesse.*
[2] V. le *Prince de Fra Paolo Sarpi*, ch. 1.
[3] V. le *Prince de Fra Paolo Sarpi*, ch. 1.
[4] V. *Coups d'État.*
[5] *Gouvernement de Florence.*

se croient dignes d'être à la tête de leurs concitoyens[1] »?
— Pour être un patriote, on n'est pas tenu de s'oublier. Guichardin d'ailleurs se déclare positiviste. Il trouve que Machiavel a encore trop philosophé, trop généralisé. Avant tout, il veut qu'on juge des choses par l'expérience personnelle et l'événement constaté, et lorsque celui-ci a mal tourné, qu'on sache se plier et s'accommoder aux circonstances[2]. Les convictions ne sont donc pas son fort. Au demeurant, c'est un honnête homme, qui supplée par la rectitude de ses sentiments à l'élévation qui lui manque. Il souhaite aux Florentins d'acquérir « la vertu civile[3] » : mais à ses yeux la vertu, le vrai, le bien, « tout est relatif[4] », sur cette scène mouvante du monde où les dons et les mérites nous sont inégalement mesurés. Les mieux pourvus forment ici-bas une élite, l'aristocratie, et sont ainsi doués d'aptitude à diriger les autres[5]. La présomption lui tient lieu du fait. Le voilà pris. Il philosophe, il généralise à son tour, et même assez adroitement pour un noble florentin.

Reconnaissons volontiers que les maximes de Guichardin ne discréditent pas sa théorie, qu'elles rectifient celles du *Prince*, et qu'élevé au-dessus de Machiavel dans l'estime de ses concitoyens, il a sur lui l'avantage que ses conseils ont été appréciés et suivis (*a*).

Plus forte est la réfutation de Paruta. Bien qu'il ne

[1] *Réforme de la Constitution de Florence.*
[2] Ricordi.
[3] *Gouvernement de Florence.*
[4] Ricordi.
[5] Ricordi.
(*a*) Entraînés par son éloquence, les Florentins proclamèrent la souveraineté de Côme de Médicis.

s'en prenne qu'au système, et que Machiavel ne soit pas nommé, en voyant ses armes; on devine aisément son adversaire.

Selon lui, la vraie récompense de l'homme politique se trouve, non dans le succès, mais dans sa conscience et dans le sentiment de son devoir accompli; et, comme ce devoir implique une exécution, les actes ou la vie active sont préférables et supérieurs à la contemplative [1].

Pour mieux s'éclairer, un personnage public doit être instruit du passé, se tenir au courant de l'actuel, et s'exercer à la prévoyance. D'un commun aveu, cette marche semblait dès lors acquise; mais il lui assigne en outre le but supérieur qu'elle avait visiblement délaissé : « La vie politique, dit-il sans hésiter, n'est autre que la mise en exercice des vertus [2]. » On reconnait ainsi son affinité avec les plus grands esprits. Il en est de même lorsqu'à leur suite il se prononce en faveur de ce gouvernement, à nous connu, heureux « mélange » [3] des trois autres, qu'il s'efforce de retrouver et de prouver tel dans la constitution de Venise. Il faut lui tenir compte de cette illusion patriotique. Paruta d'ailleurs n'est nullement un esprit chimérique; il voit le précis des choses, et conseille utilement ses concitoyens. La paix avec le continent lui paraît la vraie politique d'une puissance maritime, qui doit s'assurer de ses voisins, et non chercher à empiéter ni à envahir, surtout en se servant de prétextes ou de procédés répréhen-

[1] *Perfection de a vie politique,* l. I.
[2] *Id.,* l. II.
[3] *Id.,* l. III.

sibles qui se retourneraient plus tard contre leurs auteurs[1]. Par là, et par d'autres arguments tirés de l'histoire, il met en relief son excellent et véridique axiome, que « le succès n'est pas toujours du parti de l'improbité[2] ».

Cette même thèse, Botero l'a développée, et, pour ainsi dire, noyée dans une multitude d'exemples et de citations. Précepteur d'un prince de Savoie, il a écrit sur la *Raison d'État* en vue d'une famille déjà habile et avisée, que son chapitre *De la neutralité* concernait particulièrement. Somme toute, ce livre trop didactique est plutôt un manuel qu'un traité.

Autre est l'*Anti-Machiavel* du protestant Gentillet, œuvre chaude d'indignation, où le Florentin est accusé à bon droit d'être l'inspirateur de la politique perfide de Catherine de Médicis, le pervertisseur et le fléau de la France. Nombre d'auteurs ecclésiastiques, les Possevin, Bosio, Ribadeneira, l'évêque Osorio et le cardinal Bellarmin, ont partagé son animadversion, jusqu'à ce qu'enfin le calme se soit fait autour de cette mémoire controversée.

Malgré tout, elle a subsisté; elle s'impose : et Frédéric II l'a moins abaissée dans son livre[3], que relevée par ses actes (*a*). Aujourd'hui, la discussion est close; il n'y a plus lieu de contredire Machiavel. On le consulte,

[1] *Discours politiques*, l. II.
[2] *Perfection de la vie politique*, l. III.
[3] *L'Anti-Machiavel.*
(*a*) « Frédéric le Grand disait qu'il tiendrait toujours sa parole comme homme privé, mais qu'il sacrifierait au besoin, comme prince, son honneur personnel au salut de l'État. » (BLUNTSCHLI, *la Politique*, p. 12.) Il l'a prouvé, et Bluntschli ne l'en improuve pas.

on l'étudie, parfois on l'utilise; et malgré qu'on en ait, il entre dans les forces à l'état d'élément caché : il faut l'y subir, et, au besoin, l'y combattre.

Quel peut être, finalement, le secret de cette longue fortune, sinon que l'auteur du *Prince* a su remuer les passions, qu'il les a mises en jeu dans la politique, et que, se faisant ainsi leur complice, il a réussi à se rendre durable, et en quelque sorte inéluctable comme elles-mêmes? Le niveau de son influence reste donc opposé à celui de la morale publique : il regagne ce que nous perdons.

X

En même temps que le mouvement de la Renaissance ébranlait la morale, en la séparant de la politique, celui de la Réforme faisait chanceler, avec le principe d'autorité, la base de toute paix publique. La religion ne pouvait être librement examinée et contestée sans que l'État le fût à son tour. Comment, par quel privilége eût-il échappé à la suspicion qui enveloppait alors tant de croyances acquises et d'institutions séculaires, à moins de prêter son appui à ceux qui les attaquaient? C'est, en effet, ce qui eut lieu. Les premiers réformateurs allemands trouvèrent de bonne heure, pour les aider dans leur entreprise, des princes complaisants, comme l'Électeur de Saxe, ou convoiteux, comme Albert de Brandebourg; ils s'en firent des alliés; et lorsque les paysans de la Souabe et plus tard les Anabaptistes de Munster prétendirent s'ériger, eux aussi, en juges de la doctrine, et la traduire par des actes de rébellion, Luther se déclara ouvertement contre les uns, et souscrivit au châtiment des autres. Soucieux, avant tout, de dégager sa cause de la leur et de refouler les dissidences (a), il alla jusqu'à

(a) Il ne voulait pas que la Réforme se fît sans le concours de l'autorité. LUTHER, *Écrit à la nation allemande.*

condamner en bloc, et sans les distinguer, toutes les insurrections, posant ce principe absolu, que « la révolte n'est jamais juste, si juste qu'en soit le motif[1] ». Cette attitude défensive des pouvoirs publics s'est pourtant modifiée dans d'autres circonstances. Après la ligue de Smalkalde, lorsqu'il se vit, et les siens, menacé par Charles-Quint : « Si l'Empereur, disait-il, veut nous faire la guerre, s'il veut détruire notre religion ou en proscrire le libre exercice, si tel est son dessein, Charles perd son droit à l'Empire, ce n'est plus qu'un tyran. Il est inutile de demander si nous pouvons recourir aux armes pour défendre notre foi. C'est un devoir de combattre[2]. » Il répondait pareillement à ceux qui le consultaient à ce sujet : « Rendez à César ce qui est à César. Or ce qui est à César, c'est de lui résister quand il prescrit des choses injustes. Je dis : Il faut obéir à tout ce que César ou la loi a établi; or la loi prescrit en pareil cas de résister[3]. » Celle qu'il invoquait ici ne semblait pas tirée de l'Évangile : aussi, laissant aux juristes le soin d'apprécier l'actualité, et le bien fondé de cette résistance armée, il se récusait à formuler une décision qu'il avait d'ailleurs suffisamment préjugée[4].

Il serait donc également erroné de considérer la politique de Luther comme celle d'un disciple fidèle de saint Paul, ou d'un nouveau Jean Huss, toujours en lutte avec l'autorité. Sa ligne de conduite a varié, ainsi que ses maximes, selon les besoins du moment ; elle s'est subor-

[1] LUTHER, *Écrit à la nation allemande*. Œuvres Hall, t. X.
[2] *Propos de table*, trad. Brunet, p. 183.
[3] Lettre de Luther à Spengler, 15 février 1531.
[4] Lettre de Luther à Linck, 15 janvier 1531.

donnée au but religieux qu'il poursuivait ; elle est restée utilitaire.

L'esprit calme et modéré de Mélanchthon ne paraît pas avoir accepté cette position instable. Envisageant les choses de plus haut, il a compris que le pouvoir émane de Dieu, bien que réglé d'après la raison ; qu'il tient de lui seul le droit surhumain du glaive [1], et que si les institutions humaines réussissent à maintenir l'harmonie, c'est grâce à une disposition particulière de sa providence. A ses yeux, tous les modes de gouvernement, qui ne choquent pas le bon sens, commandent le respect, quels que soient d'ailleurs les gouvernants, car « il est absurde, dit-il, de prétendre, avec Wiclef, que l'indignité doive exclure de la souveraineté [2] ». Il estime seulement que « les rois font mal quand ils ordonnent une chose contraire aux lois et au régime établi [3] », mais il n'infirme ni n'atténue en rien, par là, le précepte de l'obéissance.

Ce précepte, Calvin l'a soutenu en termes non moins formels. Considérant « tous ceux qui sont constitués en prééminence, comme ayant mandement de Dieu, autorisés de lui, et représentant sa personne [4] », il n'admet pas que leur pouvoir provienne de la perversité des hommes, mais de « l'ordonnance divine », et cela, sans faire exception d'aucune forme politique, même de celle qui semble « la moins plaisante, c'est à savoir la seigneurie et domination d'un seul homme [5] ».

[1] MÉLANCHTHON, *De expressa politicæ potestatis institutione.*
[2] MÉLANCHTHON, *Disputationes de rebus politicis.*
[3] MÉLANCHTHON, *Disputationes de rebus politicis.*
[4] CALVIN, *Institution chrétienne*, l. IV, ch. XX.
[5] *Id.*

Bien qu'il incline en apparence à partager simultanément l'autorité entre « plusieurs gouvernants », il trahit toutefois ses préférences secrètes lorsqu'il trace, comme son type, le portrait du magistrat tel qu'il le comprend, « c'est à savoir un père du pays, lequel il gouverne, pasteur du peuple, gardien de paix, protecteur de justice, conservateur d'innocence. Celui, serait à bon droit jugé hors de son sens, qui voudrait réprouver telle domination [1]. » Admettons toutefois qu'un jour elle méritât de l'être, quel recours aura-t-on alors contre elle? Calvin ne le dit pas. Il suppose bien, « pour réprimer la trop grande licence des rois, des magistrats institués pour la défense du peuple [2] »; mais il semble ignorer que ce « protecteur de justice », dont il déguise l'autocratie sous des dehors séduisants, sera exposé, lui aussi, à tomber dans l'arbitraire et à abuser de son pouvoir.

Sous la rigide tutelle du réformateur, les Génevois en ont fait l'expérience à leurs propres dépens.

Si de Genève et du nord de l'Allemagne, que la Réforme réussit de prime abord à gagner, nous passons aux pays où les gouvernements lui suscitèrent des entraves, nous verrons que les exemples de Luther y furent suivis de préférence aux préceptes de Mélanchthon et de Calvin.

Banni sous le règne de Marie Tudor, l'anglican Poynet ouvre le feu sur les pouvoirs établis. « Rois, princes et gouverneurs, dit-il, tiennent leur autorité du peuple. Or y a-t-il un homme assez peu raisonnable pour soutenir que ceux qui ont délégué certaines fonctions comme un

[1] CALVIN, *Institution chrétienne*, l. IV, ch. XX.
[2] *Id.*

dépôt, ne peuvent pas, lorsqu'il existe de justes motifs, par exemple en cas d'abus, retirer ce qu'ils ont donné[1]? » Ainsi formulée, sans distinction ni limitation, une proposition semblable contient en germe plus d'abus que ceux qu'elle prétendrait pallier. Remarquons-le d'ailleurs : autre est l'autorité des rois, autre celle des princes ou des gouverneurs; mais quels que soient les titres en vertu desquels ils l'exercent, ce dépôt public qui leur est confié ne saurait, par son caractère même et sa dignité, être abandonné librement aux capricieuses volontés de la multitude : il y va de l'honneur et du salut communs.

Un peu plus tard, le calviniste Hotman inaugure un nouveau genre d'attaque. Français réfugié en Suisse, c'est le gouvernement de son pays qu'il prend à partie, c'est sa forme et sa nature qu'il discute. S'appuyant sur l'histoire comme sur un levier, il s'efforce d'y trouver les preuves de ces deux thèses convergentes, — l'une, que la royauté, en France, est élective et non héréditaire; — l'autre, que l'Assemblée des États y a exercé et doit y exercer la principale part d'autorité, et décider, par exemple, de « l'élection ou de la déposition des rois[2] ». On voit où il veut en venir; mais si peu concluants que soient les faits et les textes allégués, ils ne forment pas moins un ensemble assez spécieux, et qui a longtemps servi à alimenter l'opposition. Nous n'avons pas à les reproduire ni à les réfuter ici, car c'est le système seul qui nous occupe. Transporter, avec Hotman, l'axe du pouvoir, du souverain à une assemblée élue, semblerait aujourd'hui une entreprise démocratique. Il paraît

[1] POYNET, *Short treatise of political power*, 1556.
[2] HOTMAN, *Franco-Gallia*, 1573, ch. XI.

qu'au seizième siècle on en jugeait autrement, et que les États généraux, par le nombre restreint de leurs membres et la sélection dont ils étaient l'objet, passaient plutôt pour une aristocratie.

Bodin, le savant antagoniste d'Hotman, lui reproche de fausser dans ce sens l'esprit des institutions du pays, en même temps que de méconnaître leur histoire. Pour lui, l'état de la France est celui d'une « simple et pure monarchie », dont le chef reçoit des avis ou des vœux sans être astreint à s'y conformer [1], et qui tient son titre du droit de succession royale, nullement d'une élection supposée [2].

Si nous quittons la polémique pour entrer dans le vif des idées de Bodin, nous ne tarderons pas à saisir le but de ce grand traité de la République — proprement de la chose publique — où il met au service du principe d'autorité les ressources de la plus vaste érudition.

Voici d'abord son point de départ. — La République qu'il définit « le droit gouvernement de plusieurs ménages [3] » est assimilée à ces ménages qu'elle a pour objet de gouverner. La puissance domestique lui paraît dès lors semblable à la puissance publique, quoiqu'elles ne s'exercent pas sur les mêmes objets; de même que la puissance du père sur ses enfants est analogue à celle du prince sur ses sujets, bien que l'une provienne de la nature et l'autre de la société. Malgré leurs lacunes, ces comparaisons lui servent à établir dans le gouvernement de la République et dans celui de la maison, « son vrai

[1] BODIN, *De la République*, 1577, l. I, ch. IX.
[2] *Id.*, l. VI, ch. V.
[3] *Id.*, l. I, ch. II, III et IV.

modèle », un droit parallèle à la souveraineté. Il la voudrait arbitraire entre les mains du père de famille [1], et n'accorde le réel titre de « souverain » qu'au monarque qui a reçu « la puissance absolue purement et simplement », car alors « le peuple s'est dessaisi et dépouillé de sa souveraineté pour l'ensaisiner et l'investir [2] ».

Cette conception formelle et trop absolue des choses l'amène à se déjuger, lorsque caractérisant le rôle du souverain qui ne relève que de Dieu et ne peut être assujetti à ses propres lois, il reconnait pourtant qu'il est lié par les conventions justes et raisonnables conclues avec ses sujets; d'où cette conséquence, que le prince, eût-il d'ailleurs les attributs de la souveraineté, la justice, la législation, le droit de paix et de guerre, de grâce, etc., n'en subirait pas moins, par le fait de ces conventions, une limitation de puissance et d'indépendance. Souveraineté et absolutisme ne sont donc pas identiques.

Les conventions, du reste, ne sauraient se préjuger. Elles résultent, selon Bodin, d'un accord mutuellement obligatoire entre le prince et les sujets (*a*), tandis que la loi émane librement de l'un, pour s'imposer nécessairement aux autres.

Un esprit aussi rigoureux ne devait pas non plus admettre de mélange ni de partage dans l'essence des gouvernements [3]. Tous sont pour lui ou monarchiques, ou aristocratiques, ou populaires. Point de milieu

[1] Bodin, *la République*, l. I, ch. III et IV.
[2] *Id.*, l. I, ch. IX.
(*a*) Comme par exemple les « Lois Pactéennes » des États d'Aragon, où, pour marque d'une obligation réciproque, le Roi recevait quelque argent lorsqu'il rendait une ordonnance.
[3] *De la République*, l. II, ch. I.

admissible, car « la souveraineté est indivisible ». La répartir entre le roi, les grands et le peuple, c'est créer simplement « l'état populaire », puisque le droit de faire la loi y appartient « aux trois corps de l'État, c'est-à-dire à tout le monde[1] ». — Ici l'on pourrait encore le mettre aux prises avec lui-même, et lui objecter, d'après son dire, que si les États généraux, considérés isolément, formaient alors une aristocratie, malgré leurs éléments populaires, il est contre la vraisemblance qu'associés et subordonnés à la royauté, ils dussent constituer une démocratie, même en les supposant investis du droit de légiférer.

Quoi qu'il en soit de cette hypothèse, la combinaison des trois formes typiques de gouvernement lui paraît dans le passé une fiction et dans le présent une chimère. De fait il a raison pour son temps et son pays; et comme il est bon royaliste, et qu'il flaire des piéges, il se montre jaloux de sauvegarder intégralement l'autorité et la prérogative royales.

Mais autant nous le voyons inflexible quand il s'agit du pouvoir, autant fait-il preuve de conciliation dans sa mise en exercice. Il cherche sans partialité quel est le meilleur gouvernement, et rend justice à chacun d'entre eux : à la démocratie, en lui attribuant de maintenir plus d'égalité; à l'aristocratie, de susciter plus de mérites; à la monarchie, d'assurer plus de stabilité. Cette dernière considération l'emporte, et le décide en faveur de la « droite monarchie, la plus excellente entre les trois sortes de républiques légitimes[2] », surtout lors-

[1] *De la République*, l. II, ch. I.
[2] *Id.*, ch. IV.

qu'elle est « dévolue par droit successoral au mâle le plus proche[1] ». Pour conserver cette supériorité, il faut qu'elle s'inspire de la justice, cherche à rapprocher les citoyens, et fusionne leurs intérêts. De plus, en tout état de cause, Bodin introduit cette maxime judicieuse qu'un gouvernement doit s'accommoder au naturel de ceux que l'on gouverne, et tenir compte de la différence « des lieux, des personnes et des temps ». C'est avec le même tact politique qu'il conseille de « suivre le grand Dieu de nature qui procède en toutes choses lentement et petit à petit[2] ». Enfin, s'il maintient l'incompatibilité systématique des régimes, il est partisan de leur rapprochement virtuel, puisqu'il veut que la monarchie se limite elle-même, et soit « tempérée par le gouvernement aristocratique et populaire ».

N'est-ce pas là ce que saint Thomas désire, ce que Cicéron recherche, ce que Platon et Aristote ont pressenti? Le fond prime donc ici la forme; et cette déclaration, qui le rattache aux grands penseurs, couronne dignement l'œuvre de Bodin en même temps qu'elle la redresse.

Mais que pouvaient ces rares conseils de la modération à côté des ferments de haine et de discorde qui sourdaient de toutes parts et multipliaient contre le pouvoir les attaques les plus virulentes? Elles se produisaient en France et en Écosse surtout, avec une simultanéité et un ensemble tels qu'il est difficile de ne pas soupçonner entre elles un plan concerté et suivi.

C'est de l'Écriture ou, plus exactement, de l'Ancien

[1] *De la République*, l. II, ch. v.
[2] *Id.*, l. III, ch. I.

Testament que le réfugié Languet s'efforce de tirer un droit imprévu, celui de la résistance des sujets, et de l'appel aux armes contre leur souverain. Voici comme il prétend l'établir :

Dieu, dit-il, s'était engagé primitivement avec le peuple d'Israël, et les Israélites avec Dieu. Cette alliance, du temps des rois, a été renouvelée, confirmée, et doublement conclue, « à savoir, entre Dieu et le roi, et ensuite entre Dieu et le peuple[1] » : de là, deux contractants ou « deux rées, le Roy et Israël[2] ». Jusqu'ici nous suivons le texte sacré. Mais il s'en écarte en ajoutant de son chef que ces deux contractants « sont obligés l'un pour l'autre et un seul pour le tout[3] ». Que voyons-nous, en effet? Samuel s'adresser également au roi et au peuple pour les exhorter à obéir au Seigneur, et les menacer « ensemble » de mort s'ils persévèrent dans leur infidélité[4]. C'est là une connexion éventuelle, une similitude établie entre eux, non une réciprocité ni une solidarité.

La preuve d'une obligation jurée avec clause répressive « entre le roi et le peuple, ni plus ni moins qu'entre le peuple et le roi[5] », ne se trouve donc pas ici, non plus que dans aucun autre passage de l'Écriture ; et si ailleurs cette même alliance des Israélites et de leur souverain avec Dieu est accompagnée d'un serment obsécratoire contre ceux qui le violeraient, « depuis le plus grand jusqu'au plus petit[6] », le roi Asa qui l'a prêté à

[1] LANGUET, *Puissance légitime du prince et du peuple*, 1579, q. II.
[2] *Id.*
[3] *Id.*
[4] *I Rois*, XII, 14, 15, 25.
[5] LANGUET, q. II.
[6] *II Paralipomènes*, XV, 13, 14, 15.

Dieu ne s'est pas rendu, par là, justiciable de ses sujets; il n'a pas basé leur obéissance sur sa fidélité.

Il est vrai que Languet n'autorise pas les particuliers à tirer l'épée contre un prince légitime, « s'il n'appert très-évidemment qu'ils ont vocation extraordinaire [1] ». Toutefois, comme il est malaisé d'en juger, « le corps du peuple », c'est-à-dire les magistrats, les États qui le représentent, composés, selon les pays, des princes, grands officiers, pairs, notables, députés etc., dont la réunion les rend « supérieurs au Roi », auront, selon lui, qualité pour autoriser et diriger la résistance. Nous touchons ici au véritable objectif du parti : celui d'organiser en France la prise d'armes.

En même temps que Languet, Buchanan se fait le champion de ces doctrines subversives dans le pays où Knox avait commencé à les introduire [2], et les soutenait ouvertement devant sa souveraine (*a*).

Au lieu de recourir à l'Écriture, c'est à l'histoire et au raisonnement qu'il s'adresse pour établir qu'un roi revêtu de cette magistrature sans la volonté du peuple, mais par la violence et la ruse, est un tyran contre lequel tout est permis, que la royauté en Écosse n'a pas d'autre origine, et qu'ainsi les sujets, aussitôt qu'il se sentiront de force à le faire, pourront secouer le joug imposé [3].

On le voit, la tactique offensive variait selon les pays. Hotman estimait que la monarchie française devait être élective et réglée par les États : ici, pour les besoins de

[1] LANGUET, q. II.

[2] KNOX, V. *Gouvernement des femmes.*

(*a*) Voir dans l'*Histoire de Marie Stuart*, par MIGNET, le dialogue de la Reine et du réformateur.

[3] BUCHANAN, *De jure regni apud Scotos*, 1579.

la cause, on la représentait comme issue de l'usurpation.

Laissons ces procédés pour suivre Buchanan sur un terrain nouveau, où, comme Languet, mais avec plus de décision que lui, il s'efforce d'amener et d'acculer la royauté.

Entre le Roi et les citoyens il affirme d'abord l'existence d'un « pacte mutuel » pour observer la loi. — De quelle loi veut-il parler? Sans doute, entre celui qui commande et ceux qui obéissent, entre le chef et les subordonnés, un rapport, un lien d'équité intervient qui résulte de la nature des choses, et engendre des devoirs mutuels. Hors de là, les autres obligations veulent être précisées (a), et ne se présument pas. Poursuivons. — Selon lui, le premier qui manque au pacte le brise : si c'est le Roi, il devient un tyran. — Une infraction ne constitue cependant pas une annulation : un souverain fautif n'est pas nécessairement un tyran. Ce sont là des conséquences hors de toute logique.

Enfin, ce tyran « doit être traité en ennemi, et non-seulement le peuple tout entier, mais chacun a le droit de se défaire de lui [1] ». — Que dira-t-on alors du peuple s'il brise le pacte? Faudra-t-il donc le massacrer? Ici, du moins, l'évidence et la conscience protestent assez d'elles-mêmes.

Ces paradoxes pernicieux, ces détestables préceptes ont fait plus que de déshonorer la mémoire de Buchanan : ils ont frayé de loin la voie à la révolution

(a) Comme, par exemple, les *pacta conventa* de la Pologne.

[1] « Jus est non modo universo populo, sed singulis etiam hostem interimere. » BUCHANAN, *De jure regni apud Scotos.*

et ouvert bientôt celle du régicide. Ajoutons, il le faut pour expliquer l'époque, que des théories aussi funestes n'ont pas tardé à avoir cours dans le camp le plus opposé. Faites de Languet un ligueur; vous aurez Boucher et son pamphlet contre Henri III [1]. Supposez chez un fanatique espagnol l'esprit sectaire de Buchanan; vous retrouverez dans le P. Mariana l'approbation et la glorification du régicide [2].

Au déclin de ce siècle orageux, où la liberté d'examiner dégénérait en licence de nier, de combattre et de détruire, le fondement logique de toute société était visiblement compromis : non que la Réforme ait eu, en politique, un parti pris d'hostilité; elle voulait seulement riposter ou faire diversion; mais les coups qu'elle venait de porter à certains princes et dans certains pays atteignaient fatalement leurs voisins, et les engins dont elle avait usé contre le pouvoir restaient désormais disponibles pour servir à d'autres assaillants.

[1] Boucher, *De justa Henrici abdicatione*, 1595.
[2] P. Mariana, *De Rege*, 1599.

XI

Une heure vient où les bras lassés de la lutte et les cœurs de la haine restent d'abord en suspens, puis tendent à se rapprocher. Par degrés, l'apaisement se fait; les vies agitées reprennent insensiblement leur niveau et leur cours. C'est alors que le calme langage de la science peut se produire avec opportunité, et conserve encore quelque chance de ramener à soi des adversaires jusque-là trop militants pour s'être laissé convaincre. Si l'on veut réussir dans une semblable entreprise, il faut éviter la forme agressive, exposer plutôt qu'imposer les doctrines, mettre en relief les croyances qui rapprochent, et, sans dissimuler les dissidences, dégager des préjugés, des malentendus et des sophismes, la portion de vérité qu'ils ont oblitérée ou obscurcie.

Telle a été la ligne de conduite, tel, le plan de deux théologiens célèbres, Bellarmin et Suarez, à l'époque d'accalmie qui s'ouvre avec le règne réparateur de Henri IV et le pontificat bienfaisant de Clément VIII.

Bellarmin, d'abord, a fort bien compris qu'en matière politique tout conflit remonte haut, à la racine même des choses morales, et qu'il importe, sous peine de s'égarer, de rétablir la notion logique de leur essence et de leurs rapports.

Il commence donc par poser ce principe initial qu'abstraction faite de toute forme de gouvernement, la puissance politique, considérée en général, vient immédiatement de Dieu, parce qu'elle résulte nécessairement de la nature de l'homme dont Dieu est l'auteur, en même temps qu'elle est de droit naturel, car les hommes sont fatalement des êtres gouvernables et gouvernés.

Mais ce droit naturel lui-même étant établi par Dieu, le gouvernement civil qui en dépend le sera pareillement; d'où il suit, selon saint Paul, que « résister au pouvoir, c'est résister à l'ordre de Dieu [1] ».

Remarquons toutefois que ce pouvoir, immédiatement conféré par Dieu à la société, ne l'a été à aucun homme en particulier; donc il réside dans l'universalité sociale, qui, ne pouvant l'exercer par elle-même, le transfère à un ou à plusieurs sujets en vertu du droit naturel qu'elle a d'être gouvernée.

« En cette manière, dit Bellarmin, la puissance des princes considérée en général est aussi de droit naturel et divin. »

Puis il ajoute :

« Pour ce qui est de chaque forme particulière de gouvernement, il faut dire qu'elle est de droit humain et non de droit divin; car il dépend évidemment du consentement de la société d'établir, pour la gouverner, un roi ou des consuls ou d'autres magistrats; et, s'il y a un motif légitime, elle pourra changer la monarchie en aristocratie ou en démocratie, ou bien faire le contraire [2]. »

[1] *Saint Paul aux Romains*, XIII, 2.
[2] BELLARMIN, *II Controverses*, l. III, ch. VI.

On voit ce que Bellarmin accorde judicieusement aux opinions qui venaient d'avoir cours, et comment il distingue dans le pouvoir l'idée abstraite de l'idée concrète, son principe efficient, qui est divin, de sa cause effective, toujours humaine. La société ne perd ainsi aucun de ses droits; et, pour les tenir de Dieu, elle n'en est que mieux ennoblie par ce don collectif, qu'elle est intéressée à remettre à un ou plusieurs dépositaires, avec faculté, au besoin, de le transmettre à d'autres.

Mais voici qu'en sens inverse une nouvelle erreur, née de la réaction d'alors en faveur de l'autorité, va se faire jour dans les écrits ignorés d'un Marsile de Naples, pour grandir et devenir plus tard celle d'une école et même d'une dynastie. L'instinct du théologien révèle à Bellarmin le danger d'une proposition comme celle-ci : Tout pouvoir vient de Dieu, c'est donc Dieu qui donne leur pouvoir aux princes, et dès lors qu'ils le reçoivent immédiatement de lui, ils ne sauraient le tenir du peuple[1].

Cependant, objecte de nouveau Bellarmin, si le pouvoir politique provient directement de Dieu, en tant qu'il naît d'un instinct et d'un besoin de gouvernement et de préservation sociale, il n'en est pas moins vrai que ce pouvoir réside principalement et immédiatement dans la multitude, qui le transmet, par le consentement collectif d'individualités naturellement libres, à certaines personnes, avec certaines clauses et sous certaines réserves. « De là vient aussi, dit expressément notre théologien, que les princes tiennent à la vérité leur pouvoir de Dieu,

[1] *Defensio octo propositionum J. Marsilii Neapolitanis.*

mais par l'intermédiaire des peuples qui le leur consentent; en conséquence, ils ne le reçoivent pas immédiatement de Lui[1]. »

Une adhésion publique, ou originelle ou subséquente, est donc le véritable titre de leur puissance, sa cause et sa base, indépendamment des conditions qui ont pu déterminer cette adhésion. L'hérédité elle-même ne confère pas le pouvoir royal, car elle en est seulement un caractère intrinsèque; mais l'héritier le reçoit de Dieu dès lors que par le fait de son titre il se trouve légitimement revêtu de la royauté[2].

L'institution monarchique que Bellarmin entoure d'ailleurs des plus forts témoignages, qu'il appuie sur les raisons les plus solides, qu'il idéalise jusqu'à chercher là-haut son prototype[3], tout en conseillant, par nécessité, de la tempérer ici-bas d'aristocratie et de démocratie[4], cette institution, diversement attaquée de son temps, a certainement rencontré en lui un défenseur convaincu et perspicace, attentif à la mettre en garde contre un double péril, celui d'être amoindrie dans sa source ou exagérée dans son principe, subordonnée au peuple ou soustraite aux hommes, asservie enfin ou divinisée.

Comment se fait-il donc qu'en certains pays monarchiques, même auprès de certains monarques, ses écrits aient soulevé tant de protestations, et que leur auteur ait passé pour un adversaire de la souveraineté, un pro-

[1] BELLARMIN, *Responsio ad defensionem octo propositionum Marsilii*, ch. III.

[2] BELLARMIN, *Responsio ad defensionem octo propositionum Marsilii*, ch. III.

[3] BELLARMIN, *De Summo Pontifice*, l. 1, ch. IV.

[4] BELLARMIN, *De Romano Pontifice*, l. 1, ch. IV.

pagateur de doctrines attentatoires ou subversives, sinon qu'en revendiquant indirectement, sur le temporel des rois, les anciennes prérogatives de la papauté (*a*), alors tombées en désuétude et en discrédit, il a provoqué des méfiances, des animosités vivaces qui ont rejailli sur l'ensemble de l'œuvre et atténué son bienfait?

Ce grand problème creusé de fond et savamment expliqué conservait toutefois des côtés obscurs que Suarez s'efforce de rendre lucides.

Pour lui, comme pour Bellarmin, le pouvoir souverain vient immédiatement de Dieu, en tant que cause première, et va médiatement aux gouvernants, par l'intermédiaire de la volonté et de l'institution humaines.

Mais comment cette société médiate en sera-t-elle investie? Par le fait même, dit-il, qu'elle existe en société; car tout corps formé possède des qualités, des propriétés qui lui sont naturelles; et ainsi le corps social, dès lors qu'il atteint sa pleine cohésion et son assemblage organique [1]. C'est donc de la communauté que sort la principauté. S'il en était autrement; si Dieu avait octroyé directement le pouvoir à tel ou tel chef, il aurait eu soin de nous en instruire; et comme nous n'avons ni révélation ni indice à cet égard, il est impossible d'admettre l'existence d'une monarchie de droit divin, toujours exposée, par la notion erronée de son origine, à méconnaître ses bornes et à outrer sa puissance [2].

(*a*) Voir la théorie de Bellarmin sur la déposition des rois : *Traité du pouvoir du Souverain Pontife*, et la réponse d'Abbot : *Défense du pouvoir souverain des rois*.

[1] SUAREZ, *De Legibus*, l. III, ch. II et III.

[2] SUAREZ, *Defensio catholicæ fidei*.

Voici en outre le signe reconnaissable de cette provenance humaine, c'est la diversité des droits souverains, qui sont plus ou moins restreints, plus ou moins étendus, selon les pactes et les conventions intervenus entre les rois et les royaumes. Pourtant la souveraineté, si elle émanait immédiatement et exclusivement de Dieu, devrait être partout identique et invariable, ne comportant ni modalité ni différence, ni atténuation ni augmentation, assimilant entre eux tous les gouvernements monarchiques. Puisqu'il n'en est pas ainsi, il faut donc qu'elle tienne de son élément humain toutes les conditions relatives et accidentelles au milieu desquelles nous la voyons naître, s'exercer et se renouveler [1].

Ceci admis, lorsque la translation d'un pouvoir, jusqu'alors indivis et universellement réparti, a été opéré sur une tête désormais royale, ce roi créé se trouve élevé au-dessus de l'état créateur, ce prince prime la communauté dont il est sorti, mais qui, depuis, s'est soumise et subordonnée à lui par le sacrifice consenti de sa primitive indépendance [2].

A-t-elle positivement entendu le faire? Doit-on considérer cet engagement comme stable, permanent, assuré en faveur du monarque? Sans doute, répond Suarez, car autrement le peuple n'aurait pas concédé le pouvoir, il l'aurait retenu à soi, et dès lors la monarchie n'existerait pas (a). Il ajoute cependant que cette donation n'est pas à ce point irrévocable que le souverain ne puisse être dépouillé de son privilége s'il en abuse et tombe dans la

[1] SUAREZ, *De Legibus*, l. III, ch. IV.
[2] SUAREZ, *De Legibus*, l. III, ch. IV.
(a) En effet, « donner et retenir ne vaut ».

tyrannie, car alors l'État est autorisé à lui résister, et, au besoin, à le combattre[1].

C'était là, précisément, aux yeux du roi Jacques Ier d'Angleterre, le contradicteur de Bellarmin, une licence exorbitante qui n'allait à rien moins qu'à précipiter les peuples dans la révolte et à justifier tous les désordres. Pour y échapper, il se réfugiait dans sa théorie favorite du droit divin des rois, et, partant, dans l'absolutisme, faute de comprendre cette loi d'économie naturelle et sociale, qui soumet toutes les forces à des règles, et ne conserve les unes qu'en respectant les autres.

Si difficile et délicat que soit le sujet, Suarez y revient encore à la suite du roi d'Angleterre, et tout en déclarant que le peuple qui a transféré son pouvoir à un souverain ne saurait le reprendre à sa guise, et qu'il l'a vraiment « aliéné », il maintient qu'en certains cas particuliers il lui est permis de le recouvrer. « Ces cas, dit-il textuellement, se rapportent soit aux conditions d'un contrat primitif, soit aux exigences de la justice naturelle, car il faut observer les pactes et les conditions équitables. Supposons qu'un peuple ait transféré son pouvoir, en se le réservant seulement pour décider de certaines affaires majeures, il sera fondé à en user de cette façon, et à maintenir ce droit. Mais de pareils droits ne se préjugent pas; ils doivent être dûment constatés par des documents anciens et indubitables, ou par une coutume immémoriale. Semblablement, s'il arrive qu'un roi rende tyrannique une puissance jusqu'alors équitable, et qu'il en fasse, au détriment de

[1] SUAREZ, *De Legibus*, l. III, ch. IV.

l'État, un abus pernicieux et manifeste, son peuple tyrannisé pourra se servir contre lui du droit naturel de la défense dont il ne s'est aucunement dépouillé. — Ces cas exceptés, ou d'autres semblables, jamais un peuple ne doit se croire dégagé vis-à-vis de son souverain. Ainsi disparaissent tous les motifs et tous les prétextes de sédition[1]. »

Ce sont là de sages et judicieuses règles, qui sauvegardent les gouvernants comme les gouvernés, et tout en paraissant établir entre eux une barrière de droits, les rapprochent néanmoins, en leur rappelant mutuellement leurs devoirs.

Mais ces règles n'impliquent-elles pas une sorte de contradiction avec le principe de la souveraineté tel que Suarez l'expose, puisque, d'une part, le peuple aliène son pouvoir, et que, de l'autre, il est parfois autorisé à le recouvrer en se faisant juge de sa propre cause? Non. Cette aliénation du pouvoir et sa réversibilité ne s'excluent pas; autrement faudrait-il nier l'existence de tous les actes et engagements suspensifs ou conditionnels qui produisent des effets réels, bien qu'ensuite ils puissent être annulés. Remarquons d'ailleurs qu'un souverain se prive moralement du bénéfice de sa souveraineté quand il en fait un grave, un tyrannique abus (*a*), et que si le peuple la lui retire, ce n'est pas en vertu d'un jugement, mais parce qu'il se retrouve alors, vis-à-vis de lui, dans son ancienne situation d'indépendance et de supériorité.

[1] SUAREZ, *Defensio catholicæ fidei.*

(*a*) Selon ce principe de saint Thomas au sujet du pouvoir : « Dicendum est quod aliquis propter abusum privat se beneficio accepto. » *Commentaires sur les Sentences* de Pierre LOMBARD, l. II, dist. XLIV, quest. I.

Ainsi la souveraineté, comme tous les droits, est-elle liée à des devoirs corrélatifs.

Une autre observation générale se place naturellement ici. La théorie du droit populaire et celle du droit divin, ces déviations opposées de la justice, se sont développées avec la Réforme et l'ont été principalement par des réformés; tandis que la théologie catholique a su éviter les mêmes écueils, en restant fidèle à sa tradition, et en suivant cette ligne politique moyenne, qui, depuis Aristote, n'a pas cessé d'être la bonne et la vraie.

XII

Entre les réformés et les catholiques, tenant aux uns par sa naissance, aux autres par la pente de son esprit, le savant Grotius vient prendre une place éminente, ou plutôt la créer, en tirant de la logique, de la morale, de la jurisprudence, de l'histoire, et même de la théologie, cette science nouvelle, appelée à rendre de grands services, et surtout à restreindre de grands maux, qui s'appelle le droit des gens. Jusqu'à lui, on ne s'était guère occupé que du droit civil, isolément applicable à chaque peuple [1]; on semblait ignorer l'existence d'un droit commun à toutes les nations, qui leur sert non-seulement en temps de paix pour faciliter leurs rapports, mais pendant la guerre et pour la guerre [2], comme un préservatif contre les attentats qu'elle entraîne. L'inévitable institution de la guerre n'y est donc aucunement prohibée, mais celle-ci reste justiciable de la raison qui apprécie le titre des belligérants, le bien fondé de leurs motifs, et la légitimité de leurs moyens d'action.

A qui appartient-il d'abord de déclarer publiquement la guerre? Uniquement à ceux qui possèdent la souveraineté [3]. Nous voici derechef en présence du grand pro-

[1] Grotius, *Droit de la guerre et de la paix. Prolégomènes*, ch. xviii.
[2] *Id.*, ch. xxviii.
[3] *Id.*, l. I, ch. iii, § 4.

blème, envisagé toutefois sous un jour un peu différent, car si Grotius analyse en spiritualiste les éléments du pouvoir, et les rattache à des principes fixes, il se conforme, dans l'ordre des faits, aux choses établies et aux idées reçues. De là, pour le suivre, une incertitude assez pénible qui naît de la divergence des points de vue.

A ses yeux, l'autorité souveraine procède de la volonté expresse de Dieu [1] : aussi « faut-il rejeter l'opinion de ceux qui prétendent que la souveraineté réside partout et toujours dans le peuple [2] ». Rien ne serait plus faux. Mais quelle raison en donne-t-il? C'est qu'un peuple peut aussi bien aliéner sa souveraineté qu'un individu sa liberté, en se rendant esclave; sorte d'argument réaliste, dont le côté défectueux frappe et choque aujourd'hui plus qu'il ne le faisait autrefois. Il ajoute, et avec raison, que chacun ayant le droit d'arranger sa vie et d'en disposer selon ses goûts, un peuple est pareillement libre d'opter pour le genre de gouvernement qu'il préfère, « car ce n'est pas d'après l'excellence de la forme, mais d'après la volonté qu'il faut mesurer l'étendue du droit [3] ». On objecterait à tort qu'aliéner ainsi sa souveraineté équivaudrait, de la part du peuple, à un suicide illégal, puisque c'est au contraire pour subsister et se préserver qu'il ferait cet abandon, soit à un chef, soit même, en cas de nécessité, à un autre peuple [4]. S'il est donc exact que, dans leur gouvernement, « il y a des rois qui ne dépendent pas de la volonté du peuple [5] », l'est-il pareillement que

[1] GROTIUS, *Droit de la guerre et de la paix*, l. I, ch. II, § 7.
[2] *Id.*, ch. III, § 8.
[3] *Id.*
[4] *Id*
[5] *Id.*

dans leur origine, « tous les rois ne sont pas établis par le peuple[1] », et, par suite, qu'en vertu de la conquête ou du patrimoine, il existe une manière de souveraineté assez inféodée pour être l'objet de donations ou d'aliénations non consenties[2]. Nous ne saurions l'admettre avec lui, et nous récusons les exemples invoqués à l'appui de son dire, considérant que ces accidents de l'histoire n'ont fait que masquer le droit inaliénable de tout peuple à n'être ni légué, ni cédé, ni assujetti, sans témoigner de son assentiment concomitant ou subséquent, exprès ou tacite (*a*).

En voyant l'importance qu'il attache aux domaines souverains possédés en propre, ou considérés comme tels, ne semble-t-il pas que la question alors récente de l'héritage des principautés de Clèves et Juliers ait exercé sur son esprit, comme sur celui de ses contemporains, une influence préoccupante, et gêné son allure?

Nous le retrouvons pareillement circonspect lorsqu'il avise à résoudre les délicats problèmes où les rois et leurs sujets peuvent être engagés et compromis.

Les obligations reconnues et acceptées par un roi limiteront sans doute son pouvoir, mais ne le dépouilleront pas pour cela de la souveraineté. Qu'il souscrive même d'avance à sa déchéance dans le cas où il violerait la foi jurée, il n'en demeurera pas moins pleinement roi

[1] GROTIUS, *Droit de la guerre et de la paix*, l. I, ch. III, § 8.
[2] *Id.*, § 12.
(*a*) Cette même distinction erronée se retrouve à plusieurs reprises au cours de l'ouvrage, et donne lieu à de fausses applications dans la question des successions royales (l. II, ch. VII, § 12) et celle des traités qui engagent le territoire (l. III, ch. XX, § 5).

jusqu'alors, et cette clause commissoire n'atténuera ni n'infirmera en rien la valeur de son contrat, non plus que de tous ceux conclus dans des conditions analogues. Mais où commence l'emploi autorisé de la résistance publique aux injustices notoires des souverains, et comment se produira-t-elle? Selon Grotius, ce droit exceptionnel ne saurait être déterminé, ainsi que l'ont pensé, dit-il, « des hommes certainement instruits de notre siècle, mais trop asservis aux temps et aux lieux *(a)*, par des autorités inférieures qu'ils considèrent comme fondées en droit à résister aux injures de celui qui tient dans sa main le pouvoir souverain [1] ». Et il en donne cette raison excellente qu'au regard des rois, ce ne sont que des subordonnés dont les actes n'ont contre eux qu'un caractère absolument privé [2].

Aussi conseille-t-il en général la soumission comme infiniment préférable, à moins d'une nécessité extrême qui autorise le peuple ou une portion du peuple à recourir à cette dernière ressource des armes, sans toutefois perdre alors de vue ni le bien public, ni le respect dû à la personne du roi [3]. Revirement étrange! Après avoir ainsi sauvegardé le privilége de la souveraineté, Grotius l'ébranle, en formulant nettement une exception qui permet non-seulement de faire la guerre au prince violateur des lois ou coupable envers l'État, mais, ce point est plus grave, « de le mettre à mort », si ce prince se trouve « subordonné au peuple », en vertu de conven-

(a) Luther, Hotman, Languet.
[1] GROTIUS, *Droit de la guerre et de la paix*, l. I, ch. V, § 6.
[2] *Id.*
[3] *Id.*, ch. IV, § 7.

tions antécédentes ou subséquentes[1]. Il autorise pareillement la résistance contre un roi qui a abdiqué[2], qui veut livrer son royaume ou le rendre dépendant d'un autre[3], qui travaille à la perte du peuple[4], usurpe la part de souveraineté à laquelle il n'a pas droit, ou se trouve dans des circonstances telles que, de son propre aveu, elles impliquent cette résistance[5]. S'agit-il des usurpateurs, on devra les tolérer par crainte d'un mal plus grand, et parce qu'on ne peut déterminer à bon escient s'il est loisible ou non aux particuliers de troubler l'ordre public[6]. Telle est sa casuistique de l'insurrection, plausible, vraisemblable même à certains égards, mais totalement inadmissible lorsqu'elle prétend élever, entre la souveraineté pure et indépendante et celle qui est consentie et dépendante, une barrière si forte, que l'une soit pour ainsi dire invulnérable et sacrée, tandis que l'autre ne saurait même préserver du dernier supplice les têtes royales qui en seraient investies. Rappelons d'ailleurs que la souveraineté implique toujours la supériorité, et que Grotius désigne à tort comme « princes » ou « rois » des chefs ainsi « subordonnés au peuple ».

Faute de saisir cette nuance et l'assiette du pouvoir, il avance autre part que « l'autorité souveraine qui réside dans le roi comme dans le chef demeure dans le peuple comme dans le tout dont le roi est une partie, de sorte

[1] GROTIUS, *Droit de la guerre et de la paix*, l. I, ch. IV, § 8.
[2] *Id.*, § 8.
[3] *Id.*, § 10.
[4] *Id.*, § 11.
[5] *Id.*, § 14.
[6] *Id.*, § 19

que si le roi, lorsqu'il est électif, ou si la famille du roi vient à manquer, le droit de souveraineté retourne au peuple[1] ». Que veut-il dire par cette autorité qui « demeure dans le peuple » tout en « résidant dans le roi », et ce droit souverain uni à une portion de l'autorité, et habituellement séparé de l'autre, pour lui être ensuite « retourné »? Il est malaisé de le savoir. Après avoir affirmé ailleurs qu' « un peuple peut abdiquer entièrement sa souveraineté, et l'abandonner à un autre[2] », on conçoit plus difficilement encore comment il veut établir, à propos des traités toujours valables, quelles que soient les formes changeantes du pouvoir, que « la souveraineté exercée par un Roi ne cesse pas d'être la souveraineté du peuple[3] » : évidemment il se contredit ou s'explique confusément.

C'est encore l'assimilation erronée de la propriété et de la souveraineté qui l'amène à rapprocher les causes déterminantes de leur fin. Pour toutes deux, l'abandon et le manque d'héritiers légitimes ou testamentaires[4]; pour celle-ci, la destruction ou la désagrégation volontaire ou forcée du peuple lui-même, comme serait une peste, une conquête, une sédition[5]; ou enfin la division, la scission effective du corps social, qu'elle soit consentie lors de la création d'une colonie, ou imposée par les armes[6]. Ici la confusion devient flagrante, puisqu'on n'envisage plus que le côté positif des faits, au point

[1] GROTIUS, *Droit de la guerre et de la paix*, l. II, ch. IX, § 8.
[2] *Id.*, l. I, ch. III, § 8.
[3] *Id.*, l. II, ch. XVI, § 16.
[4] *Id.*, ch. IX, § 1 et 2.
[5] *Id.*, § 5.
[6] *Id.*, § 10.

d'assimiler les souverainetés à des possessions matérielles, éventuellement menacées dans leur existence, aussi bien par les hommes, que par la contagion, la famine, ou quelque autre fléau.

Ce manque d'équilibre, cette fluctuation de méthode, sinon de concept, est assurément le plus fort grief que l'on puisse articuler contre Grotius : mais c'est à peu près le seul. Il faut lui tenir compte du rare mérite de son œuvre, de son originalité, de son caractère bienfaisant, de l'érudition qui la recommande, de la somme de progrès qu'elle propose et prépare, et enfin des circonstances au milieu desquelles elle a surgi. Vivant à une époque où, après l'ébranlement du seizième siècle, la société était en train de se rasseoir, et en un pays où l'autorité succédait à peine à la licence, il ne devait, ni saisir de lui-même, ni sentir autour de lui le besoin d'une critique plus judicieuse des éléments constitutifs de la souveraineté. Il lui donne d'en haut une bonne part des lumières de la loi naturelle et de la loi « volontaire », c'est-à dire révélée, dont la double influence reste aisément reconnaissable; tandis qu'ici-bas il la prend telle qu'elle est, et l'accepte avec ses conditions organiques, ne cherchant qu'à réglementer son action extérieure et ses effets, au point de vue des revendications légitimes. Comme c'est là son but final puisqu'il exclut, non toutes les guerres, mais celles qui sont injustes, il retrouve sa spontanéité et son élan pour condamner tant de causes ou coupables, ou douteuses, ou insuffisantes, qui précipitaient aveuglément les peuples les uns contre les autres. En démontrer le vice ou l'inanité, c'était les déconsidérer, et, par suite, les raréfier dans l'avenir. Mais ne pousse-t-il pas trop loin cette réprobation lorsqu'il estime que « la liberté d'un État, c'est-à dire l'autonomie, ne donne pas droit à faire la guerre[1] »? Là où elle est fondée sur des titres certains, il semble, au contraire, que l'autonomie constitue l'une des plus fortes et des plus justes revendications qui puissent soulever un peuple.

S'il lui est malaisé, et à tous les jurisconsultes, de prévenir les guerres, il a du moins puissamment contribué à en conjurer les suites. Grâce à lui, les belligérants ont commencé à apprendre que la force doit se limiter, que tout ce qu'elle peut n'est pas licite, et qu'au sein de la violence, il subsiste des règles à suivre et des droits à respecter. Bien que ces règles soient encore rudimentaires et ces droits trop restreints, l'honneur de Grotius est de les avoir rappelés ou révélés, et logiquement assemblés, en frayant ainsi à l'humanité une voie juridique de pacification progressive.

Par un côté principal, celui des immuables et divines vérités dont elle procède, cette science nouveau-née se rattache directement à la religion. Si ensuite elle s'en distingue, si elle a une vie propre, une action séparée, ce n'est qu'après avoir tiré et retenu d'elle, comme l'enfant de sa mère, son principe d'existence et sa force initiale.

Que serait en effet le droit des gens sans morale exigible, l'exigence morale sans une sanction, la sanction sans un Dieu?

[1] GROTIUS, *Droit de la guerre et de la paix*, l. II, ch. XXII, § 11.

XIII

Au siècle sérieux et raisonneur où nous sommes entrés, toute commotion grave dans la vie politique d'un peuple devait nécessairement agiter les esprits, et les provoquer à un mouvement d'idées et à une recherche contradictoire de systèmes. Aussi voyons-nous le règne autoritaire de Charles Ier, puis les deux révolutions, l'une sanglante, l'autre subversive, qui ont frappé les Stuarts, devenir l'objet de justifications plus ou moins déguisées, et susciter des théoriciens dont les doctrines subtiles ou spécieuses ont passé de l'Angleterre au continent pour s'affirmer, se généraliser, et entrer, avec leur apport nouveau, dans les balances mouvantes de la polémique.

Voici d'abord un auteur éminent qui s'attache à prouver le droit de la force, et, pour l'établir, le fonde ou plutôt le suppose fondé sur un prétendu antagonisme inhérent à l'espèce humaine. Selon Hobbes, l'homme est un être originellement antisociable et guerroyant, qui ne se rapproche de son semblable que par amour-propre et par intérêt [1], juge la loi morale d'après ses inclinations [2], possède un commun droit sur tout, et peut, selon ses besoins, le faire valoir envers et contre tous. Il n'aliène

[1] Hobbes, *Fondements de la politique*, ch. I, § 2.
[2] *Id.*, ch. III, § 31.

ensuite ce libre et sauvage arbitre que dans l'impossibilité où il se trouve de le sauvegarder, et parce qu'il lui est préférable de s'en démettre en faveur d'une puissance supérieure, d'une volonté unique, personnelle ou collective, qui lui assurera paix et protection [1].

Ce transport de la force individuelle à la force centrale, et cet abandon général du droit de résistance particulière, constituent proprement la souveraineté [2], ou la plus haute puissance, qui est nécessairement « absolue [3] », parce qu'en se substituant à la volonté de tous, sans contracter d'engagement avec personne [4], « le souverain peut faire toutes choses impunément et sans commettre d'injustices [5] ». D'où il suit que le droit illimité de l'État va jusqu'à rendre précaire et dépendant celui de la propriété privée [6], à fixer par les lois la criminalité d'actes tels que le larcin, le meurtre et l'adultère [7], et même à connaître de croyances ou de doctrines qui relèvent de la religion [8].

Quel recours restera-t-il enfin contre une pareille omnipotence? Aucun, en réalité, s'il est vrai que l'accord réciproque qui crée la souveraineté ne puisse jamais la détruire ou la modifier, même par le consentement unanime et universel de tous les contractants, à moins d'obtenir aussi l'adhésion du pouvoir en faveur duquel cet accord a été conclu : ce qui reviendrait à dire que,

[1] HOBBES, *Fondements de la politique*, ch. V, § 5, 6, 7.
[2] *Id.*, § 11.
[3] *Id.*, ch. VI, § 13.
[4] *Id.*, ch. VII, § 12.
[5] *Id.*, ch. VI, § 13.
[6] *Id.*, § 15, et ch. XII, § 7.
[7] *Id.*, ch. VI, § 16.
[8] *Id.*, § 11, et dans le *Léviathan*.

pour changer un gouvernement, il faudrait que tous les sujets sans exception y consentissent, et que le souverain s'y prêtât. C'est se heurter à l'impossible, car nous ne saurions admettre comme palliatifs certains cas exceptionnels, l'émigration, la renonciation du souverain, l'extinction de sa famille, déjà mentionnés par Grotius, et qui forcément suppriment et annulent tout engagement politique [1].

Aura-t-on au moins la ressource de créer un régime mixte, une monarchie partageant le pouvoir avec l'aristocratie et la démocratie, de sorte que « tous ensemble concourent à la confection des lois [1] »? La liberté des particuliers n'y gagnerait rien, s'il est vrai, comme Hobbes le prétend, que « tant qu'ils seront tous de bonne intelligence, la subjection de chacun sera aussi grande qu'elle le peut être, tandis que s'ils tombent en discorde, il s'ensuivra une guerre civile qui introduira derechef le droit du glaive particulier, c'est-à-dire l'état de nature [1] ». Ici, toutefois, sa logique semble en défaut, car la liberté d'un peuple n'est autre que la somme des libertés particulières, et dès lors que le peuple participe au pouvoir, la sujétion de chacun diminue en raison de la croissante liberté de tous.

Une autre contradiction mérite d'être signalée. Dans son désir de constituer la souveraineté à l'état de prérogative inamissible, notre auteur la suppose fondée sur un engagement tellement mutuel de tous les particuliers, que si, pour l'annuler, « il arrivait qu'un seul d'entre eux fût d'avis contraire, tous les autres ensemble ne pourraient

[1] HOBBES, *Fondements de la politique*, ch. VII, § 4.

passer outre [1] ». Il le répète expressément : mais ensuite, quand il en vient au fait et qu'il analyse l'origine positive de la royauté, le seul moyen plausible de l'expliquer lui paraît être une translation du droit populaire consentie « à la pluralité de suffrages [2] ». La loi des majorités ne subit pas de semblables oscillations : on ne la récuse point à volonté. Ainsi s'écroule, avec l'unanimité imaginaire, la prétention de tout concentrer et de tout ramener au souverain, en même temps que l'obstacle fictivement opposé à l'intervention ultérieure des sujets dans le gouvernement de l'État. Comment admettre d'ailleurs que, pour avoir créé la souveraineté, le peuple se soit dépouillé de son caractère de « personne publique », et devienne « une multitude confuse », astreinte à tout, sans qu'on lui doive rien [3] ? Hobbes, qui va jusqu'à rapprocher le sujet de l'esclave [4], oublie qu'il y a d'autres liens que les chaînes, et qu'en abdiquant son indépendance, cette multitude a certainement entendu s'assurer la protection du pouvoir comme un minimum inaliénable de ses droits.

Nous lui adresserons encore un plus grave reproche, celui de partir de fausses prémisses, en supposant un état de nature où les hommes isolés et « sortis tout à coup de terre ainsi que des potirons [5] », se seraient trouvés, vis-à-vis de leurs semblables, nantis de tous droits antérieurement à tous devoirs [6], et n'auraient ensuite acquis

[1] HOBBES, *Fondements de la politique*, ch. VI, § 20.
[2] *Id.*, ch. VII, § 11.
[3] *Id.*, § 11 et 12.
[4] *Id.*, ch. VIII, § 9.
[5] *Id.*, § 1.
[6] *Id.*, ch. I, § 10.

sur la loi morale que les jugements relatifs de leur expérience sensible [1]. Il n'en a pas été ainsi.

L'homme, né dans la dépendance, vit toujours subordonné ou associé à quelqu'un, et ce besoin, cette nécessité d'autrui qui s'est imposée dès l'origine, a contribué à éclairer sa conscience, en lui révélant des obligations restrictives de sa volonté et de son pouvoir, et en le préparant, par ces préliminaires de justice, à entrer plus tard dans la société organisée.

Pas plus que ses membres, cette société n'a donc surgi soudain « à la manière des potirons »; mais elle s'est développée; elle a grandi successivement.

Il faut le dire, au demeurant, ces fâcheuses théories n'ont eu qu'un but, celui de favoriser le despotisme, et de faire converger toutes les forces et tous les droits vers l'état omniscient et omnipotent, le Léviathan de Hobbes, sorte de monstre, pour lui un « dieu-mortel », qu'il aurait plus tôt fait de détruire par ses erreurs que de diviniser par son fanatisme.

Dans le même temps, un système autre, mais généreusement conçu et séduisant par son apparence de simplicité, cherchait à relever l'idée monarchique, si compromise en Angleterre, et à l'appuyer sur de nouveaux fondements.

Filmer ne recourt pas aux instincts de l'humanité pour expliquer son groupement. Peu lui importe qu'elle soit naturellement sociable ou militante, dès lors qu'elle n'est pas indépendante, et que la nature lui a fourni, par la

[1] HOBBES, *Fondements de la politique*, ch. III, § 31.

paternité et la filiation, un gouvernement spontané et nécessaire. Ce gouvernement, cette monarchie paternelle ou patriarcale, que Dieu lui-même a créée et constituée primitivement par l'unité de l'espèce et sa descendance d'un seul homme, subsiste toujours, malgré les vicissitudes de l'histoire, excluant le droit des peuples à se choisir à leur gré des gouvernants, et surtout à les changer. Aussi combat-il de front les Jésuites, Bellarmin en particulier, et les calvinistes de Genève qui autorisent la résistance contre un roi violateur des lois, et permettent au besoin de le détrôner[1]. Selon lui, « la vraie et primordiale raison de l'autorité consiste en ceci, que les père et mère, ceux qui procréent et engendrent doivent gouverner et régir toute leur postérité[2] ». C'est aussi l'avis de Platon; mais, de son chef, il le pousse à outrance par la fusion, ou mieux la confusion des deux pouvoirs, le paternel et le politique. Ainsi Adam serait-il notre premier monarque; après, les patriarches lui auraient succédé; ensuite les rois. Sans doute il n'en est pas de ces derniers comme des autres, véritables pères naturels et procréateurs de leurs peuples, mais au moins doivent-ils être réputés les plus proches héritiers des patriarches, et les représentants de leur privilége natif.

En vain Suarez lui objecte-t-il par avance que le pouvoir du père, à commencer par celui d'Adam, n'a jamais eu trait qu'à l'ordre économique, et que la puissance politique, concernant la généralité, réside dans le peuple et se transmet par lui. Filmer déclare cette transmission impraticable, irréalisable, la totalité des citoyens d'un

[1] Filmer, *Patriarcha*, ch. i.
[2] *Id.*

même État ne pouvant exercer individuellement un droit naturel qui, d'après lui, ne donne lieu ni à procuration ni à délégation [1]. Pourquoi cela, répondrons-nous, et quelle raison l'autorise à exclure de parti pris certaines formes du suffrage populaire, et à le réduire invariablement à une opération numérique? Un élément moral comme celui de la volonté ou de l'assentiment peut se manifester en bien des manières, et il suffit qu'ils existent dans le corps de la nation pour produire leurs effets et assurer la souveraineté.

Remontons plus haut, jusqu'au point de départ de cette méprise. S'il est vrai que le pouvoir politique procède du pouvoir patriarcal ou royal des chefs de famille [2], ceux-ci auraient dû être investis, dès le commencement, de certaines prérogatives inhérentes à la souveraineté. Nous ne l'apprenons pas de l'antiquité biblique. Nous y voyons, au contraire, par la défense alors générale de verser le sang humain, qu'ils ne pouvaient ni combattre, ni exercer le droit régalien du glaive. Puis, lorsque plus tard les guerres se sont établies officiellement, ç'a été entre des rois nommément désignés, chefs de troupes et de peuplades, pendant que les patriarches vivaient encore étrangers dans la terre où leur postérité devait régner un jour [3], et bornaient à leur famille et à leurs serviteurs une autorité souvent mise en oubli. Il ne paraît guère, en effet, roi des siens, cet Abraham impuissant à protéger l'honneur de Sara et à contenir l'humeur d'Agar, ni cet Isaac trompé par son fils cadet qui lui

[1] FILMER, *Patriarcha*, ch. II.
[2] *Id.*
[3] *Genèse*, ch. XIV, XXIII, XXXIV.

dérobe la bénédiction de l'aîné, non plus que Jacob outragé par Ruben, et pleurant la mort de Joseph que ses frères avaient vendu.

Dès lors que ces antiques et véritables pères des peuples se distinguaient visiblement des rois, en vertu de quel droit les rois prétendraient-ils se porter héritiers des pères? Munis d'autres titres, si leur domaine n'a pas toujours été bien délimité, leur mission reste différente comme leur origine, car c'est la société civile qui choisit les rois, tandis que la nature seule fait et impose les pères.

Mais qu'attendre des théories et des arguments, devant la sauvage fureur des sectaires de Cromwell (*a*)! Charles Ier est mis à mort; la révolution se consomme; et, pour un temps, la polémique ne connaît plus que l'âpre langage des passions. Laissons Saumaise et Milton échanger leurs coups; l'un défendre lourdement les rois en les plaçant au-dessus de toute loi humaine; l'autre, prostituer son génie au service du régicide, et soutenir cette thèse intéressée que le pouvoir souverain réside dans les cours du royaume, tandis qu'un autre révolutionnaire, Needham, l'abandonne sans réserve à la populace (*b*). Ce sont là des plaidoyers plutôt que des discussions, et qui naissent de circonstances dont ils ne dépassent guère la durée. On les raviverait sans profit.

(*a*) Son gendre Ireton prétendait que le roi avait le premier rompu le « pacte mutuel » qui lie le souverain et les sujets.

(*b*) Voir l'*Apologie* de SAUMAISE, l'*Iconoclaste* de MILTON, et la *Supériorité d'un État libre sur la monarchie*, de NEEDHAM.

Harrington, le premier, mérite de nous retenir, non par la valeur collective de ses Aphorismes, où l'idée trop morcelée s'éparpille sans liaison et souvent sans preuves, mais parce qu'il a, en propre, certaines vues ingénieuses et originales, celles-ci entre autres : « La force naturelle qui opère ou produit le gouvernement national a sa source dans la propriété. — Partout où le peuple n'a point de propriété pour exister, le gouvernement est monarchique ou aristocratique. — Partout où le peuple peut exister de sa propriété, le gouvernement est susceptible de devenir démocratique[1]. »

C'est là une constatation de fait qui parait vraisemblable, bien que de nos jours elle ne présente plus le même caractère de certitude. Mais ne dépasse-t-il pas la mesure lorsqu'il ajoute : « Tout gouvernement est fondé sur l'intérêt. S'il arrive qu'un seul homme possède tout le domaine foncier ou les deux tiers du territoire, alors l'intérêt d'un seul doit dominer, c'est ce qui fait la monarchie absolue. — Si un petit nombre d'hommes possède le tout où les deux tiers des biens-fonds, c'est-à-dire du territoire, l'intérêt du petit nombre ou de cette classe, sous le titre de noblesse, doit alors l'emporter, c'est ce qui produit une véritable aristocratie. — Si le plus grand nombre, ou ce qu'on appelle le peuple, possède la totalité ou les deux tiers du domaine territorial, l'intérêt du plus grand nombre ou du peuple doit l'emporter, et enfanter alors la démocratie[2]. »

Sans doute, l'intérêt a et doit avoir la principale part dans les affaires publiques, à condition toutefois qu'il

[1] *Aphorismes*, ch. I, § 12 et 14.
[2] *Id.*, ch. II, § 10, 11, 12 et 14.

s'agisse de l'intérêt collectif des gouvernés, non de l'avantage particulier d'une classe de citoyens, comme celle des propriétaires; autrement, faudrait-il ramener la forme constitutive de l'État à une question de superficie territoriale ou de cadastre, et édifier la souveraineté sur des revenus plutôt que sur des sujets, sur le sol plutôt que sur ses habitants. Pourtant, nous le reconnaissons volontiers, cette noble possession du sol confère une dignité naturelle et donne droit à certaines prérogatives; il se peut même que sa répartition influe sur le gouvernement du pays; mais, pas plus que le patriarcat de Filmer, le territoriat de Harrington ne doit engendrer le pouvoir, à supposer qu'il l'occasionne.

Avec Spinosa nous retrouvons le naturalisme de Hobbes, son droit natif de l'homme sur toutes choses, s'étendant aussi loin que sa force et son pouvoir, se justifiant par la nécessité vitale, employant légitimement les moyens que ses passions lui suggèrent, et n'acceptant le contrôle ultérieur des lois positives que par un calcul d'utilité et de sécurité[1].

Comme c'est un raisonnement qui agrége ainsi l'individu à la société civile, la logique lui permettra-t-elle pareillement de s'en détacher, si le sacrifice qu'il a fait de son indépendance ne lui semble pas suffisamment compensé, surtout s'il perd à cet échange l'imprescriptible liberté de penser et de manifester sa pensée? Notre philosophe l'admet[2], sans s'expliquer sur les moyens; car tout en désirant un gouvernement tempéré, collectif,

[1] SPINOSA, *Théologie politique*, ch. XVI.
[2] *Id.*, ch. XVII et XX.

éclectique, qu'il imagine avec une organisation étrange et hybride[1], il arme la souveraineté de prérogatives telles que « tout lui soit permis, jusqu'à exiger l'absurde », et cela, « sans qu'on puisse la taxer d'injustice[2] ». Toutefois, pour pallier ce que cette théorie a d'extrême, il veut que l'État, comme auparavant les particuliers, se guide sur l'intérêt, et que la raison, dont il doit faire pour ainsi dire profession publique, lui impose certaines bornes au delà desquelles son existence se trouverait en péril[3].

Une semblable barrière suffira-t-elle, en réalité, à arrêter l'arbitraire ou le despotisme? Assurément non. Aussi, faute de pouvoir conclure, conseille-t-il simplement à chaque peuple de s'en tenir au gouvernement qui le régit. Dès lors, à quoi bon cet appareil de rationalisme, sinon à masquer l'inanité d'un système politique où, sans tenir compte de la loi morale, le droit ne connaît d'autre mesure que la puissance, la puissance d'autre règle que le soin de se préserver? Sans doute, il assigne à l'État la mission protectrice de gouverner en paix les volontés groupées, de plier chacun au respect de tous, de former et de développer les intelligences, et de les élever collectivement jusqu'à la liberté. Mais, prenons-y garde, celle que Spinosa poursuit vise principalement les philosophes; le peuple n'y a que fort peu de part; et tout se réduit pour lui, en définitive, à la vaine faculté de philosopher. Encore devra-t-il en user avec réserve, s'abstenir d'attaques directes contre le prétendu pacte

[1] *Théologie politique*, ch. VI et VII.
[2] *Id.*, ch. XVI.
[3] *Id.*, ch. XX.

social, et, s'il n'y adhère, du moins conformer aveuglément ses actes aux arrêts de l'autorité souveraine qui seule détermine à son gré la justice [1].

Après cela, quel essor fructueux, quelle garantie effective la conscience et la raison publiques trouveraient-elles dans Spinosa? N'est-ce pas en vain qu'elles attendraient la liberté, d'un système fondé sur un vice organique, et la vérité, d'un sophiste (*a*)?

[1] *Théologie politique*, ch. XX.

(*a*) Le volumineux recueil de Puffendorf sur le *Droit des gens* ne saurait être oublié ici; mais cette œuvre de classement méthodique, plutôt que de recherches nouvelles, ne semble pas devoir rentrer dans le cadre de cette étude. Notons toutefois qu'en politique, Puffendorf donne une plus large part que Grotius au consentement des peuples, sur lequel il fonde la légitimité des gouvernements divers.

XIV

Il se rencontre dans la vie des peuples certaines époques rares où, las de discordes, peut-être instruits par celles de leurs voisins, mais surtout flattés d'une prospérité qui se fixe, ils accordent tout au pouvoir tant qu'il la leur assure, jusqu'à s'en remettre uniquement à lui de la connaissance et de la conduite de leurs affaires. En 1678, lors de la glorieuse paix de Nimègue, nul doute que la France satisfaite et grandissante n'ait traversé une de ces heures de confiant abandon, et sanctionné dans la personne de son roi victorieux, devenu l'arbitre de l'Europe, une omnipotence qui éclatait par de pareils résultats.

On ne peut comprendre ni juger la politique de Bossuet sans tenir compte de ces circonstances mémorables, en même temps que du devoir de sa charge de précepteur qui allait à former un roi, et non à préparer un philosophe. Aussi, pour frapper l'esprit du grand Dauphin et lui parler de plus haut, n'emprunte-t-il qu'à la seule Écriture des exemples et des préceptes de conduite capables de s'imposer avec un caractère d'évidence et d'autorité morale.

Bossuet part de principes opposés à ceux de Hobbes, pour s'en rapprocher ensuite en les corrigeant. L'homme, créature de Dieu sortie d'une seule souche, est par nature aussi bien que par l'exprès commandement du Créateur, destiné et porté à la fraternité; c'est donc l'union qui s'impose comme la loi primitive, non l'animosité ni l'égoïsme [1]. Mais ce lien divin de la société humaine n'a pas tardé à être rompu par le péché et les passions qui en sont la suite; de sorte que, pour le renouer, il a fallu que les hommes, déjà séparés par les pays et les langues, s'accordassent à sacrifier leurs volontés individuelles, renonçassent à s'emparer de ce qui leur convenait, et transposassent leurs forces à un magistrat souverain en échange d'une plus grande somme de sécurité [2]. D'où il suit qu'un gouvernement doit se proposer, par des lois équitables et raisonnables, de relier à nouveau les hommes entre eux, et de les rattacher à Dieu [3]. On voit, malgré leur affinité, la différence marquée qui sépare dès à présent Hobbes de Bossuet. Tandis que l'un explique la société comme un pis aller, l'autre la reconstitue et la ressuscite en poursuivant un idéal antérieur. Aussi, pour Bossuet, Dieu qui est le seul, le véritable, a été le premier roi visible; c'est lui qui a mis dans les pères une image de sa puissance, afin que par le moyen de cette autorité domestique, l'humanité fût graduellement initiée à la domination politique et à la souveraineté. Est-ce à dire, avec Filmer, que la suprématie des rois se confonde primitivement avec celle des pères, et que l'une soit tirée de l'autre? En aucune façon, car l'Écriture mentionne nettement les deux titres originaires de toute souverai-

[1] *Politique tirée de l'Écriture Sainte*, l. I, art. 1.
[2] *Id.*, art. 2 et 3.
[3] *Id.*, art. 4.

neté : le consentement du peuple, titre légitime immédiat; ensuite la conquête, qu'une possession longue et paisible et un acquiescement subséquent peuvent aussi légitimer[1] (a).

Il ne s'agit pas ici, on le voit, d'un simple fait constaté par l'histoire, mais de la reconnaissance et de l'exercice d'un droit; et puisque l'adhésion du peuple établit ou consacre les gouvernements, et que son rôle dans la formation du pouvoir est ainsi expressément réservé, sur quel fondement Bossuet pourrait-il être accusé d'avoir exclusivement soutenu et formulé la théorie du droit divin (b)? Sans doute, il donne sans balancer le premier rang à la monarchie; il la regarde comme la meilleure, la plus ancienne, la plus avantageuse des formes politiques; mais il n'exclut pas pour cela les autres; il les réserve seulement, et s'excuse de ne les pas approfondir, parce qu'elles ne concernent ni le pays ni le prince auxquels son œuvre est destinée. Toutefois, si le principe constitutif de tout pouvoir paraît suffisamment sauvegardé dans sa *Politique*, Bossuet y exagère singulièrement le pouvoir royal considéré en soi, et lui donne des proportions surhumaines. Il oublie que c'est la puissance, en général, qui vient de Dieu (c); que celle des rois, pour

[1] *Politique tirée de l'Écriture Sainte*, l. II, art. 1, prop. IV, et art. 2, prop. II.

(a) Il accorde même que des souverainetés, d'abord fondées sur la rébellion, soient ensuite regardées comme légitimées par une longue possession ou l'acquiescement public des anciens rois. (L. IX, art. 3, prop. VI.)

(b) Il a dit expressément le contraire : « Le pouvoir des rois ne vient pas tellement de Dieu qu'il ne vienne aussi du consentement des peuples. » (*Défense du clergé de France*, l. IV, ch. XXI.)

(c) « Il n'y a point de puissance qui ne vienne de Dieu. » S. PAUL, *Rom.*, XIII, § 1. Donc toutes viennent de lui.

être la plus haute et la plus imposante de toutes, n'est pas, après tout, la seule; que le ministère divin qu'ils exercent reste relatif et médiat, puisqu'il leur est transmis par investiture humaine, et qu'ils ont beau retracer dans leur gouvernement une image bienfaisante de la paternité, ils ne sauraient tenir, ni de Dieu ni des pères, une autorité inéluctable et absolue, sans mélange comme sans contrôle[1]. L'absolutisme royal, voilà la vision qui l'a fasciné, mais non pas jusqu'à troubler ni à obscurcir sa vue. Autant il accorde d'immunités et d'indépendance aux souverains, autant il les tient de court sous le joug de Dieu. Sa crainte est le contre-poids de leur puissance, et s'ils en mésusent, « la primauté de leur état leur attirera une primauté de supplices[2] ». Ainsi éclairée par la conscience, la raison doit les guider dans l'exercice du pouvoir et les défendre de leurs propres entraînements, sans que leur intérêt ait ici, comme pour Hobbes, à jouer un rôle déterminant. Cette morale dominante du devoir conserve à Bossuet une évidente supériorité, mais l'inflexibilité de ses maximes l'entraîne ensuite trop loin. Que seront les sujets d'un État « qui se personnifie dans le prince », de sorte qu'il soit à lui seul « la puissance et la volonté de tout le peuple », qu'il puisse tout sans qu'on puisse rien en dehors de lui, et qu'il ait droit d'exiger, sauf en matière religieuse, une obéissance passive, sans limite et sans murmure[3]? Il semble illusoire de n'autoriser la nation à secouer le joug qu'autant que son existence collective, totale, se trouve menacée par les plus

[1] *Politique tirée de l'Écriture Sainte*, l. III et l. IV, art. 1.
[2] *Id.*, l. IV, art. 2, prop. IV.
[3] *Id.*, l. VI, art. 1 et 2.

furieux excès de la tyrannie, et de ne lui accorder, pour se défendre, que l'heure où elle se voit réduite à la dernière extrémité (*a*). D'ailleurs, pourquoi cette exception finale dans un système qui commande aveuglément la soumission, et comment fixer le point psychologique à partir duquel la résignation muette et passive peut, tout à coup, faire place à la résistance armée? En proportionnant l'opposition aux injustices et aux abus, l'autorité, mieux avertie, ne perdrait rien pour se défier d'elle-même, et le respect dû aux peuples y gagnerait assurément beaucoup. Pourtant Bossuet se montre soucieux de le leur assurer tel qu'il le conçoit : il s'élève avec force contre le régime arbitraire où les vies et les propriétés des sujets sont livrées au bon plaisir du souverain, dont la seule volonté sert de règle, tandis que dans les gouvernements, même absolus, certaines lois subsistent et finissent par prévaloir, contre lesquelles tout ce qui se fait « est nul de droit[1] ». Il faut aussi lui savoir gré de son courage à dénoncer les guerres injustes, provoquées par l'ambition, la cupidité, la jalousie, la fausse gloire, et à blâmer celles dont les motifs ne paraissent pas suffisamment établis[2]. En recommandant les voies pacifiques, en leur donnant la préférence sur les autres[3], Bossuet prévient

(*a*) Sur ce point, Nicole semble encore plus formel que Bossuet. Après avoir déclaré le consentement des peuples nécessaire à la collation du pouvoir, il leur retire ensuite tout moyen et tout droit de se dégager jamais d'une autorité abusive. Il faut donc reconnaître, à cette époque, un courant d'idées et de doctrines analogues, chez les esprits les plus divers. (Voir NICOLE, *Traité de la grandeur*, ch. II.)

[1] *Politique tirée de l'Écriture Sainte*, l. VIII, art. 2, prop. I.

[2] *Id.*, l. IX, art. 3, prop. I à IX.

[3] *Id.*, art. 4, prop. VII.

le naturel belliqueux des princes, en même temps que ses fortes exhortations les détournent d'abuser de leurs succès ou de leur puissance. S'ils cèdent à cette périlleuse tentation, nul remède humain n'y saurait être apporté, car le redressement de leurs œuvres, refusé aux hommes, est réservé à la Providence et à la rigoureuse justice de Dieu[1]. Toutefois cette sanction religieuse, quelque assurée qu'elle soit, ne saurait tenir lieu de garantie politique : il faut croire à une autre vie pour la craindre; et, dans celle-ci, le pouvoir illimité d'un roi sceptique deviendrait trop aisément immodéré et abusif. Mais Bossuet, encore une fois, écrivait pour instruire le Dauphin. Il n'avait pas à examiner le péril d'une monarchie absolue, seulement à conjurer celui d'un mauvais monarque; et c'est restituer à la *Politique de l'Écriture* son véritable caractère, que de l'envisager comme un traité moral plutôt que théorique, qui appelle l'application, non la discussion (*a*).

Tout autre est la controverse de Bossuet avec le ministre Jurieu. Ce dernier permettait au peuple de se soulever et « de défendre sa religion par les armes », prétendant que si les premiers chrétiens s'en étaient abstenus, ç'avait été « par faiblesse et par impuissance » autant que par l'effet « d'une morale mal entendue[2] ». Il partait de là pour déclarer que le peuple, qui fait les rois, ne peut leur communiquer un droit qu'il ne possède pas lui-même, celui de persécuter, de tuer des innocents et de ruiner la société, et qu'ainsi, dans les cas d'oppres-

[1] *Politique tirée de l'Écriture Sainte*, l. X, art, 6, prop. II et III.
(*a*) Bossuet ne l'a pas publié; il ne l'a été qu'après sa mort.
[2] JURIEU, *Lettres pastorales*, IXe.

sion religieuse ou politique, le précepte de l'obéissance cesse d'être obligatoire [1]. Ce précepte, Bossuet l'étend au contraire à tous sans excepter : aux chrétiens et aux martyrs, dont il constitue l'héroïque mérite en même temps que le devoir rigoureux [2]; aux sujets qui, à l'égard du souverain, ne peuvent être, malgré leur nombre, qu'un « amas de particuliers » sans droit de défense contre la puissance légitime [3]. En suivant Hobbes de trop près, il supprime jusqu'à cette étroite issue d'affranchissement que l'exemple autorisé de Macchabée et des Juifs entr'ouvrait à un peuple réduit aux abois (a). Ainsi, tandis qu'à l'encontre de l'Écriture et des traditions chrétiennes, le ministre justifie, chez ses coreligionnaires, l'appel à la résistance et à la révolte, l'évêque, pour retrouver en matière politique la solidité de sa défensive religieuse, assimile le temporel au spirituel, en les réunissant sous une commune discipline d'absolue et invariable soumission.

Bossuet reprend ses avantages pour réfuter le principe fondamental de son adversaire, celui de la souveraineté du peuple. « Le peuple, dit Jurieu, donne la souveraineté, donc il la possède et l'exerce par le souverain [4]. » Ce serait plutôt le contraire qu'il faudrait conclure : s'il l'a donnée, il ne l'a plus, et par conséquent ne peut y prétendre à aucun titre. Le ministre détruit ailleurs son propre système, car il avance que les peuples,

[1] JURIEU, *Lettres pastorales*, XVIe lettre, IV.
[2] *Saint Paul aux Romains*, XIII, 5.
[3] BOSSUET, 5e *Avertissement*.
(a) Dans sa *Politique*, il approuvait leur résistance contre Antiochus (l. VI, art. 3, prop. II).
[4] JURIEU, *Lettres pastorales*, XVIe, IV.

« source de la souveraineté, sont maîtres de leurs couronnes pour les donner à qui bon leur semble, les transporter d'une famille à une autre, et, dans la même famille, d'un sujet à l'autre[1] ». Mais, répond Bossuet, comment ces peuples feront-ils ainsi acte de souveraineté, puisqu' « ils l'exercent par le souverain (*a*), non par eux-mêmes », et que les souverains se garderont d'user de leur pouvoir à leur propre détriment?

Jurieu n'est pas plus heureux lorsqu'il avance que la souveraineté est toujours fondée sur un pacte mutuel du peuple et du roi, et cela, parce que toutes les relations humaines — parmi elles la paternité — proviennent de pactes semblables. Bossuet l'invite à produire ces « traités » uniformément passés à l'origine des monarchies, « où les devoirs des souverains sont exprimés aussi bien que ceux des sujets[2] », et lui demande quelles clauses lient les pères aux enfants, et en quel temps elles ont été débattues entre eux.

Mais il ne suffit pas à Jurieu que ces pactes soient mutuels, s'ils ne sont encore résolutoires, et n'assurent par là aux peuples un moyen constant et plausible d'échapper à une sujétion qui leur pèse. S'ils en font un mauvais usage, s'ils se trompent manifestement, les blâmera-t-il enfin? Pas davantage, et voici pourquoi : c'est qu' « il faut qu'il y ait dans les sociétés une certaine autorité qui ne soit pas obligée d'avoir raison pour valider ses actes. Or, cette autorité n'est que dans les peuples[3]. »

[1] Jurieu, *Lettres pastorales*, XVIIIe, XVIII.
(*a*) Jurieu vient de le dire textuellement.
[2] Jurieu, *Lettres pastorales*, XVIe, VII.
[3] *Id.*, XVIIIe, XVIII.

A ce point, toute objection sérieuse deviendrait superflue; et c'est justice de redire avec Bossuet qu'un pareil axiome prépare les révolutions, favorise les excès, les pires tyrannies, et qu'à tout prendre, les flatteurs les plus dangereux sont encore ceux de la multitude.

XV

Tandis que Jurieu se proposait un double but, celui d'attaquer le gouvernement de la France et de justifier la révolution anglaise de 1688, le philosophe Locke la défendait, en empruntant à Hobbes et à Spinosa leur hypothèse fondamentale d'un état de nature antérieur à la société civile. Dans ce prétendu état, les hommes, libres de tout assujettissement, ne dépendent de la volonté de personne, et peuvent agir comme il leur plaît, étant tous égaux les uns aux autres. Toutefois, ils n'en sont pas moins tenus de se conformer aux lois naturelles, et, s'ils les violent, ils méritent d'être punis et même mis à mort[1]. Mais déjà l'on peut objecter qu'à part la sauvegarde ou la répression individuelle, qui ne doit pas dépasser la mesure de la nécessité, tout jugement, toute condamnation impartiale qui supprime la liberté totale et surtout l'existence, ne peut émaner que d'une certaine autorité neutre et arbitrale, déjà reconnue et constituée. D'où il suit qu'il est presque impossible d'imaginer l'état de nature que Locke suppose, puisque d'ailleurs l'humanité, dès son berceau, s'est trouvée, par la loi de la génération, des âges et des sexes, dans une condition de subordination successive, qui l'a préparée et

[1] LOCKE, *Du gouvernement civil*, ch. I.

amenée insensiblement à celle, définitive, des gouvernements établis. En effet, à moins de circonstances exceptionnelles, quels sont les hommes qui, en réalité, ne relèvent d'aucun de leurs semblables? Le sauvage n'a-t-il pas un chef de tribu; l'enfant abandonné, une tutelle? L'étranger, le vagabond peut-il être sans une patrie d'origine ou de fait, qui retient sur lui ou réclame des droits? Nul n'est donc si naturellement libre et indépendant qu'il « ne soit sujet à la volonté ou à l'autorité de personne[1] », et il serait plus exact de regarder l'origine des gouvernements comme la résultante de dépendances, plutôt que l'acte spontané d'individualités affranchies et détachées. Partant de cette fausse donnée, que la « liberté parfaite » et le droit, pour la conserver, de juger, de punir et même d'ôter la vie, sont inhérents aux hommes dans l'état de nature, Locke fonde la société sur le transfert de leur prérogative, volontairement concédée à la communauté, qui a charge de l'exercer et d'en assurer le bienfait d'une façon constante et authentique[2]. Ce serait donc l'effet d'un consentement individuel et réfléchi, d'une sorte de délibération des ayants cause, qui aurait présidé à la formation des corps politiques; et si, depuis, la majorité y a fait loi, auparavant il restait loisible aux dissidents de s'isoler dans leur ancien état[3]. On pourrait bien demander ce que ces derniers sont devenus ensuite, et comment il se fait que l'histoire n'ait pas conservé leurs traces. Mais ce sont là des considérations qui n'arrêtent pas l'auteur : il va jusqu'à prétendre que les

[1] *Gouvernement civil*, ch. v, § 4.
[2] *Id.*, ch. vi.
[3] *Id.*, ch. vii, § 1 et 2.

enfants ne sauraient, non plus, être liés à la société civile par l'acceptation de leurs pères [1]. Un peu plus loin il reconnaît, il est vrai, que le consentement qui agrége à cette société n'a pas besoin d'être expressément formulé, et qu'ainsi, tout homme occupant par ses biens-fonds ou sa personne le territoire d'un pays gouverné, adhère tacitement aux lois qui le régissent [2]. Dès lors, ne semble-t-il pas difficile de retrouver cet être naturellement libre et absolument indépendant, si tant est qu'il ait jamais existé? car c'est à tort que Locke considère comme tel un chef d'État vis-à-vis d'autres princes souverains, puisqu'en appliquant ici ses propres principes, les pays, comme leurs chefs, acquiescent, par un consentement au moins tacite, aux règles sociales qui déterminent pendant la paix leurs rapports internationaux, jusqu'à ce que la guerre les suspende en totalité ou en partie, selon le degré de civilisation des belligérants. Il serait donc erroné de croire, avec Locke, que l'état de nature puisse persister dans l'état social, et, hors le cas de guerre, se substituer occasionnellement à lui, en sorte que les gouvernements absolus, qui ne garantiraient pas suffisamment la liberté et la justice, sortiraient de ce second état pour retomber dans le premier [3]. Ces exagérations se détruisent d'elles-mêmes.

En même temps que sa liberté primitive, notre philosophe, se reportant à un âge d'or, plaide la bonté et la vertu originelles de la race humaine [4], et sa tendance

[1] *Gouvernement civil*, ch. VII, § 22
[2] *Id.*, § 25.
[3] *Id.*, ch. VI, § 11 et 15.
[4] *Id.*, ch. VII, § 17,

innée au bien. « Tous, dit-il, nous naissons libres aussi bien que raisonnables, quoique nous n'exercions pas d'abord notre raison ni notre liberté. » Ce décevant paradoxe devait faire son chemin, et jeter des doutes sur l'utilité de la société civile, bien qu'ailleurs il reconnaisse que les hommes, selon lui « rois égaux », sont pour la plupart peu exacts observateurs de l'équité et de la justice [1]. Quoi qu'il en soit de cette dégradation morale, dont la cause reste inexpliquée, Locke transporte à la société le droit naturel de se conserver et de se défendre, le libre arbitre et la répression, pour en faire la source des trois pouvoirs législatif, exécutif et confédératif ou international, qui doivent être exercés selon le vœu et sous le contrôle des intéressés. A ses yeux, le pouvoir législatif dépasse les autres et constitue la force supérieure et prédominante de l'État, sans toutefois priver le peuple d'une puissance virtuelle de souveraineté qui lui permet d'abolir ou de changer le gouvernement lorsqu'il s'écarte du but qui lui est assigné [2]. Ainsi les « rois égaux » de la nature restent effectivement les régulateurs de la société. Il admet bien, dans certains cas douteux ou non prévus, que le souverain jouisse d'une plus grande latitude, d'une « prérogative » nécessaire, pour décider et commander; mais le peuple demeure seul juge en dernier ressort, avec le droit final, s'il se croit lésé, d'en appeler au ciel, c'est-à-dire à la force et aux armes. Singulière prérogative royale, dont l'usage précaire deviendrait plus nuisible qu'utile, et qui perdrait dès lors sa raison d'être. Ce point de vue partial s'explique chez notre

[1] *Gouvernement civil*, ch. VIII, § 1.
[2] *Id.*, ch. XII, § 1 et 2.

auteur, en lui permettant d'incriminer le gouvernement de Jacques II, d'innocenter la révolte de ses sujets et d'approuver leur révolution. L'ancien exilé des Stuarts a visiblement à cœur de légitimer ses rancunes; aussi le dernier chapitre de son livre est-il consacré tout entier aux moyens avoués de renverser la puissance publique. Nous ne le suivrons pas dans cette énumération de griefs qui favorisent trop uniformément les séditieux.

En fondant la société sur une délégation imaginaire de droits individuels, en subordonnant les pouvoirs publics aux peuples, perpétuels gardiens de leurs droits, Locke établit une situation politique aussi fausse dans son principe que funeste dans ses suites, et s'il ne va pas jusqu'à valider d'avance, avec Jurieu, les actes déraisonnables de la multitude, il lui reconnaît l'autorité qui les sanctionne et la force discrétionnaire qui les soutient.

Nous trouvons les mêmes idées chez le républicain Sydney, qui dit crûment que « ceux qui établissent peuvent aussi détruire ». Son *Discours sur le gouvernement* est une apologie des États populaires : toutefois il s'y déclare, et à plusieurs reprises, pour la forme politique « composée de monarchie, d'aristocratie et de démocratie, sans laquelle il n'y a jamais eu dans le monde de bon gouvernement[1] ». Prenons acte de ce nouveau témoignage.

Le traité de Locke appelait une réponse; Fénelon la préparait sans doute, et Ramsai (*a*), en s'aidant de ses

[1] *Discours sur le gouvernement* (publié en 1698, mais écrit antérieurement), ch. II, sect. 18.

(*a*) Écossais attaché aux Stuarts.

souvenirs et des papiers de l'archevêque de Cambrai, a pu la rédiger avec une vraisemblable fidélité.

Voici les principales lignes de cet ouvrage, auquel la main de son véritable auteur eût donné une liaison qui lui fait souvent défaut :

L'intérêt personnel, ou même l'égoïsme, n'est pas la première loi naturelle de l'humanité, mais la justice générale, fondée sur la raison, qui nous ordonne d'avoir en vue le bien public, et de rendre à chacun à proportion de ce qui lui est dû [1]. L'homme naît sociable par ses penchants affectueux aussi bien que par indigence et par dépendance; aussi lui faut-il se soumettre à la supériorité de ses parents d'abord, et ensuite des êtres les plus éminents [2]. Mais cette subordination, il la redoute en même temps qu'il l'utilise, et de là le besoin indélibéré de la souveraineté, nécessaire pour que chacun soit protégé contre tous et maintenu contre lui-même. L'autorité ne peut être prédominante et souveraine que si « elle juge en dernier ressort »; et c'est là ce que Fénelon entend par le « pouvoir absolu [3] », compatible avec tous les régimes, et qui ne doit pas être confondu avec l'absolutisme.

La souveraineté procède de Dieu et se communique par le peuple, « dont le consentement libre ou forcé, exprès ou tacite, n'est qu'une simple déclaration de la volonté divine [4] ». — Il nous semble pourtant que ce consentement apporte quelque chose de plus, et qu'il parfait

[1] *Essai philosophique sur le gouvernement civil*, ch. II.
[2] *Id.*, ch. III et IV.
[3] *Id.*, ch. V.
[4] *Id.*, ch. VI.

la souveraineté dans son élément humain. Puis, comment admettre la validité d'un consentement « forcé », même « chez un peuple libre » (a)?

Les formes de gouvernement une fois établies, l'ordre public veut qu'il ne soit plus loisible de les changer, « indépendamment du pouvoir légitime et suprême qui subsiste alors dans l'État[1] ». Si le détenteur de ce pouvoir était illégitime, s'il violait, par exemple, la loi civile d'hérédité, qui s'applique aux domaines comme aux dominations, il faudrait sans doute lui accorder une obéissance extérieure, mais sans accepter ni approuver l'injustice de son usurpation[2].

Arrivons au point le plus délicat. La révolte est-elle jamais permise? Non, répond sans hésiter l'auteur, parce qu'il n'y a pas d'autorité infaillible qui décide des causes justes de la rébellion, et qu'elle entraînerait de plus grands maux que la tyrannie elle-même. Les sujets opprimés s'en remettront donc à la Providence, et attendront d'elle seule le redressement de leurs torts par une de ces révolutions soudaines qui sont la punition inévitable des méchants princes[3]. Malgré son apparente sagesse, combien cette morale politique reste inférieure à celle de saint Thomas et de Suarez, et impuissante à contenir les ressentiments populaires! Toutefois, Fénelon

(a) Il semble que la pensée de Fénelon sur la souveraineté ait été mieux rendue par son élève, le duc de Bourgogne : « Les lois particulières des nations, dit-il, la forme suivant laquelle l'autorité s'y administre peuvent venir des hommes, mais la source de toute autorité est essentiellement en Dieu. » (*Écrits du duc de Bourgogne.*)

[1] *Essai philosophique sur le gouvernement civil*, ch. VII.

[2] *Id.*, ch. VIII et IX.

[3] *Id.*, ch. X.

laisse entrevoir un remède, et il est aisé de reconnaître, dans les « remontrances respectueuses » qu'il permet, et les « États généraux » qu'il insinue, celui qui était alors au fond de sa pensée (*a*).

A ses yeux, le souverain doit être investi de trois sortes de droits :

1° Le pouvoir législatif, limité par le bien public de la société;

2° Le pouvoir répressif de faire la paix ou la guerre, limité par la liberté des sujets;

3° Le pouvoir de lever les impôts, limité par le droit de propriété[1].

On voit que ce sont là des bornes apportées à la souveraineté, en même temps que des droits conférés, et il est juste de les maintenir sous tous les gouvernements. Celui d'entre eux auquel Fénelon donne la préférence est évidemment la monarchie, pour son unité, sa concentration des affaires et l'équilibre social qu'elle impose; mais il la veut tempérée d'aristocratie et partageant avec elle le pouvoir législatif, sans exclure entièrement le peuple, qui serait appelé à voter les subsides extraordinaires. Cet esprit si ouvert saisissait déjà toute l'importance de la question des budgets.

Ainsi faisait-il à chacun sa part; et bien qu'il l'ait faite inégale et ne se soit pas montré partisan des gouvernements mixtes, il faut lui savoir beaucoup de gré d'avoir voulu rappeler à la France du dix-septième siècle l'ancien et fécond principe de la participation de tous au pou-

(*a*) On trouve les mêmes idées dans l'*Examen de conscience d'un roi* et le *Plan de gouvernement*.

[1] *Essai philosophique sur le gouvernement civil.*

voir. Arrivant à son heure, cette grave revendication eût certainement trouvé un écho dans le sentiment public. Le grand règne était à son déclin; les prospérités avaient cessé; et la nation malheureuse, devenue mécontente, commençait à se tourner contre le régime dont Bossuet ébloui avait relevé l'imposante grandeur, mais que Fénelon, désabusé, cherchait à corriger et à restreindre.

XVI

Entrons dans ce dix-huitième siècle osé, inquisiteur, sceptique et confiant, qui veut se rendre compte de tout, qui se croit appelé à tout améliorer, qui s'y applique avec une passion louable, mais impatiente et inconsidérée, s'irrite des obstacles, s'en prend à l'état de choses, l'attaque, le mine, le renverse, et finalement ne réalise des progrès partiels qu'au prix du plus épouvantable cataclysme : siècle étrange et indéfinissable, si mêlé qu'il échappe à tout jugement sommaire, si complexe que, sous ses traits opposés et avec son visage double, il se présente à nous comme le Janus de l'histoire. Efforçons-nous toutefois de distinguer équitablement ses mérites de ses maux, et, pour rendre justice aux uns, ne croyons pas devoir atténuer ou pallier les autres.

C'est la France qui a eu le triste avantage de prendre alors la tête du mouvement. Évidemment, la dernière période du grand règne avait lassé le pays. Malgré le retour inespéré de la fortune et un rayonnement final de gloire, il se sentait épuisé, surmené, à bout de forces, et il appelait de ses vœux la conclusion d'une paix durable qui lui permît d'alléger le poids lourd et mal équilibré des charges publiques. Dans leurs lettres et leurs mémoires, Fénelon[1], Vauban[2], s'étaient fait déjà les interprètes de ce sentiment, ou plutôt de ce besoin général, le premier en demandant la cessation de longues hostilités, le second, un mode plus équitable de la répartition des impôts. Ces efforts devaient être poursuivis; et, pour n'envisager que ceux dont l'objet nous concerne, quelques années après, il ne suffisait plus à l'abbé de Saint-Pierre que la paix fût effectivement conclue, si elle n'était en même temps garantie et fixée par l'accord des puissances continentales. De là son *Projet de paix perpétuelle*, qui se recommande toujours à notre sympathie, si même il n'est digne d'arrêter quelque peu l'attention.

Selon l'auteur, l'Europe n'offre aucune garantie de stabilité, aucune sûreté suffisante que les traités conclus y seront exécutés[3]. Pour qu'ils le soient indubitablement, il faut que les souverains de la chrétienté forment entre eux une ligue, une société permanente, telle que Henri IV l'avait conçue et préparée, et qu'ils érigent, en dehors et au-dessus d'eux, un tribunal d'arbitrage composé de leurs délégués, et jugeant en dernier ressort[4].

Voici les articles fondamentaux du traité qui établirait cette nouvelle société européenne :

Le Congrès perpétuel des délégués de toutes les puissances contractantes, monarchies ou républiques, siégerait dans une ville libre.

Il s'interdirait toute intervention dans le gouverne-

[1] *Lettres au duc de Chevreuse* et *Plan de gouvernement.*
[2] *La Dîme royale.*
[3] *Projet de paix perpétuelle*, 1er discours.
[4] *Id.*, 2e discours.

ment intérieur des États associés, mais soutiendrait leur constitution fondamentale.

Il offrirait une garantie et une protection réciproque contre les mouvements séditieux.

Toutes les puissances représentées renonceraient à agrandir leurs États au delà des limites assignées.

Enfin, la guerre ne pourrait être déclarée contre une puissance opposante qu'après un jugement arbitral rendu par le Congrès.

Ce sont là, sans doute, de généreuses utopies, et il n'est guère à croire que la bonne volonté et le désintéressement de tous permettent jamais le fonctionnement d'un pareil tribunal; aussi ne prétendons-nous retenir de ce programme que deux principes supérieurs et toujours efficaces : d'abord celui de la solidarité, qui unit ou devrait unir les nations chrétiennes, en leur fournissant un appui mutuel et désintéressé; puis ensuite celui de l'arbitrage international, jadis rarement usité, mais qui, de nos jours, tend à occuper une plus grande place, et rapproche les peuples en terminant pacifiquement leurs litiges. Quand il n'aurait soutenu que ces seules idées justes et fécondes, l'abbé de Saint-Pierre n'en prendrait pas moins rang parmi les bienfaiteurs intentionnels de l'humanité; et bien qu'ailleurs il se soit emporté au delà de la mesure contre le gouvernement personnel, et qu'il ait cru, à tort, le corriger, par l'établissement de conseils multiples décidant des affaires de l'État [1], ou par l'institution platonicienne d'une académie politique chargée de fournir des sujets aux principaux

[1] *La Polysinodie.*

emplois[1], ici, du moins, son œuvre mère, dépouillée de ce qu'elle a de chimérique et d'irréalisable, subsiste comme une haute et profitable leçon donnée à la conscience publique.

On ne voit pas comment le plan du marquis d'Argenson serait plus facile à appliquer. Il propose que la France serve d'arbitre aux puissances, et qu'elle veille seule au maintien de la paix tout en sauvegardant ses propres intérêts[2]; deux tâches qui semblent contradictoires.

Ses *Considérations sur le gouvernement de la France* nous offrent un intérêt particulier, mais peu d'idées générales. Il ne croit guère à la durée des gouvernements mixtes, bien que la plupart lui paraissent tels, parce que l'un des trois éléments dont ils se composent doit tôt ou tard l'emporter sur les autres[3]. Comme, selon lui, la France est une monarchie tendue où la tête tire trop à soi, plus ou moins mêlée d'une aristocratie abusive et usurpatrice[4], il est aisé de voir où il médite d'en venir par l'adjonction politique de la démocratie : du reste, il ne s'en défend qu'à demi, tout en cachant son jeu vis-à-vis de la royauté. Ce manque de franchise, joint au ton acrimonieux qui règne dans l'ouvrage, nuit à un certain nombre de critiques vraies, judicieuses, et de plans de réformes utiles, telles que la décentralisation administrative, la liberté du sol, dont la conception première lui appartient.

[1] *Projet pour perfectionner le gouvernement des États.*
[2] *Essai de l'exercice du tribunal européen pour la France seulement.*
[3] *Considérations sur le gouvernement de la France* (publié en 1764, mais écrit et connu trente ans avant), ch. I.
[4] *Id.*, ch. II.

L'abbé de Saint-Pierre, d'Argenson, et le groupe de novateurs qui composaient avec eux la petite Académie dite de l'Entre-sol (a), n'avaient, somme toute, guère influé sur l'opinion : il était réservé à Montesquieu de la saisir fortement, et de lui imprimer une direction nouvelle. De ses deux œuvres initiales, les *Lettres persanes*, la *Grandeur et la décadence des Romains*, l'une allait attirer l'attention, l'autre annoncer l'auteur de l'*Esprit des lois*. La première, on le sait, est une satire spirituelle et mordante, agrémentée d'immoralité, assaisonnée d'irréligion, où, sous couleur d'une correspondance entre des Orientaux trop civilisés, les usages, les lois et les gouvernements de l'Europe sont en bonne partie faussés ou travestis pour être mieux livrés au ridicule. Nous n'avons guère à apprendre dans ce constant persiflage; notons toutefois certaines remarques qui sont le fond politique du livre, si toutefois il est expédient d'en chercher un.

La monarchie, en général, y est malmenée : on l'y représente comme « un état violent qui dégénère toujours en despotisme, ou en république », parce que « la puissance ne peut jamais être également partagée entre le peuple et le prince [1] ». Celle des Anglais trouve seule grâce. Il les approuve de leur « humeur impatiente » qui les porte à se défier de leurs rois, et à ne leur accorder de soumission qu'autant qu'ils se sentent pour eux de gratitude [2]. En revanche, les républiques lui semblent « le sanctuaire de l'honneur, de la

(a) Elle se réunissait dans un entre-sol de la place Vendôme.

[1] *Lettres persanes*, lettre CII.

[2] *Id.*, lettre CIV.

réputation, de la vertu[1] »; et toutes ses sympathies sont en faveur de la Hollande, — qui allait bientôt devenir monarchique, — et de la Suisse, en particulier du canton de Berne, — auquel il présage des destinées dont nous attendons encore l'accomplissement (*a*).

Nous ne voyons pas qu'il soit mieux inspiré lorsqu'il avance que dans le cas d'un litige international, l'arbitrage paraît superflu, et que la justice doit se rendre d'un peuple à un autre. « De peuple à peuple, dit-il, il est rarement de tiers pour juger, car les sujets de dispute sont presque toujours clairs et faciles à terminer[2]. » Sur ce point, l'abbé de Saint-Pierre se tient plus près de la vérité et de la réalité que Montesquieu.

Ne mérite-t-il pas aussi une censure pour avoir tourné en dérision le précepte de l'Écriture, qui veut que les sujets soient soumis aux puissances, en prétendant qu'il leur est impossible d'y manquer, « d'autant que ce n'est pas au plus vertueux qu'on les oblige de se soumettre, mais à celui qui est le plus fort[3] »? Si ce n'était une boutade, ce serait là une ignorance ou une calomnie (*b*).

Ces passages, qui sont loin d'être les plus vifs, suffisent pour donner idée de l'ensemble, et pour l'improuver. Relevons cependant, à décharge, cet excellent morceau où l'origine même des sociétés est si finement observée et si délicatement touchée : « Je n'ai jamais ouï

[1] *Lettres persanes*, lettre LXXXIX.
(*a*) Il parle de sa future grandeur dans le chapitre IX des *Considérations sur les Romains*.
[2] *Lettres persanes*, lettre XCV.
[3] *Id.*, lettre CIV.
(*b*) Montesquieu attribue ces sentiments aux Anglais, à titre de chrétiens.

parler du droit public, qu'on n'ait commencé par rechercher soigneusement quelle est l'origine des sociétés; ce qui me paraît ridicule. Si les hommes n'en formaient point; s'ils se quittaient et se fuyaient les uns les autres, il faudrait en demander la raison, et chercher pourquoi ils se tiennent séparés; mais ils naissent tous liés les uns aux autres : un fils est né auprès de son père, et il s'y tient : voilà la société, et la cause de la société[1]. » On ne saurait mieux dire, ni faire un meilleur usage du bon sens.

Les *Causes de la grandeur et de la décadence des Romains* initient de plus près aux vues et au talent de Montesquieu. Au milieu de faits habilement scrutés qui se déduisent et enchaînent leurs conséquences, nous y trouvons des observations dont la portée va bien au delà de l'histoire romaine. Celle-ci par exemple :

« Le gouvernement de Rome fut admirable, en ce que, depuis sa naissance, sa constitution se trouva telle, soit par l'esprit du peuple, la force du Sénat, ou l'autorité de certains magistrats, que tout abus du pouvoir y pût toujours être corrigé[2]. »

Et cette autre :

« Ce qu'on appelle union dans un corps politique est une chose très-équivoque; la vraie est une union d'harmonie, qui fait que toutes les parties, quelque opposées qu'elles nous paraissent, concourent au bien général de la société; comme des dissonances, dans la musique, concourent à l'accord total. Il peut y avoir de l'union dans un état où l'on ne croit voir que du trouble; c'est-à-dire

[1] Lettre XCIV.
[2] *Considérations sur les Romains*, ch. VIII.

une harmonie d'où résulte le bonheur, qui seul est la vraie paix[1]. »

A vrai dire, ces deux remarques se corroborent. Les parties diverses et momentanément opposées, mais non divergentes, de l'État concourent à former son accord, par cela même qu'elles contribuent à corriger ses abus; et pour compléter la pensée de l'auteur, il faudrait préciser quels étaient les « magistrats » dont « l'autorité » s'ajoutait à « la force du Sénat » et à « l'esprit du peuple » pour sauvegarder la constitution. Nul doute qu'il ne s'agisse des consuls qui, au dire de Polybe, représentaient à Rome l'élément monarchique, et y assuraient ainsi la balance exacte des pouvoirs.

Encore flottante ou nécessairement circonscrite, la pensée de Montesquieu acquiert dans l'*Esprit des lois* sa forme définitive et son plein développement. Il est impossible d'embrasser un aussi grand, aussi spacieux et aussi savant travail; considérons-le exclusivement sous son côté politique, en nous bornant à reconnaître ses principales lignes et à en accuser le relief.

« Les lois, dit Montesquieu, sont les rapports nécessaires qui dérivent de la nature des choses », et « qui se trouvent entre la raison primitive et les différents êtres[2] ». Il y a donc des rapports d'équité antérieurs à la loi positive, et la raison humaine doit s'appliquer à les rechercher et à les fixer par le droit. Ainsi la loi aura-t-elle égard aux différents peuples. Elle s'adaptera d'abord *à la nature* et *au principe* des gouvernements établis ou à établir; puis aux conditions relatives, phy-

[1] *Considérations sur les Romains*, ch. IX.
[2] *Esprit des lois*, l. I, ch. I.

siques ou morales, de pays, de climat, d'usages, d'institutions, de religion, de bien-être, etc..., dans lesquelles ils se trouvent placés. De là, proprement, l'esprit des lois[1].

Est-il exact que, d'après leur nature, les gouvernements se partagent en républicain, monarchique et despotique; et que le monarchique soit « celui où un seul gouverne, mais par des lois fixes et établies, au lieu que, sous le despotique, un seul, sans lois et sans règle, entraîne tout par sa volonté et par ses caprices[2] » ? Nous ne le pensons pas, car la nature des choses réside dans leur essence, non dans leurs accidents, et le despotisme ne présente qu'une altération de la monarchie. Il eût donc mieux valu conserver l'ancienne division des trois formes typiques du pouvoir, en y comprenant toujours l'aristocratie, plutôt que de la classer, avec Montesquieu, parmi les variétés de la République. Il semble que l'auteur se soit proposé de mettre sous nos yeux une échelle proportionnelle de la liberté, et de séparer plus nettement le despotisme de la monarchie pour le mieux combattre.

Quoi qu'il en soit, dans une démocratie où le peuple en corps est le souverain, les lois fondamentales doivent aviser au droit de suffrage et à l'élection des magistrats qui représentent et suppléent le peuple, seul auteur des lois[3]. Dans l'aristocratie, la souveraine puissance réside entre les mains d'un nombre limité de personnes, et pour un temps limité. La meilleure aristocratie est la moins exclusive, celle où le plus grand nombre participe

[1] *Esprit des lois*, l. I, ch. III.
[2] *Id.*, l. II, ch. I.
[3] *Id.*, ch. II.

aux affaires, où les familles nobles se rapprochent le plus de la démocratie[1]. Les pouvoirs intermédiaires, mais subordonnés et dépendants, constituent, avec l'unité de commandement et la fixité des lois, la nature du gouvernement monarchique. Ces pouvoirs intermédiaires, par où l'autorité politique et civile du souverain découle sur les sujets, sont, d'une part, la noblesse et le clergé avec leurs prérogatives et leurs privilèges; de l'autre, les corps politiques chargés du dépôt des lois[2]. Enfin, dans les États despotiques, le ministre dirigeant tient à lui seul lieu de tout.

De la nature ou de l'essence de chaque gouvernement passons à son principe, c'est-à-dire à son moteur organique. Ici nous nous éloignons du domaine de la science pour entrer dans celui de la spéculation. C'est « *la vertu* » qui fait le ressort de l'état populaire; « *la modération* fondée sur la vertu » qui est proprement l'âme du gouvernement aristocratique; « *l'honneur* » ou « le préjugé de chaque homme et de chaque position » qui, au lieu de vertu, sert de mobile à la monarchie, tandis que le despotisme ne repose que sur « *la crainte* », qu'il inspire[3].

En quoi consiste précisément cette « vertu » essentielle aux républiques, non aux monarchies? Notre auteur l'estime un « amour des lois et de la patrie[4] »; mais sa définition trop vague pouvant s'appliquer également à tous les civismes, il la reprend et cherche à la

[1] *Esprit des lois*, l. II, ch. II.
[2] *Id.*, ch. IV.
[3] *Id.*, l. III, ch. III à IX.
[4] *Id.*, l. IV, ch. V.

compléter. « La vertu, dit-il, dans une république est une chose très-simple : c'est l'amour de la République[1]. » Ce sentiment se traduit dans la démocratie par « l'amour de la démocratie qui est celui de l'égalité[2] » ; dans l'aristocratie, par « l'esprit de modération » qui ramène à l'égalité[3].

Un préjugé d'honneur pour les uns, une poursuite d'égalité chez les autres, voilà donc, selon Montesquieu, les principaux leviers des États : et comme si ce n'était assez d'éveiller par là même les ferments sociaux, il suit jusqu'au bout les conséquences et l'application de son système en le fortifiant par les lois.

S'il n'est plus temps de procéder au partage égal des terres, il veut du moins, pour assurer la démocratie, « que l'on règle les dots des femmes, les donations, les successions, les testaments, enfin toutes les manières de contracter » ; et il conseille d'établir « un cens qui réduise ou fixe les différences à un certain point[4] ». Pour maintenir une sorte de niveau dans l'aristocratie, il importe que l'on prive les nobles de toute distinction, surtout héréditaire, ainsi que du droit de commerce qui pourrait les élever au-dessus de la condition moyenne. En outre, « les lois doivent leur ôter le droit d'aînesse, afin que, par le partage continuel des successions, les fortunes se remettent toujours dans l'égalité[5] ».

Dans la monarchie, au contraire, où les lois se rapportent à l'honneur, « il faut qu'elles travaillent à

[1] *Esprit des lois*, l. V, ch. II.
[2] *Id.*, ch. III.
[3] *Id.*, ch. VIII.
[4] *Id.*, ch. V.
[5] *Id.*, ch. VIII.

soutenir la noblesse... et qu'elles la rendent héréditaire. Les substitutions qui conservent les biens dans les familles seront très-utiles dans ce gouvernement, quoiqu'elles ne conviennent pas dans les autres. Le retrait lignager rendra aux familles nobles les terres que la prodigalité d'un parent aura aliénées. Les terres nobles auront des priviléges comme les personnes... Toutes ces prérogatives seront particulières à la noblesse, et ne passeront point au peuple, si l'on ne veut choquer le principe du gouvernement. — Les substitutions gênent le commerce; le retrait lignager fait une infinité de procès nécessaires; et tous les fonds du royaume, vendus, sont au moins, en quelque façon, sans maître pendant un an. Des prérogatives attachées à des fiefs donnent un pouvoir très à charge à ceux qui les souffrent. Ce sont des inconvénients particuliers de la noblesse qui disparaissent devant l'utilité générale qu'elle procure[1]. »

Dans cette inégale répartition, la masse aura-t-elle du moins quelque compensation matérielle ? Pas même, puisque si la monarchie se prête au développement du commerce, c'est pour permettre aux sujets « de satisfaire, sans périr, aux besoins toujours renaissants du prince et de sa cour[2] ».

Ce contraste d'objectifs, cette opposition de maximes et de procédés ont droit de surprendre. Ici, le peuple est favorisé jusqu'à l'injustice; là, pour appuyer la noblesse, les torts trouvent leur excuse, les abus, leur approbation. Il en résulte un trouble dans l'esprit du lecteur, et comme une sorte de démoralisation de son

[1] *Esprit des lois*, l. V, ch. IX.
[2] *Id.*

jugement. Il ne voit plus ce que l'on cherche, ni où l'on tend, et se demande à quoi bon toutes ces recettes empiriques, si exactes qu'elles puissent être, si elles ne se proposent pour but d'améliorer chacun des gouvernements, plutôt que de l'asseoir et de l'affermir. Peu importe, de même, que la république convienne aux petits territoires, la monarchie aux médiocres, le despotisme aux plus grands[1], et que les principes d'un État se puissent préjuger par ses frontières, s'il est avéré, comme Montesquieu l'affirme avec une noble franchise, que le despotisme est toujours mauvais partout, et ne subsiste que par son caractère rudimentaire qui le rend le plus accessible aux esprits simples et aux basses passions[2]. Hâtons-nous donc de le quitter, et de nous élever jusqu'au point culminant du livre, à la théorie de la liberté.

Montesquieu dit excellement qu' « elle consiste à pouvoir faire ce que l'on doit vouloir, et à n'être point contraint de faire ce que l'on ne doit pas vouloir[3] ». Elle ne réside pas dans la nature des gouvernements, mais dans leur exercice. Ainsi l'aristocratie et la démocratie ne sont-elles pas libres naturellement; et, dans tout état, la liberté dépend de l'usage modéré de la puissance. Pour en empêcher l'abus, « il faut, dit-il encore, que par la disposition des choses, le pouvoir arrête le pouvoir », c'est-à-dire qu'il soit scindé et réciproquement limité[4]. Les trois sortes de pouvoirs, — délibératif, exécutif, judiciaire, — démêlés par Aristote dans chaque

[1] *Esprit des lois*, l. VIII, ch. XX.
[2] L. V, ch. XIV.
[3] L. XI, ch. III. (Son autre définition : « Le droit de faire tout ce que les lois permettent », est étroite et incomplète.)
[4] L. XI, ch. IV.

gouvernement, sont ici dénommés « puissance législative — puissance exécutrice des choses qui dépendent du droit des gens — puissance exécutrice de celles qui dépendent du droit civil », ou plus simplement, pour ces dernières, « puissance exécutrice de l'état », et « judiciaire ». Pourquoi avoir introduit cette modification? Les anciens termes de l'école n'étaient-ils pas plus nets, plus larges et plus philosophiques? En effet, de même que celui qui agit, qui exécute, a délibéré et jugé son acte, de même, en politique, ces deux préliminaires d'action conservent des caractères et des rapports analogues. Puis, si dans la vie publique « délibérer » revient à « légiférer » (*a*), « juger » n'est pas toujours « exécuter les choses qui dépendent du droit civil », autrement la liberté civile serait-elle ici en cause, plutôt que la liberté politique. Envisageant cette dernière au point de vue restreint de la sécurité, Montesquieu formule sa grande règle de la séparation des pouvoirs. On peut la résumer en quelques mots : — Là où chacun des trois pouvoirs n'est pas séparé des deux autres, il n'y a pas de liberté[1] — axiome révélateur, dont il tire le plus grand parti par les conséquences et l'application qu'il comporte.

Conformément à ce système, le pouvoir délibératif ou législatif, que le peuple ne peut exercer directement, doit l'être par ses représentants. Ils sont nommés par groupes. Tous les habitants ont droit de vote, excepté les incapables. Les députés ne reçoivent d'instructions que pour les affaires générales : ils se bor-

(*a*) C'est le sentiment d'Aristote, qui dit : « Le pouvoir délibératif fait les lois. » (*Politique*, l. IV, ch. XIV.)

[1] L. XI, ch. VI.

nent à faire des lois et à en surveiller l'exécution[1].

A côté d'eux, « les gens distingués par la naissance, la richesse ou les honneurs » doivent avoir, « dans la législation, une part proportionnée aux autres avantages qu'ils ont dans l'État..., formant un corps qui ait droit d'arrêter les entreprises du peuple, comme le peuple a le droit d'arrêter les leurs. Ainsi, la puissance législative sera confiée, et au corps des nobles, et au corps qui sera choisi pour représenter le peuple. » — Remarquons qu'il est d'abord question de l'aristocratie, représentée dans ses meilleurs éléments, puis exclusivement des « nobles » qui ne sont qu'une portion de l'aristocratie; que leurs droits politiques peuvent bien être fondés sur leur prééminence, mais non sur leurs priviléges; qu'enfin cette part à la législation, qui leur est attribuée, manque, ici, de précision logique. Montesquieu a si bien compris ce dernier point qu'il ajoute : « Des trois puissances dont nous avons parlé, celle de juger est, en quelque façon, nulle. Il n'en reste que deux; et comme elles ont besoin d'une puissance réglante pour les tempérer, la partie du corps législatif qui est composée de nobles est très-propre à produire cet effet[2]. » Notre auteur use d'un stratagème, à défaut de raisonnement méthodique (*a*); toutefois, en y regardant de plus près et plus à fond, n'a-t-il pas côtoyé la vérité lorsqu'il cherche à rapprocher de chacune des trois puissances, qui composent un état, chacun des trois régimes qui, réunis, constituent le meil-

[1] L. XI, ch. VI.
[2] *Id.*
(*a*) M. Paul Janet l'a fort bien montré. (V. *Histoire de la science politique*, t. II, l. IV, ch. V.)

leur état? En effet, si la démocratie répond par sa nature au pouvoir législatif, la monarchie, au pouvoir exécutif, nous estimons que le pouvoir de juger ne concerne pas seulement les tribunaux civils ou criminels, mais qu'il a bien aussi son emploi dans cette haute magistrature aristocratique, chargée de veiller au dépôt de la constitution et au maintien fondamental de la justice. Dans ces conditions, l'aristocratie forme toujours un corps intermédiaire, sans initiative sur les lois, mais avec la charge de les contrôler, de les rectifier ou de les rejeter au besoin.

Enfin, la puissance exécutrice doit être entre les mains d'un monarque pour faciliter la prompte décision des affaires. Cette raison, ajoutons-le, milite aussi, dans la République, en faveur du magistrat armé d'un pouvoir prépondérant.

Les relations de ces divers pouvoirs, leurs points d'arrêt, leur fonctionnement, sont du domaine particulier de chaque constitution; nous n'avons pas à les analyser, en étudiant, avec Montesquieu, celle de l'Angleterre. Nous pensons, comme lui, que si les bons gouvernements tiennent à des principes fixes, leur mécanisme doit se plier, selon les pays et les peuples, à des situations diverses.

Ne quittons pas celui qui a pénétré si avant dans ces secrets, sans rendre hommage à ses magnanimes efforts en faveur de tant d'opprimés, des esclaves, des condamnés à des peines excessives et inhumaines, des victimes de l'intolérance ou des préjugés, de tous ceux enfin qui souffraient légalement. Par là surtout son œuvre a fait lumière, et son mérite rayonne jusqu'à nous (*a*).

(*a*) Le célèbre ouvrage de BECCARIA, sur *les Délits et les Peines*, est inspiré de Montesquieu.

XVII

Malgré ses hardiesses ou ses écarts, Montesquieu n'avait guère cherché qu'à s'enquérir de la raison des choses, à évaluer leurs rapports et à signaler leurs excès, sans vouloir porter les mains sur les assises fondamentales de la société. Il n'en fût pas de même de ceux qui le suivirent, et qui, sous le nom de philosophes, usèrent de leur prétendue sagesse pour saper, les uns, les croyances, d'autres, les institutions, et préparèrent ainsi indirectement, mais fatalement, le travail définitif des démolisseurs.

Entre les premiers, Voltaire s'est acquis la principale place par son impiété et son cynisme : à ce point de vue, le nommer, c'est le définir. Mais s'il mettait son audace à « écraser l'infâme », il n'avait garde de s'attaquer de front aux pouvoirs publics du jour et du lieu où il vivait. Laissons-le pousser trop loin la courtisanerie vis-à-vis du roi de Prusse, qu'il devait bafouer ensuite, et cherchons dans ses œuvres politiques, d'ailleurs peu considérables, s'il s'en trouve quelqu'une qui se ressente de l'indépendance naturelle de son esprit, si ses idées tiennent à une doctrine et portent l'empreinte d'une conviction.

En 1750, alors qu'il espère rentrer en grâce à la

cour, et que la faveur royale l'attire à celle de Berlin, il écrit dans la *Voix du Sage et du Peuple :* « Le gouvernement ne peut être bon s'il n'y a une puissance unique. » — « Dans un État quelconque, le plus grand malheur est que l'autorité législative soit combattue. Les années heureuses de la monarchie ont été les dernières de Henri IV, celles de Louis XIV et de Louis XV, quand ces rois ont gouverné par eux-mêmes. — Il ne doit pas y avoir deux puissances dans l'État ». Le voilà catégoriquement royaliste, et, qui plus est, partisan de la royauté absolue, comme il en témoigne derechef dans maints passages du *Siècle de Louis XIV*, celui des quatre grands siècles, à son gré, « qui approche peut-être le plus de la perfection [1] ».

Un petit écrit paru presque au même temps prend à partie certaines erreurs de l'*Esprit des lois*. « Une république, y est-il dit, n'est point fondée sur la vertu; elle l'est sur l'ambition de chaque citoyen qui contient l'ambition des autres, sur l'orgueil qui réprime l'orgueil, sur le désir de dominer qui ne souffre pas qu'un autre domine. »[2] De sorte que la vertu, selon lui, ne saurait être l'apanage exclusif des républiques, au détriment des monarchies (*a*).

Jusqu'ici, on le voit, rien que de fort correct chez notre gentilhomme de la chambre; rien qui sente l'indépendant ni le frondeur. Il prend même soin de désavouer un ouvrage anonyme qui a déplu en haut lieu (*b*).

[1] *Siècle de Louis XIV*, Introduction.
[2] *Pensées sur l'administration publique.*
(*a*) Cette observation se trouve déjà dans le *Siècle de Louis XIV*, ch. XXI, année 1700.
(*b*) L'*Abrégé de l'Histoire universelle.*

Mais la scène va changer, car sa disgrâce s'accentue. Il lui faut renoncer à reparaître à Paris, non moins qu'à Versailles. Il va en Suisse et à Genève; il y achète deux propriétés, puis Ferney, à l'extrême frontière française, pour « ramper d'une tanière à l'autre et se sauver des rois [1] ». Dès lors ses sentiments paraissent bien modifiés avec les circonstances et son nouveau milieu. Sa mauvaise humeur se traduit sourdement dans ce passage d'un pamphlet bilieux : « Souveraineté et dépendance sont contradictoires. Toute monarchie, toute république n'a que Dieu pour maître. C'est le droit naturel, c'est le droit de propriété. Deux choses seules peuvent vous en priver, la force d'un brigand usurpateur, ou votre imbécillité [2]. » L'animosité l'abuse si bien qu'il s'exprime ici, par mégarde, comme ferait un partisan déterminé de la théocratie : une fois n'est pas coutume.

Plus tard, il emprunte la plume d'un citoyen de Genève pour répondre à Rousseau, et bien qu'il le réfute, et répudie la théorie de la souveraineté absolue du peuple, avec ses conséquences subversives, il accepte et confirme toutefois, à certains égards, les idées de son antagoniste. Désormais ce n'est plus le gouvernement monarchique qui est mis en relief, mais « le gouvernement civil, dans lequel la volonté de tous est exercée par un seul ou par plusieurs, en vertu de lois que tous ont portées ». Il ne s'en tient pas là, et incline visiblement du côté de la république. « Le plus tolérable de tous les gouvernements est sans doute le républicain, puisque c'est celui qui rapproche le plus les hommes de

[1] Lettre de Voltaire.
[2] *Le Cri des nations.*

l'égalité naturelle. Tout père de famille doit être le maître dans sa maison. Une société étant composée de plusieurs maisons et de plusieurs terrains, il est contradictoire qu'un seul homme soit le maître de ces maisons et de ces terrains, et il est dans la nature que chaque maître ait sa voix pour le bien de la société[1]. » A cette raison d'ordre économique voici ce qu'il ajoute : « Ceux qui n'ont ni terrains ni maisons dans cette société peuvent-ils avoir leur voix? Ils n'en ont pas plus le droit qu'un commis payé par des marchands n'en aurait à régler leur commerce[2]. » D'où il suit qu'aux yeux de l'opulent seigneur de Ferney, les droits individuels n'existent pas en politique, en dehors des droits de propriété.

Pour montrer le diapason auquel il arrive, faut-il citer encore, dans le *Dictionnaire* dit *philosophique*, cette pasquinade bien digne de son auteur : « Il s'agit d'avoir dans votre pays le plus de pouvoir, le plus d'hommes et le plus de plaisirs que vous pourrez. Pour y parvenir, il faut beaucoup d'argent... Cela est très-difficile dans une démocratie... Dans une aristocratie on peut plus aisément se les procurer... Reste la monarchie : c'est là que les hommes sont faits pour un seul...[3] », auquel l'argent assurera force et puissance.

Il serait superflu d'insister et de poursuivre, si vers la fin de sa vie, pressentant peut-être les orages qu'il avait contribué à amasser, désireux sans doute de rentrer enfin dans ce Paris où il attendait son apothéose, Vol

[1] *Idées républicaines, par un citoyen de Genève.*
[2] *Id.*
[3] *Dictionnaire philosophique*, art. *Politique.*

taire n'avait fait un retour inopiné à ses anciens principes.

Intéressée ou non, on trouve en effet cette profession de foi royaliste dans une lettre datée de la première année du règne de Louis XVI : « X... (un auteur inconnu) a encore plus mal fait d'oser dire en France que les rois tiennent leur autorité du peuple. On lui répondra que le Roi tient sa couronne de soixante-cinq rois ses ancêtres [1]. »

Enfin, mettant la dernière main à son *Commentaire sur l'Esprit des lois*, l'une de ses œuvres finales, il n'hésite pas à traiter de « déclamation » et de « lieux communs » toutes les critiques acerbes de Montesquieu sur les cours et les courtisans. Évidemment il s'est radouci ; il se ravise ; il redevient tel qu'autrefois.

Fluctuations, versatilité, aisance à se déjuger, à changer de point de vue, et, partant, absence de convictions propres et de doctrines fixes, voilà donc le bilan politique de cet esprit chatoyant, mais superficiel et sans profondeur. Somme toute, Voltaire ne croyait fermement qu'en lui. Son amour-propre satisfait se fût accommodé de tous les régimes : sa critique dissolvante les eût tous également desservis.

Tel n'était pas Rousseau. Il faut reconnaître en lui, au milieu de passions mesquines et souvent basses, d'excès de caractère, d'erreurs de jugement, et malgré le cours tortueux de sa vie traversée, une suite et une ténacité d'idées politiques qui ont du moins relevé leur auteur.

[1] Lettre à M. l'abbé de Voisenon, 20 août 1774.

Conséquent et convaincu, il a pu passer pour logique et pour véridique; et comme le feu de son âme pénétrait la rigidité de son esprit et la concision harmonieuse de son style, il a eu le don de se communiquer par le rhythme d'une dialectique émue. De là, cette puissance singulière et magnétique que ses écrits ont exercée, et qui, bien qu'atténuée par la distance, leur conserve encore, de nos jours, une secrète et trop réelle influence. Il faut ajouter aussi que Rousseau, fils du peuple, l'a constamment flatté, et qu'en outrant ses griefs et en surexcitant ses rancunes, il s'est assuré autant d'admirateurs que les supériorités sociales comptaient alors d'envieux et d'ennemis.

Qu'est-ce en effet que son *Discours sur l'inégalité,* sinon une violente déclamation, un amer réquisitoire contre la civilisation et la société? Essayons de le résumer brièvement.

L'homme primitif, celui de la nature, selon lui le sauvage nu, nomade, isolé, sans langage articulé (*a*), n'ayant guère d'autres besoins ni d'autres idées que les animaux, et pourtant doué de douceur et de bonté [1], se change beaucoup plus tard — il n'explique pas comment — en un être industrieux, qui compare, qui prévoit, et finalement se lasse de sa solitude et se rapproche de ses semblables. Il quitte donc sa caverne et se fabrique une hutte. « Ce fut là, dit-il, l'époque d'une première révolution qui forma l'établissement et la distinction des familles, et qui introduisit une sorte de propriété d'où naquirent

(*a*) Il lui est impossible de s'expliquer l'origine du langage.

[1] « Rien n'est si doux que l'homme dans son état primitif. » (Première partie du *Discours sur l'inégalité.*)

déjà bien des querelles et des combats[1]. » Plus loin il ajoute : « Les premiers développements du cœur furent l'effet d'une situation nouvelle qui réunissait dans une habitation commune les maris et les femmes, les pères et les enfants[2]. »

Arrêtons-nous un instant devant cette même hutte, puisque Rousseau y prétend reconnaître le vrai berceau de la famille, sinon celui de la propriété, et demandons-lui pourquoi, d'après ses inductions, les cavernes aussi bien que les cabanes n'auraient-elles pas servi d'asile aux premiers groupes familiaux. Il n'y a donc rien d'utile à préjuger là-dessus, sinon qu'à part d'autres raisons plus fortes, ces huttes n'ont pu être l'œuvre d'hommes déjà industrieux et jusqu'alors isolés, car l'industrie, même rudimentaire, suppose des rapports sociaux, et les rapports sociaux engendrent naturellement la famille.

Quant à la propriété, il paraît que celle des cabanes était encore tolérable, et ne privait pas les hommes de leur bonté naturelle et de leur charmante simplicité, jusqu'au jour où « un hasard funeste », — le besoin de s'approvisionner, de cultiver, et par suite l'appropriation et le partage du sol, — les fit sortir de ce bienheureux état pour les rendre inégaux, jaloux et malveillants.

Il n'en fallait pas tant. L'enfant de Pascal qui dit : « Ce chien est à moi », le sauvage qui veille sur ses armes ou sur le produit de sa chasse, se montrent déjà propriétaires exclusifs, et se font par là des envieux et des ennemis.

Rousseau prend d'ailleurs à rebours la nature humaine

[1] Seconde partie du *Discours sur l'inégalité*.
[2] *Id.*

lorsqu'il voit dans la propriété, ou plutôt dans l'inégalité qu'elle entraîne, l'origine de nos misères et de nos passions, tandis qu'elle en est seulement la conséquence : parfaits, nous restions tous égaux; perfectibles, nous devions cesser de l'être.

Voici donc les hommes définitivement réunis autant que divisés; les riches haïs, les pauvres craints, ceux-là cherchant à usurper, ceux-ci à ravir, tous livrés au plus affreux désordre. C'est alors que pour assurer leurs possessions, textuellement « leurs usurpations » compromises, ces mêmes riches se seraient avisés d'organiser une société réglée, tandis que ces mêmes pauvres auraient consenti à y entrer, et cela avec des sacrifices évidents et des compensations incertaines. Quoi qu'il en soit de cette hypothèse peu plausible, l'état politique prend bientôt naissance dans les nouvelles sociétés, mais « il demeure toujours imparfait », parce qu'étant « presque l'ouvrage du hasard [1] », on cherche à remédier à ses inconvénients au lieu de le renverser et de le reconstruire. — Conseil pernicieux, funeste, qui n'a été que trop écouté et suivi.

La communauté établie, le peuple se gouverne d'abord lui-même, ou plutôt ne se gouverne pas, puisqu'il est bientôt obligé de mettre à sa tête des magistrats chargés, paraît-il, de faire observer les délibérations publiques. Rousseau du moins l'affirme; il repousse absolument l'idée d'un pouvoir supérieur, imposé par la force des choses ou la faiblesse des hommes, et veut que les gouvernements soient fondés sur un consentement exprès, formel, « un vrai contrat entre le peuple et les chefs

[1] *Discours sur l'inégalité*, 2e partie.

qu'il se choisit, par lequel les deux parties s'obligent à l'observation des lois qui y sont stipulées et qui forment les liens de leur union [1] ».

Nous savons déjà que penser de ces pactes primitifs. Dans le cas où ils ont réellement eu lieu, il faut s'en référer aux clauses et aux conditions qu'ils comportent; autrement, et à défaut d'usages immémoriaux, il n'y a, des gouvernants aux gouvernés, d'autres liens que ceux de la justice naturelle, qui prescrit aux uns d'user du pouvoir pour le bien des autres, et défend d'en mésuser. Sous cette réserve, on peut envisager, avec Rousseau, la destruction des lois fondamentales, comme entraînant, de droit, le renversement des autorités chargées de les appliquer. Cela résulte, à vrai dire, de la nature des obligations bien plutôt que de celle du contrat qui, selon Rousseau, « ne saurait être irrévocable ». Arrivé à ce point délicat de la question, notre philosophe semble hésiter, et comme il ne sait comment concilier le libre arbitre des parties contractantes, juges de l'observation du contrat et maîtresses de son maintien, avec l'évidente nécessité de l'ordre public, il se réfugie tout à coup dans une théorie inattendue qui confine de près au droit divin. « Les gouvernements humains, dit-il, avaient besoin d'une base plus solide que la seule raison... il était nécessaire que la volonté divine intervînt pour donner à l'autorité souveraine un caractère sacré et inviolable qui ôtât aux sujets le funeste droit d'en disposer. » Dès lors, à quoi bon la garantie d'un engagement révocable entre le peuple et les chefs, si le

[1] *Discours sur l'inégalité*, 2e partie.

pouvoir consenti ne peut plus faire retour aux consentants, si le caractère sacré de la souveraineté doit lui assurer la perpétuité? La contradiction est manifeste.

A mesure que les formes politiques se développent, l'égalité s'efface; l'établissement des magistratures l'avait déjà compromise, celle de l'hérédité des chefs lui porte le dernier coup, et crée, selon l'expression de Rousseau, « le maître et l'esclave ». Après ce terme final de l'injustice, il n'y a plus, à l'entendre, qu'à détruire la société elle-même, pour la refaire de fond en comble, et c'est là, en effet, toute la morale de cet écrit.

L'erreur capitale du *Discours sur l'inégalité* est de croire que la famille et la société ne tiennent pas intrinsèquement, nécessairement à la nature humaine (*a*) : à l'inverse, celle du *Contrat social* consiste à regarder le corps politique comme renfermant, dans son essence, la souveraineté, tandis qu'elle résulte, en vertu d'une propriété qui lui est naturelle, du développement organique de ce corps. Il faut retenir ce principe, comme un fil conducteur, si l'on veut éviter de s'égarer au milieu des raisonnements captieux, des assertions sans preuves et des paralogismes qui abondent dans le second de ces écrits.

Rousseau y déclare d'abord, sans distinguer la société civile et la société politique, que « l'ordre social, droit sacré qui ne vient pas de la nature, est donc fondé sur des conventions [1] », et que « ces conventions sont la

(*a*) Ailleurs, il est vrai, il dit que « la société est naturelle à l'espèce humaine comme la décrépitude à l'individu ». (*Œuvres*, t. IV, p. 215, Lettre à M. Philopolis.) C'est le contraire qui ressort du Discours.

[1] *Contrat social*, l. I, ch. I.

base de toute autorité légitime parmi les hommes [1] ». Quel est leur but, leur objet? Il ne saurait être autre que de déterminer en général la formation d'un peuple, et d'agréger les forces individuelles en augmentant ainsi leur intensité. Rousseau l'admet à mots couverts [2]; mais comme il n'accepte pas qu'une plus grande sécurité collective soit acquise au prix d'une moindre liberté personnelle, voici en quels termes il pose le problème : « Trouver une forme d'association qui défende et protége de toute la force commune la personne et les biens de chaque associé, et par laquelle chacun, s'unissant à tous, n'obéisse pourtant qu'à lui-même et reste aussi libre qu'auparavant. » Et il ajoute que ces clauses, « bien qu'elles n'aient peut-être jamais été formellement énoncées, sont partout les mêmes, partout tacitement admises et reconnues [3] ». Faute de preuves, une pareille assertion reste au moins conjecturale. Rousseau paraît le sentir, et revenant à plusieurs reprises sur sa définition, il prétend que ces mêmes clauses « se réduisent toutes en une seule : savoir l'aliénation totale de chaque associé avec tous ses droits à toute la communauté », moyennant la compensation singulière qui proportionne le sacrifice de tous à celui de chacun. Nous sommes déjà loin des réserves faites d'abord au profit de l'individu. Finalement nous apprenons que « ce que l'homme perd par le contrat social, c'est sa liberté naturelle et un droit illimité à tout ce qui le tente et qu'il peut atteindre; ce qu'il gagne, c'est la liberté civile et la propriété de tout

[1] *Contrat social*, l. I, ch. IV.
[2] *Id.*, ch. VI.
[3] *Id.*

ce qu'il possède [1] ». La divergence d'idées et de formules est saisissable. Le lecteur d'abord suspendu entre une chimère d'équilibre irréalisable et la conception platonicienne d'un état absorbant, est ensuite ramené à un point de vue plus pratique, mais étroit et faux, qui fait dépendre la morale et le respect du bien d'autrui des clauses factices d'une convention humaine.

Indépendamment de cette instabilité des premiers principes, lorsque chacun, selon Rousseau, a consenti à se déposséder au profit de tous de sa personne et de sa puissance, « à l'instant, cet acte d'association produit un corps moral et collectif, composé d'autant de membres que l'assemblée a de voix... Cette personne publique prend le nom de République ou de corps politique, lequel est appelé par ses membres État quand il est passif, souverain quand il est actif [2]. »

Il est nécessaire ici d'examiner de près les expressions de notre auteur, car c'est une locution vicieuse, un solécisme génevois qui fait tout le mirage de sa théorie. A Genève, en effet, les habitants étaient scindés entre sept ou huit classes dont deux seulement jouissaient de droits politiques, et formaient, dans la proportion d'un millier d'hommes sur trente mille, un corps exclusif qui s'intitulait pompeusement « le souverain », bien que ses prérogatives, exercées à de rares intervalles, eussent été en majeure partie absorbées par le petit Conseil et les Deux-Cents qui gouvernaient effectivement la cité (a).

[1] *Contrat social*, ch. VIII.
[2] *Id.*, ch. VI.
(a) Voir, à ce sujet, les remarquables articles de M. NOURRISSON sur la *Politique* de BOSSUET (*Correspondant* d'août et septembre 1883).

Le *Contrat social* s'est évidemment inspiré de cette constitution locale, et les méprises du livre viennent, pour la plupart, de faits particuliers mal observés, érigés *à priori* en systèmes, et de fausses interprétations données à ces faits. De ce qu'une fraction de Génevois, dont Rousseau faisait partie, formât nominalement « le souverain », il ne s'ensuit pas qu'à Genève le peuple ait eu, ni qu'il ait dû avoir, dès l'origine, la souveraineté, puisqu'il la tenait au contraire — Rousseau l'avoue ailleurs — d'anciennes franchises accordées par les évêques à la ville, alors qu'ils étaient, dit-il, ses « souverains »[1]. Il s'ensuit encore moins que les peuples, par leur réunion en corps politique, se soient nécessairement investis de la souveraineté; et Rousseau, faute de l'étudier dans son principe, a confondu sa force virtuelle avec sa force active, ce qui est souverain avec celui qui est le souverain. En d'autres termes, et pour préciser, lorsqu'un peuple, formé et agrégé, reçoit, conséquemment à son nouvel état, l'apanage latent de la souveraineté, il lui est loisible de la retenir, par une sorte d'acte réflexe, dans l'universalité de ses membres, aussi bien que de la remettre à quelqu'un ou à quelques-uns d'entre eux; de la sorte, il parfait son organisme et se constitue véritablement. C'est là précisément ce que Rousseau n'admet pas : à ses yeux, le corps politique et le souverain ne font qu'un seul être collectif, et comme ils sont le résultat du même contrat, ce serait le détruire et renverser l'État que de transférer, d'aliéner, ou de déplacer la souveraineté[2].

[1] *Lettres écrites de la montagne*, lettre IX.
[2] *Contrat social*, liv. I, ch. VII, et l. II, ch. I et suiv.

Pour que cette proposition-ci méritât créance, il faudrait de deux choses l'une, ou que le transfert de la souveraineté fût, en effet, directement contraire aux conditions stipulées par le pacte social, et alors il y aurait un empêchement accidentel; ou bien que le pouvoir souverain provint intégralement, essentiellement de la volonté générale, de sorte qu'on ne pût jamais l'en isoler ni l'en distraire : alors l'empêchement serait dirimant.

Touchant la première hypothèse, nous sommes en droit d'objecter que si les clauses tacites du contrat social — on n'en connait pas de formelles — consistent dans « l'aliénation totale de chaque associé » et « dans la mise en commun de sa personne et de sa puissance sous la direction de la volonté générale [1] », cette volonté reconnue indiscutable et prédominante ne saurait plus être limitée dans ses effets; et comme d'ailleurs Rousseau nous apprend qu' « elle est toujours droite et tend toujours à l'utilité publique [1] », il s'ensuit que si tous veulent résigner leur pouvoir et leurs droits entre les mains d'un seul ou de plusieurs, ils font par là même un acte de souveraineté collective qui implique et impose une commune obéissance.

Reste le cas où l'élément propre de la souveraineté, inhérent à la généralité, serait dès lors intransmissible. Le souverain, selon Rousseau, est « un être collectif [2]. » qui « n'est formé que des particuliers qui le composent [3] ». Il nous dit l'un et l'autre, d'où nous avons lieu de conclure que cet être collectif, mais

[1] *Contrat social,* liv. I, ch. VI.
[2] Liv. II, ch. I.
[3] Liv. I, ch. VII.

dépendant par nature des individus, ne saurait avoir de soi plus de pouvoir ni plus de droits qu'ils n'en ont eux-mêmes. L'axiome juridique : On ne donne pas ce qu'on n'a pas, reçoit ici sa pleine application; et si la volonté générale s'identifie avec la souveraineté, c'est qu'elle se compose de volontés particulières, également souveraines. Dans ces conditions, comme le souverain ne doit vouloir que ce que tous veulent, il ne peut non plus pour tous que ce que chacun peut pour lui : bref, tous ne sont le souverain qu'autant que chacun l'est et au titre où il l'est.

Là-dessus, il est vrai, Rousseau ne s'explique pas nettement; il s'arrête aux généralités, et évite d'aller jusqu'au bout; mais comme il a compris qu'il le faudrait et qu'on irait pour lui, il s'attache à prévoir et à réfuter par avance les objections qui naissent d'elles-mêmes à l'encontre de son système.

Si chaque homme a, en réalité, la souveraineté, il faut lui reconnaître un droit absolu sur sa vie (a), pour que ce droit, transféré par le pacte social au souverain collectif, puisse s'exercer légitimement sur tous, soit en envoyant les sujets à la guerre, soit en punissant de mort les coupables. Rousseau s'en défend : il dit que « tout homme ayant droit de risquer sa propre vie », la conservation de l'état social commande un semblable risque dont le citoyen n'est pas juge, et que « lorsque le prince lui dit : « Il est expédient que tu meures », il doit mourir[1] », c'est-à-dire, il doit risquer de mourir. Ce

(a) Et non pas seulement « sur ses membres », comme dit ROUSSEAU (liv. II, ch. IV).

[1] *Contrat social*, l. II, ch. V.

serait peut-être vrai s'il ne s'agissait, en effet, que de risques plus ou moins grands, mais dans certains cas, lorsque l'ordre est formel et l'issue certaine, l'État s'érige réellement en maître et en arbitre de l'existence humaine.

L'argument tiré de la peine de mort est encore plus concluant; aussi, en vue de l'éluder, Rousseau fait-il flèche de tous sophismes. Écoutons ce curieux passage : « C'est pour n'être pas la victime d'un assassin que l'on consent à mourir si on le devient. Dans ce traité, loin de disposer de sa propre vie, on ne songe qu'à la garantir, et il n'est pas à présumer qu'aucun des contractants prémédite alors de se faire pendre [1]. » Ce verbiage cache son inanité sous le ton de la plaisanterie; toutefois, si peu de désir qu'il ait d'être pendu, l'homme qui « consent à mourir », éventuellement « dispose de sa vie ».

Rousseau ajoute encore que « le malfaiteur a rompu le traité social », « qu'il n'est plus membre de l'État », et qu'on peut le tuer comme un ennemi public, parce qu'alors « le droit de la guerre est de tuer le vaincu [2] ». Mais s'il est effectivement sorti de la société, elle ne peut plus rien désormais sur lui, à plus forte raison sur sa vie : aussitôt il retourne à un état que notre philosophe considère comme celui de nature, et dans lequel il s'élève énergiquement contre ce qu'il appelle « le prétendu droit de tuer les vaincus [3] ».

Voici une dernière échappatoire : « La condamnation d'un criminel est un acte particulier : aussi cette con-

[1] *Contrat social*, l. I, ch. v.
[2] *Id.*
[3] *Id.*, ch. IV.

damnation n'appartient-elle pas au souverain; c'est un droit qu'il peut conférer sans pouvoir l'exercer lui-même[1]. » Au lieu d'un « acte particulier », il aurait fallu dire « un acte sur un particulier », ce qui est différent : peu importe, du reste, que le souverain exerce ou non le droit de condamner à mort; car s'il peut le conférer, il l'a.

Des subterfuges de Rousseau il ressort, ou que l'État dispose indûment de la vie des citoyens et qu'il commet un meurtre en la leur ôtant, ou bien que chacun a, sur la sienne, un droit intégral qui va jusqu'au suicide.

Poussé à ce terme, le raisonnement s'élucide; et comme les conséquences infirment ici leurs prémisses, il faut logiquement admettre que le souverain pouvoir, avec son droit de vie et de mort, vient d'ailleurs et de plus haut que de l'homme. La souveraineté, dans les corps politiques, est donc divinement donnée, en même temps que naturellement formée; mais par là même qu'ils l'ont reçue, ils peuvent la communiquer et la transmettre en totalité ou en partie; et ainsi se trouve-t-elle relative, divisible, aliénable.

Si maintenant, passant du général au particulier, nous cherchons quelles sont les idées politiques de Rousseau, nous verrons que pour sauvegarder sa théorie, il imagine, dans l'État, de séparer le gouvernement, du souverain, au lieu de se contenter de les distinguer. A l'un il confie la puissance exécutive, à l'autre, celle de faire les lois[2], comme si le fait et le droit qu'ils représentent conjointement ne pouvaient se corroborer dans la même action

[1] *Contrat social*, l. II, ch. v.
[2] L. III, ch. I.

publique. Quelle en est la conséquence? C'est que le peuple, restant toujours souverain, n'est lié par aucun engagement envers ses chefs, « magistrats ou rois », et que ces derniers reçoivent seulement de lui « une commission, un emploi, dans lequel, simples officiers du souverain, ils exercent en son nom le pouvoir dont il les a faits dépositaires, pouvoir qu'il peut limiter, modifier, et reprendre quand il lui plait[1] ».

Selon Rousseau, l'institution des gouvernements dépend donc de la loi (*a*), et par conséquent du peuple; leurs diverses formes, du nombre des membres qui composent le gouvernement[2]; leur choix, de l'étendue du pays, de sa richesse et de sa population[3]. « En général, dit-il, le gouvernement démocratique convient aux petits États, l'aristocratique aux médiocres, et le monarchique aux grands[4]. » Après avoir récapitulé et volontiers exagéré les avantages ou les vices de ces différents régimes, on est assez surpris, en le suivant de près, de voir qu'il incline ouvertement du côté de l'aristocratie élective (*b*). Il n'y aurait pas beaucoup à chercher pour s'expliquer cette préférence. Rousseau, « membre du souverain » de

[1] *Contrat social*, l. II, ch. v.

(*a*) Pour lui d'ailleurs, comme pour Jurieu, « un peuple est toujours le maître de changer ses lois, même les meilleures, car s'il lui plait de se faire mal à lui-même, qui est-ce qui a le droit de l'en empêcher? » (L. II, ch. xii.)

[2] L. III, ch. iii.

[3] L. III, ch. iii et viii.

[4] L. III, ch. iii.

(*b*) Il dit de même, dans les *Lettres écrites de la montagne* : « Après avoir comparé la démocratie, l'aristocratie et la monarchie par leurs avantages et leurs inconvénients, je donne la préférence à celle qui est intermédiaire entre les deux formes, et qui porte le nom d'aristocratie. » (Lettre VI.)

Genève, n'avait nullement à cœur d'agrandir les cadres du corps restreint et privilégié auquel il appartenait, mais seulement d'en renforcer l'autorité en la concentrant dans le grand Conseil composé des seuls citoyens. De là vient qu'il exige leur convocation et leur concours direct pour la confection des lois [1]; qu'il déclare qu' « aussitôt le peuple assemblé en corps souverain, toute juridiction du gouvernement cesse, toute puissance exécutrice est suspendue [2] »; qu'il récuse enfin les députés ou représentants du peuple qui « ne sont que ses commissaires et ne peuvent rien conclure définitivement [3] ». Obstacles matériels, danger et difficulté de cette agglomération de souverains ne l'arrêtent ni ne l'émeuvent. Cela a été, cela doit donc être. Il est vrai que dans les anciens États, la cité seule comptait; c'est tout ce qu'il faut : que le titre de citoyen n'y appartenait qu'à la minorité; c'est précisément ce qu'il désire : il est encore vrai que beaucoup d'esclaves travaillaient alors pour nourrir ces rois fainéants; tout compte fait, il s'en accommode aussi. « Pour vous, peuples modernes, dit-il avec emphase, vous n'avez pas d'esclaves, mais vous l'êtes [4]. »

Rapprochez de semblables paroles ses diatribes contre la monarchie : « Les meilleurs rois veulent pouvoir être méchants s'il leur plaît, sans cesser d'être les maîtres. » — « Leur intérêt personnel est premièrement que le peuple soit faible, misérable, et qu'il ne puisse jamais leur résister. » — « Tout concourt à priver de

[1] *Contrat social,* l. III, ch. XII.
[2] *Id.*, ch. XIV.
[3] *Id.*, ch. XV.
[4] *Id.*

justice et de raison un homme élevé pour commander aux autres[1]. » Posez ensuite cette maxime subversive : « Les dépositaires de la puissance exécutive ne sont pas les maîtres du peuple, mais ses officiers; il peut les établir et les destituer quand il leur plaît; il n'est point question pour eux de contracter, mais d'obéir[2] » : vous aurez, d'en bas, l'esprit et la formule de la révolution.

Comme si ce n'était assez explicite, voici ce qu'il ajoute : « Quand donc il arrive que le peuple institue un gouvernement héréditaire, soit monarchique dans une famille, soit aristocratique dans un ordre de citoyens, ce n'est point un engagement qu'il prend; c'est une forme provisionnelle qu'il donne à l'administration, jusqu'à ce qu'il lui plaise d'en ordonner autrement[3]. » Par son fait, le peuple souverain était donc suffisamment renseigné sur ses nouveaux droits, sinon incité à en faire usage.

Aussi, lorsque Rousseau prétend qu'il n'a travaillé qu'à réformer, non à saper ni à détruire[4], il se trompe ou il nous trompe. Ses doctrines l'accusent; ses conseils le démentent. On ne se donne pas la licence de tout écrire, sans que d'autres ne veuillent prendre celle de tout oser; on n'arme pas un peuple du souverain pouvoir, pour lui dire : « Reste soumis »; et quand on l'appelle « esclave », c'est qu'on l'invite à secouer des fers. La foule ignorante des subtilités du *Contrat social*, et incapable de démêler ses réserves, a, du moins, fort bien compris cela; elle

[1] *Contrat social*, l. III, ch. VI.
[2] *Id.*, ch. XVI.
[3] *Id.*
[4] *Lettres écrites de la montagne*, l. VI.

l'a retenu; et le jour où du haut des tribunes de la Convention elle criera à ses membres : « Nous sommes vos souverains », elle sera logique, et appliquera Rousseau. Ce catéchiste de l'erreur n'est donc pas recevable à se disculper devant l'histoire, car elle juge l'homme par l'œuvre, et l'œuvre par ses fruits. Quels ont-ils été depuis parmi nous? La négation du principe d'autorité, l'oblitération de celui de liberté, la haine sociale, la lutte des partis; par suite et pour longtemps, l'effondrement de la paix publique.

XVIII

Nous touchons à l'époque conclusive des grands désordres intellectuels. La révolution déjà maîtresse des esprits va s'affirmer dans les actes publics, d'abord sous les notions vagues et obscures de la métaphysique, puis clairement, ostensiblement, par un programme radical suivi d'effets tels, qu'il faudra bientôt le supprimer ou renoncer à tout gouvernement. Mais si réelles que soient les différences qui séparent la Déclaration des droits de 1789 de celle de 1793, aussi bien dans leurs termes que dans l'esprit de ceux qui les ont conçues, il subsiste toutefois entre elles une affinité, un lien logique que l'on ne saurait méconnaître. La première, il est vrai, pose seulement des prémisses, tandis que la seconde impose des conséquences; mais celles-ci ne sont-elles pas déduites de celles-là, de sorte que l'extravagance finale des unes reste toujours imputable à l'erreur initiale des autres?

Pour en juger, au point de vue qui nous occupe, mettons en regard leurs textes et leurs principes les plus saillants.

Déclaration des droits de l'homme et du citoyen, votée en 1789, inscrite en tête de la Constitution française de 1791 (a).	*Déclaration des droits de l'homme et du citoyen, décrétée dans la Constitution française de 1793.*
ART. 2.	ART. 14.
« Le but de toute association politique est la conservation des droits naturels et imprescriptibles de l'homme. Ces droits sont la liberté, la propriété, la sûreté et la résistance à l'oppression. »	« Le peuple est le souverain; le gouvernement est son ouvrage et sa propriété; les fonctionnaires publics sont ses commis. « Le peuple peut, quand il lui plait, changer son gouvernement et révoquer ses mandataires. »
ART. 3.	ART. 27.
« Le principe de toute souveraineté réside essentiellement dans la nation. Nul corps, nul individu ne peut exercer d'autorité qui n'en émane expressément. »	« La résistance à l'oppression est la conséquence des autres droits de l'homme et du citoyen. »
	ART. 29.
	« Lorsque le gouvernement viole les droits du peuple, l'insurrection est pour le peuple et pour chaque portion du peuple le plus sacré des droits et le plus indispensable des devoirs. »

Ainsi qu'il résulte de l'ordre des matières, la Déclaration de 93 ne légifère la résistance qu'après avoir

(a) En 1776, les colonies américaines avaient affirmé leur indépendance par une déclaration semblable : « Tous les hommes, disaient-elles, ont été créés égaux et ont été doués par le Créateur de certains droits inaliénables. Pour s'assurer la jouissance de ces droits, les hommes ont établi parmi eux des gouvernements dont la juste autorité émane du consentement des gouvernés. Toutes les fois qu'une forme de gouvernement devient destructive des fins pour lesquelles elle a été établie, le peuple a le droit de la changer et de l'abolir. » Cette Déclaration, toute d'actualité, conserve un caractère de réserve et de modération que la nôtre n'a pas su garder. Ceci soit dit sans préjuger la question du soulèvement colonial.

donné un fondement populaire à la souveraineté. Celle de 89, moins logique, préoccupée surtout de tenir l'autorité en échec, établit individuellement cette résistance comme un droit primordial et non subséquent : d'où il suit, à l'en croire, que chacun est muni, antérieurement à toute constitution, d'un droit égal ou supérieur à celui qui régira la société civile, puisque aussitôt qu'il se sentira opprimé par elle il se saura autorisé à lui résister. Pourquoi pas? car si le principe de la souveraineté réside « essentiellement » dans la nation, cette essence souveraine, nous le savons, ne peut se supposer dans le corps politique qu'autant que chacun de ses membres la possède au préalable. D'ailleurs, dans une nation, qu'est-ce qu'un « principe de souveraineté » qui y « réside » par essence, sinon la souveraineté elle-même, implicitement reconnue et inamissiblement maintenue? Cela est si vrai qu'à la suite de la Déclaration des droits, la Constitution de 1791 contient le corollaire que voici, au titre III des pouvoirs publics :

Art. 1. — « La souveraineté est une, indivisible, inaliénable et imprescriptible. Elle appartient à la nation. »

Art. 2. — « La nation de qui seule émanent tous les pouvoirs ne peut les exercer que par délégation. »

Ainsi, quelque grands que soient les pouvoirs qu'elle confère, ils n'excèdent pas ceux d'une « délégation »; et comme elle retient par devers elle la souveraineté, il ne peut y avoir, à proprement parler, d'autre souverain qu'elle-même. Mais si la nation renferme cette « inaliénable et imprescriptible souveraineté », si elle la conserve au point de ne jamais la dépouiller, pourquoi lui imposer l'intermédiaire des délégués, pourquoi défendre à ce peuple perpétuellement souverain de se proclamer effectivement « le souverain »? L'addition de cette clause et les suites qu'elle comporte ne changent plus le fond des choses; il n'y a là qu'un écart de forme qui tient aux circonstances, aux mœurs, à l'opinion, non à la réalité, et que la Constitution de 93 n'a pas eu grand'peine à franchir.

Sous les premiers constituants, le pouvoir devait émaner d'une façon expresse de la souveraineté publique; avec les seconds, il devient, dans le gouvernement, son œuvre et sa chose. Qu'il soit « délégué » ou « mandataire », peu importe, ce gouvernement relèvera constamment d'elle, et créé dans sa dépendance il vivra fatalement sous sa sujétion, ne tenant que de son bon vouloir une existence précaire et empruntée.

Ce sont là des vérités que la Constitution de 89 a su taire et que celle de 93 a étalées avec cynisme. L'une se contente d'instruire la nation de son indéfectible souveraineté; l'autre incite le peuple à en faire un perpétuel usage; mais, à tout prendre, il est aussi faux et dangereux d'appeler l'insurrection collective « le devoir le plus indispensable » de ceux qui se trouvent lésés dans leurs droits publics, que d'investir chaque particulier, vis-à-vis du pouvoir, d'un droit naturel discrétionnaire, qui l'établit juge de l'oppression et maître de la résistance.

En cela, comme dans sa théorie de la souveraineté, la première Déclaration de 1789-91 n'est donc que le prélude de celle de 1793; et lorsqu'au bout de deux ans d'épreuve concluante, cette dernière dut être effacée de nos lois, le législateur qui procédait à une Déclaration nouvelle, eut soin de rappeler aux citoyens leurs devoirs, et de retirer d'entre leurs droits celui de la résistance, reconnu moins naturel, que naturellement subversif.

Au lendemain de la Révolution française, Kant, étranger, spectateur désintéressé de sa marche, non de la perturbation qu'elle apportait, cherchait à y remédier par une organisation idéale de la paix perpétuelle. Reprenant le grand dessein de Henri IV, compliqué par l'abbé de Saint-Pierre, il supposait une confédération d'États indépendants, et, au-dessus d'eux, un tribunal international chargé de prévenir leurs conflits. La forme politique de ces différents États devait être représentative, afin d'ouvrir un jeu plus libre à l'opinion; leur droit public, cosmopolite, pour faire tomber toutes les barrières et rapprocher les hommes [1]. Chimérique si l'on veut, une pareille vision n'était pas alors sans grandeur; elle révélait une de ces hautes âmes humanitaires qui corrigent ou peut-être anticipent les temps.

Les mêmes aspirations généreuses le poussaient ailleurs, dans de profondes études de philosophie juridique, à ramener la politique aux lois de la morale, et les gouvernements à des principes de stabilité. Il ne souffrait pas que l'on discutât le fondement de leur autorité, regardant la légalité comme chose sacrée qui implique invariablement l'obéissance [2]. Il refusait ainsi d'admettre qu'aucune constitution pût autoriser l'un des pouvoirs de l'État à s'élever contre son chef, autrement ce pouvoir régulateur s'érigerait-il, par là, en véritable chef suprême.

[1] KANT, *Essai de paix perpétuelle.*
[2] KANT, *Éléments du droit. Effets juridiques de la souveraineté.*

Toutefois, bien qu'il repoussât les moyens violents d'une résistance active, il admettait la négative, par le refus de concours du parlement, au cas où elle serait autorisée dans la constitution [1].

Comme on voit, l'article 2 de la Déclaration de 89 était directement visé et récusé. Mais si Kant avait raison d'improuver son droit indéterminé à la résistance, ne dépassait-il pas, en sens contraire, cette mesure exacte et ce juste équilibre qui sont proprement l'apanage de la vérité? La loi, en effet, n'est pas le but de la société, ni son axe moral; c'est le bien du public : et lorsque les gouvernements se proposent une fin qui lui est absolument opposée, ou violent les engagements positifs qui l'assurent, il devient licite de leur résister, même, au besoin, de s'armer contre eux. Le refus de concours offre alors un des modes de la résistance, et peut certainement l'accentuer; mais, pas plus que les autres, il ne lui constitue de titre. Ces remèdes extrêmes, employés en désespoir de cause, ne se justifient que par des maux extrêmes, car l'abus criant du pouvoir finit par oblitérer son caractère et effacer son droit. Seulement, comme la souveraineté résulte d'un groupement social et se transmet par lui, la nation ne peut la recouvrer, de même, que collectivement, et doit se prononcer, autant que possible, par l'organe de l'autorité publique, qui, alors, ne sanctionne pas une révolte, mais une revendication juste et nécessaire. Hors de là, il n'y a plus de garantie ni en haut ni en bas, et tout reste livré à l'arbitraire de tous.

[1] KANT, *Eléments du droit. Effets juridiques de la souveraineté.*

En même temps que Kant, et sur le même front de bataille que lui, voici deux esprits supérieurs, mais de trempe diverse. Fougueux, véhément, agressif avec une chaleur communicative, de Maistre étincelle de verve et d'éloquence; de Bonald mesuré, rigoureux, s'attache au raisonnement, le creuse, le pénètre, et ne tire de clartés que de ses profondeurs. Il ne convient toutefois pas de les opposer, car si de Maistre est plus habile à persuader, de Bonald, plus capable de convaincre, tous deux ont exercé sur leur époque une action, ou plutôt, une réaction parallèle.

De Maistre, qui ne le sait de reste? a eu pour but premier et dominant de combattre les principes de la Révolution; mais comme on n'attaque utilement une doctrine fausse qu'autant qu'on lui en oppose une autre exacte, il importe de connaître celle qu'il a voulu lui substituer. A vrai dire, c'est là une tâche malaisée; ses écrits n'ayant pas la forme et la méthode usuelles de l'école, il faut les parcourir attentivement, et écarter les idées accessoires ou transitoires qu'ils renferment pour en extraire ce qui forme proprement la moelle de sa politique.

Les *Considérations sur la France,* le plus ancien de ses ouvrages, nous font déjà préjuger son plan. Il y pose dès l'abord ce véridique axiome qu' « un des plus grands crimes qu'on puisse commettre, c'est l'attentat contre la souveraineté [1] », et l'effusion du sang des rois. Mais d'où leur vient, selon lui, ce caractère qui les rend inviolables et sacrés? Uniquement d'une dispensation providentielle

[1] *Considérations sur la France,* ch. II.

qui prépare soit les hommes, soit les races d'élite, et les prédispose à l'exécution de desseins déterminés. « Lorsque la Providence, dit-il, a décrété la formation plus rapide d'une constitution politique, il paraît un homme revêtu d'une puissance indéfinissable : il parle et se fait obéir... voici le caractère distinctif de ces législateurs par excellence. Ils sont rois ou éminemment nobles[1]. » Et ailleurs, considérant cette noblesse éminente comme un don fatidique du sang : « Il y a des familles nobles comme il y a des familles souveraines. L'homme peut-il faire un souverain? Tout au plus il peut servir d'instrument pour déposséder un souverain déjà prince[2]. » Cela étant, aura-t-on au moins le droit de constituer le gouvernement? Pas davantage, s'il est vrai qu' « aucune nation ne puisse s'en donner un », et qu'elle doive être régie par sa constitution naturelle[3], ou par celle qu'il a plu au prince providentiel de lui imposer. Il en est de même, pour de Maistre, de la liberté, que « nulle nation ne peut se donner, si elle ne l'a pas encore[4] ». Elle n'a donc, en définitive, rien à attendre d'elle-même, car « Dieu s'étant réservé la formation des souverainetés, nous en avertit en ne confiant jamais à la multitude le choix de ses maîtres. Il ne l'emploie, dans ses grands mouvements qui décident le sort des empires, que comme instrument passif. Jamais elle n'obtient ce qu'elle veut : toujours elle accepte, jamais elle ne choisit. On peut même remarquer une *affectation* de la Providence,... c'est que

[1] *Considérations sur la France*. ch. VI.
[2] *Id.*, ch. X, § 3.
[3] *Id.*, ch. IX.
[4] *Id.*, ch. VI.

les efforts du peuple pour atteindre un objet, sont précisément le moyen qu'elle emploie pour l'en éloigner[1]. » Ainsi, non-seulement Dieu influerait sur la liberté humaine au point d'en rendre l'usage illusoire dans la marche générale des choses, mais, qui plus est, il semblerait encore en contrecarrer habituellement l'effet. Nous en demandons pardon à de Maistre, mais il y a manifestement, dans cette sorte de fatalisme religieux, une méprise politique autant que philosophique. L'homme ne sert d'instrument à la Providence qu'autant qu'il est l'artisan libre de sa destinée; et ce serait amoindrir la responsabilité de ses actes publics ou privés que d'en détourner les conséquences. Nous ne saurions donc admettre avec lui, ni la négation du concours public dans la formation de la souveraineté, ni la théorie du prince providentiel et des familles royales prédestinées, ni le rejet de toutes les constitutions expresses et débattues[2], bien qu'en effet elles doivent être surtout l'œuvre et le résultat du passé, ni enfin le dédain systématique du peuple, considéré comme « toujours enfant, toujours absent et toujours fou[3] ». Ce sont là autant d'exagérations.

Dans le *Principe générateur des constitutions*, cette même impuissance, ce presque nihilisme de la société civile à créer et à constituer le pouvoir se fait jour d'une façon encore plus manifeste. Voici le commentaire qu'il ajoute au texte de l'Écriture : « C'est moi qui fais les souverains. » — « Ceci dit-il, n'est point une phrase d'église, une métaphore de prédicateur; c'est la

[1] *Considérations sur la France*, ch. IX.
[2] *Id.*, ch. VI.
[3] *Id.*, ch. IV, en note.

vérité littérale, simple et palpable. C'est une loi du monde politique. Dieu *fait* les rois au pied de la lettre. Il prépare les races royales; il les mûrit au milieu d'un nuage qui cache leur origine. Elles paraissent ensuite *couronnées de gloire et d'honneur;* elles se placent; et voici le grand signe de leur légitimité. C'est qu'elles s'avancent comme d'elles-mêmes, sans violence d'une part, et sans délibération marquée de l'autre ; c'est une espèce de tranquillité magnifique qu'il n'est pas aisé d'exprimer. *Usurpation légitime* me semblerait l'expression propre (si elle n'était point trop hardie) pour caractériser ces sortes d'origines que le temps se hâte de consacrer[1]. » A l'entendre, dans ce brillant morceau, la Providence fait plus que d'amener les princes au seuil de la puissance; elle les y introduit; elle les installe sans l'adhésion ni la participation nationales; et il semble qu'elle ne tienne ainsi compte ni de leurs droits antérieurs, ni de leurs actes subséquents, puisque le temps est ensuite chargé de justifier ces établissements nouveaux. Ailleurs encore, plaçant l'origine de la souveraineté « hors de la sphère du pouvoir humain », si sa légitimité paraît douteuse, il ne voit d'autre solution finale que de s'en rapporter « au temps, le premier ministre de Dieu au département de ce monde[2] ». Somme toute, l'intervention humaine est donc écartée de parti pris, aussi bien lorsqu'il s'agit de la collation que de la consécration du pouvoir; et dans l'ignorance où nous sommes des plans divins, il ne reste plus, pour orienter le droit, que la présomption des circonstances ou l'expectative

[1] *Principe générateur des Constitutions*, Préface

[2] *Id.*, § 27.

de la durée. Ce sont là, il faut en convenir, des appuis incertains, qui, sans élever davantage la souveraineté, l'isolent de terre et la laissent en suspens; car si Dieu la retient d'en haut dans son principe, de l'autre côté, l'homme la soutient ici-bas dans sa mise en exercice. De Maistre ne partage pas ce sentiment; il affirme à bon droit que « l'auteur immédiat de la souveraineté » ne saurait être la créature; mais il nie « qu'une telle famille règne parce qu'un tel peuple l'a voulu », et fait dépendre son « choix » d' « un pouvoir supérieur [1] ». Ce manque de corrélation logique entre la cause et la conséquence s'accentue encore, d'une façon plus tangible, dans le passage suivant, tiré de son livre *Du Pape*. « L'homme, dit-il, étant nécessairement associé et nécessairement gouverné, sa volonté n'est pour rien dans l'établissement du gouvernement; car, dès que les peuples n'ont pas le choix et que la souveraineté résulte directement de la nature humaine, les souverains n'existent plus *par la grâce des peuples,* la souveraineté n'étant pas plus le résultat de leur volonté que la société même [2]. »

S'il est, en effet, nécessaire que les hommes soient gouvernés, et si l'élément souverain s'adjoint par là même à toute société organisée, il ne s'ensuit pas que les gouvernements s'établissent en dehors de la volonté humaine, ni que la souveraineté tienne de la nature et de son auteur le droit de s'imposer sous certaines formes et dans certains individus. Le pouvoir est comme la vie, qui nous vient originellement de son

[1] *Principe générateur des Constitutions*, § 47.
[2] *Du Pape*, l. II, ch. I.

premier créateur, mais dont il ne communique le bienfait à chaque être que par l'intermédiaire de ses semblables, de sorte que nous le devons à la fois, et à Dieu, et aux hommes. Faute de saisir dans l'ordre politique cette double dépendance, et d'accepter ce second lien, de Maistre rejette au rang énigmatique des « demi-souverainetés » celles qui sont le résultat d'une élection, c'est-à-dire du choix et du vouloir humains. Elles gênent d'autant plus son système que « l'élection suppose nécessairement un contrat entre le roi et la nation [1] ». Voltaire le dit et il l'approuve, ce qui est fait pour étonner; car enfin si toute souveraineté vient immédiatement de Dieu, avec ce caractère absolu et infaillible que notre éminent penseur lui attache [2], elle ne doit jamais subir aucune altération de principe, et ne peut varier que dans les conditions normales de son exercice. Or il avance que « le roi électif peut toujours être pris à partie et être jugé [3] », en d'autres termes, que la nation est en droit de lui demander compte du pouvoir parce qu'elle le lui a donné. Nous aurions ainsi deux sortes de souverains en présence, et chose plus grave, deux origines de souveraineté en opposition, l'une divine et l'autre humaine, ce qui est inadmissible.

Mais dès lors que par son concours, l'homme contribue à l'établissement de la puissance publique, ou la contrôle en la délimitant, il semble, aux yeux de de Maistre, qu'elle se trouve compromise et même dénaturée : aussi, pour éviter cet alliage, affirme-t-il nettement,

[1] *Du Pape*, l. II, ch. IX.
[2] *Id.*, ch. III.
[3] *Id.*, ch. IX.

dans la dernière de ses œuvres, d'une part que « la souveraineté est toujours *prise,* jamais *donnée* », de l'autre que « toute constitution écrite est *nulle*[1] ».

Cette conclusion résume une doctrine dont elle trahit en même temps le défaut; car c'en est un d'exalter outre mesure l'autorité souveraine, et de la soustraire de telle sorte à l'action antécédente ou subséquente du pays, qu'il soit réduit, vis-à-vis d'elle, au rôle passif de spectateur incompétent.

Ces mêmes et graves questions sont envisagées, avec Bonald, sous un jour nouveau, plus net, mais froid, celui du raisonnement abstrait, des formules arides et parfois subtiles. Pour lui le pouvoir sur la société est l'être qui *veut* la conserver et qui le *fait,* qui *légifère* et qui *exécute;* au-dessus duquel se place la cause première, pouvoir suprême ou souveraineté, émanant de Dieu selon les uns, des hommes ou du peuple selon les autres[2]. En partageant le sentiment des premiers, il pose et suppose, dès l'abord, le dualisme de ces opinions, entre lesquelles il ne veut « point de milieu »; et cela, avec un caractère exclusif d'autant plus prononcé, qu'il voit toujours l'organe du pouvoir dans l'unité physique d'une personne prépondérante, devenue ainsi l'intermédiaire nécessaire, ou le ministre, entre le souverain et les sujets. Or, comme il ne peut y avoir de médiateur qu'entre deux êtres distincts (*a*), et que d'ailleurs « le gouvernement, c'est-à-dire le pouvoir, ne doit pas se

[1] *Soirées de Saint-Pétersbourg,* 9e entretien.
[2] *Lois naturelles de l'ordre social,* ch. II.
(*a*) « Mediator unius non est. » (S. Paul, *Épître aux Galates,* III, 20.)

confondre avec le souverain (a) » dont il est le ministre, il s'ensuivrait, si la souveraineté venait du peuple, que les hommes se trouveraient à la fois en possession des pouvoirs suprême et moyen, ce qui serait illogique [1]. — Cette proposition est résolue conformément à ses prémisses : mais supposons qu'au lieu d'émaner soit de Dieu seul, soit des hommes seuls, le pouvoir souverain procède de l'un par les autres, et ainsi de tous deux, ceux qui lui serviront de ministres ne se trouveront pas, pour cela, identifiés, ni avec la toute-puissante unité de l'Être essentiel, ni avec la puissance collective des êtres subordonnés; ils resteront, eux, agents médiateurs de ce pouvoir, sans qu'ils puissent jamais se considérer comme ses générateurs, car s'ils font corps avec la société d'où il sort, ils ne la constituent pas.

L'origine purement divine du pouvoir exclut et annule, selon Bonald, tout pacte intervenant entre le souverain et les sujets; et le choix qu'ils auraient fait de sa personne ne dénoterait pas un acte de liberté, mais seulement de nécessité, imposé par la force des circonstances : de Maistre n'aurait pas dit autre chose. Il ajoute que la loi « expression de la volonté du souverain », est « le résultat de rapports naturels et nécessaires qui unissent les êtres [2] ». Fort bien; mais dans son désir de rapprocher la société domestique de la société politique, il va jusqu'à déclarer l'unité et la masculinité du pouvoir inhérentes, indispensables à l'une comme à l'autre, de telle sorte que la loi naturelle de succession masculine

(a) Cet axiome est emprunté à Rousseau.

[1] *Lois naturelles de l'ordre social*, ch. III.

[2] *Id.*, ch. IV.

relèverait de la volonté suprême, conservatrice des êtres qu'elle a créés, tandis que la loi factice de succession féminine serait tenue pour destructive de la nature, par conséquent antidivine et purement humaine[1]. Il y a là, avec une assimilation forcée, une antinomie qui ne l'est pas moins. La même tendance à paterniser l'autorité devient encore plus marquée par la suite. Le pouvoir divin y est distingué, en exercice, du pouvoir humain, par la fixité de l'un, la variété et l'instabilité de l'autre, résultant de leur différence d'origine; et cette fixité, qui s'établit par l'hérédité, se transmet dans les familles, qu'elles soient *pouvoir, ministres* ou *sujettes*. Du système familial, considéré comme naturel à la société organisée, dépend donc, selon lui, la force vitale et la durée de l'État, et par là même sa conformité à la volonté créatrice[2]. — Observons, toutefois, que Dieu, auteur de la famille, l'est pareillement de la société; que cette société se forme et se recrute par la famille, mais ne se fonde pas sur elle; que leur action, leur ressort et leur but sont et restent différents; qu'enfin si les deux pouvoirs, domestique et public, tendent également à la durée, c'est en vertu d'une loi de conservation commune à tous les êtres, et par les moyens propres à la nature de chacun d'eux. Or les familles, toutes semblables, se perpétuent toutes identiquement; tandis que les groupes sociaux tirent de leur diversité la nécessité et la légitimité d'éléments propres, qui les constituent et les maintiennent.

Il se peut, comme le dit Bonald, qu' « au commence-

[1] *Lois naturelles de l'ordre social*, ch. IV.

[2] *Id.*, ch. VI.

ment de la société, les lois de la famille aient formé, en se développant, les lois de l'État[1] », ou mieux, qu'elles aient contribué à les former; il se peut encore que « par la multiplication des familles, la paternité soit devenue une royauté[2] », ou mieux, que les pères soient devenus des rois; nous l'admettons volontiers à titre de préliminaire historique, sans que le fait implique un droit, et entraîne des conséquences autres pour la société civile que pour la religieuse, transmise et représentée, elle aussi à l'origine, par le ministère des chefs de famille.

Mais s'il existe, non-seulement entre la société domestique et la civile, mais même entre celle-ci et la religieuse, une affinité, une ressemblance que notre auteur expose avec sa pénétration habituelle; si toutes trois renferment le *pouvoir*, le *ministre* et le *sujet*, on ne saurait toutefois en arguer pour conclure, avec lui, à leur complète « similitude[3] », c'est-à-dire à leur rapport exact et mutuel.

Dans la famille, ces trois termes sont représentés par le père, la mère, l'enfant; et c'est au père qu'il attribue spécialement un pouvoir « unique », en même temps que « perpétuel, indépendant, et absolu ou définitif[4] ». C'est beaucoup; mais il y a plus, car nous apprenons que le droit *de vie et de mort* peut lui être également reconnu. Voici comment : « Avant tout établissement de pouvoir public, le pouvoir domestique avait le droit de glaive pour défendre sa société, le *jus vitæ et necis*,

[1] *Législation primitive*, Discours préliminaire.
[2] *Id.*, l. I, ch. IX, § 12.
[3] *Id.*, l. II, ch. V. — *Principe constitutif de la société*, Préface.
[4] *Principe constitutif de la société*, ch. III.

attribut essentiel du pouvoir public, et que le pouvoir domestique conserve encore pour sa défense personnelle, même sous l'empire de la société publique, dans les lieux et les moments où il ne peut appeler à sa défense l'autorité publique. *Ce droit de vie et de mort,* les anciens peuples l'avaient attribué au pouvoir paternel, même sur les membres de sa famille. (Les pères l'exerçaient sur les nouveau-nés.) L'histoire en offre d'illustres exemples, et l'on peut remarquer que les lois encore n'en punissent pas et en trouvent *excusable* le terrible usage de la part de l'époux, dans le cas de flagrant délit contre la fidélité conjugale [1]. »

Il faudrait d'autres preuves, plus nettes et plus concluantes, pour appuyer cette hypothèse hardie. La première, discutable dans l'histoire, confond le droit de protection et de défense avec celui de justice et de répression; la seconde, étrangère aux lois avouables, rappelle une coutume barbare, antinaturelle, que la civilisation comme la religion a toujours réprouvée et repoussée (a), et qui, plus odieuse lorsqu'elle détruit l'enfant innocent, n'en reste pas moins criminelle quand elle frappe la femme coupable.

La famille est créée pour donner la vie, jamais la mort, et si elle l'a fait, elle a forfait. Dans les exemples pré-

[1] *Principe constitutif de la société, Méditations politiques tirées de l'Évangile,* et *Divorce,* ch. III.

(a) Il est à remarquer que la loi mosaïque (qui défendait aux pères d'attenter à la vie de leurs enfants) punissait l'adultère de la femme par la mort des *deux* coupables; ce crime, comme tout autre, devait être avéré sur la parole de plusieurs témoins, et l'exécution se faisait en public. Le pouvoir discrétionnaire du chef de famille n'existait donc pas chez les Hébreux. (V. *Deutéronome,* XIX, 15; XXII, 22, et l'*Évangile* de saint JEAN, ch. VIII.)

cités, il ne saurait donc être question de l'usage normal, mais de l'usurpation accidentelle d'un droit, et cet attribut principal que la puissance publique renferme naturellement et nécessairement, demeure toujours étranger à la puissance domestique, et pose ainsi entre elles une barrière infranchissable. Les rapprochements les plus ingénieux, les considérations les plus fortes ne changent rien au fond réel des choses. Qu'en un jour donné et sous l'empire de circonstances particulières, le *pouvoir* s'impose par la prédominance d'un homme nécessaire, d'un chef reconnu; que cet homme, ce chef, groupe autour de lui des auxiliaires pour *ministres* et des serviteurs pour *sujets*, son pouvoir politique, fût-il « unique, indépendant, et définitif ou absolu », comme celui attribué au chef de famille, ne saurait être tenu de même pour « perpétuel », qu'en tant qu'il serait légitimement perpétué [1].

Mais ce qui différencie surtout ces deux états, de famille et de société, et l'autorité domestique de l'autorité publique, c'est d'une part leur origine, de l'autre leur nature. Tandis que le mariage fait l'homme époux et la génération l'homme père, et que ces actes créateurs fondent la famille et lui imposent un chef, il faut recourir à un autre ordre d'idées et à d'autres relations de personnes pour expliquer les commencements, toujours mystérieux, de la puissance publique. A cet égard, quelque système initial que l'on veuille adopter, il est trop évident que l'union des sexes et la procréation des enfants n'y entrent absolument pour rien. Le même

[1] *Principe constitutif*, ch. VII.

écart subsiste dans la nature de ces deux sociétés. La première comprend un nombre restreint de personnes, d'abord soumises, ensuite subordonnées au chef naturel, auquel incombe le soin d'élever les unes, d'entretenir ou de soutenir les autres. La seconde, infiniment plus étendue, sujette à des oscillations considérables, confie à une autorité qui n'est ni naturelle, ni native, mais déterminée, la charge de régler, dans leurs rapports publics et non plus privés, le bien-être et le bien faire de tous. A ces différences essentielles d'état correspondent celles du pouvoir et des droits. Il serait inutile de rechercher ici ce que la famille peut sur l'enfant, ou la société sur le sujet, dès lors qu'il demeure avéré qu'elles agissent séparément, et qu'elles peuvent autrement.

Aussi, loin de conclure, avec Bonald, à « la similitude ou plutôt à l'identité, de tout temps reconnue, entre la société domestique et la société publique [1] », nous pensons que la famille est, non pas séparée, mais *distincte* de l'État, comme l'État, de l'Église, et que s'ils renferment pareillement les éléments trinaires du *pouvoir*, du *ministre* et du *sujet*, l'État ne les tient pas plus de la famille, que l'Église de l'État, en sorte que leur action doit rester indépendante, sans être pour cela adverse ou isolée.

Ce n'est pas s'écarter beaucoup des idées de Bonald que de suivre, dans Louis de Haller, leur corollaire inattendu. Cet auteur érudit et solide, mais compacte, s'attache trop au côté positif de la politique, à sa matérialité, si l'on peut s'exprimer ainsi, plutôt qu'à sa substance, et

[1] *Principe constitutif*, ch. VI.

déroule le système du pouvoir comme un plan cadastral où l'intérêt ne tiendrait guère qu'à la superficie.

Pour lui et Bonald, les droits de ceux qui gouvernent ne sauraient être subordonnés, même à l'origine, à l'acquiescement des gouvernés ; ils les possèdent en propre, en vertu d'une supériorité antérieure, qui constitue leur indépendance au milieu de la dépendance commune, et les tire de la parité[1]. Cet état dit « naturel » n'aurait jamais cessé, et il renfermerait en soi « des rapports sociaux et extrasociaux » en établissant la prédominance nécessaire chez les uns, la dépendance inévitable des autres, et en répartissant inégalement entre eux « l'assujettissement et la liberté ». Seulement, dans Bonald, cette supériorité politique tient à la paternité du pouvoir, ici elle dépend de la pluralité de « moyens » ; et ainsi le droit social, au lieu de se rattacher au familial, naîtrait-il spontanément de la force dirigeante des choses et surtout de celle des hommes. « L'empire au plus fort », telle est, selon Haller, la loi de la nature, l'explication et la justification de la souveraineté[2]. Princes, souverains ou républiques, doivent également réunir tous les éléments essentiels de la supériorité, et pour cela être « opulents, puissants, indépendants[3] ». Les deux dernières conditions s'expliquent d'elles-mêmes ; la première se précise en basant cette richesse sur la propriété foncière du sol. Par là nous touchons à la pensée intime et motrice de Haller qui donne la possession de la terre pour fondement et pour gage à la suprématie

[1] *Restauration de la science politique*, ch. XII.
[2] *Id.*, ch. XIII.
[3] *Id.*, ch. XVIII.

politique, de telle sorte qu'au regard du droit public, plus on a, et plus on est.

Cette indépendance parfaite, cette souveraineté qui est appelée « le sommet de la fortune », peut s'acquérir ou bien se perdre. En tant que supériorité, elle ne devra jamais être déléguée par des inférieurs, c'est-à-dire par le peuple, mais concédée ou transmise par un autre pouvoir plus élevé. — Comment se fait-il alors qu'en certains cas, l'auteur permette aux sujets de se soustraire, eux et leur pays, à l'autorité principale et territoriale du souverain, à moins d'admettre qu'en la combattant avec succès ils la partagent ou la supplantent légitimement[1]?

Fictif et suranné, ce même système fait régner les souverains en vertu de droits personnels, leur donne les peuples en apanage, le pouvoir en propriété, et au lieu de les considérer comme de véritables chefs d'État, voit seulement en eux des « personnes entièrement libres, des seigneurs indépendants[2] ». Il en résulte une confusion absolue entre la propriété et la souveraineté, qui se trouvent ramenées à la même origine, c'est-à-dire à l'occupation première des choses, s'il est exact qu' « un propriétaire foncier indépendant » soit, en effet, « un véritable souverain[3] ».

« Dans l'intérieur d'une famille, dit encore Haller, les droits et les devoirs réciproques sont identiques avec ceux qui existent entre un prince et ses sujets. Ajoutez l'indépendance, faites disparaître dans votre pensée les liens qui unissent le chef lui-même à un seigneur encore

[1] *Restauration de la science politique*, ch. XIX.
[2] *Id.*, ch. XXII.
[3] *Id.*, ch. XXV.

plus relevé, et sa principauté sera accomplie. » — Entre les deux états, domestique et public, il n'y aurait donc, au fond, qu'une différence du plus au moins. « Toutefois, ajoute-t-il, d'après la nature des choses, il n'est pas possible qu'un simple père de famille, que le maître d'une maison sans propriétés foncières soit tout à fait libre, et par conséquent un véritable prince [1]. » — Ce rapprochement pèche par la base, car l'indépendance qui naît de la propriété n'a rien de commun avec la liberté d'action et le pouvoir d'agir du père de famille. Il les tient de lui-même, non d'autrui, sans que l'étendue plus ou moins grande de son territoire puisse en aucune façon les diminuer ou les accroître.

Aux âges reculés de l'histoire, les chefs de famille ont sans doute occupé de vastes régions; la possession du sol les a probablement amenés à exercer autour d'eux une autorité, d'abord domestique, qui, en s'étendant à plus de subordonnés, peut-être à des colons, a ensuite revêtu un caractère général et public. C'est là une hypothèse admissible, bien que nous ne sachions rien de précis à cet égard. Il s'ensuit, non pas que la dignité de chefs ou pères de famille, jointe à celle de propriétaires patrimoniaux, ait dû leur créer, sous le nom de patriarches, un nouveau pouvoir distinct des deux autres, mais seulement qu'elle ait pu l'occasionner. Haller le reconnaît implicitement, puisqu'en fin de compte, faute de s'expliquer ce pouvoir nouveau, il absorbe la souveraineté dans la propriété, et les identifie au point de les rendre indistinctes. Ainsi ne craint-il pas d'affirmer

[1] *Restauration de la science politique*, ch. XXV.

que les habitants d'un pays conquis et cédé par traité n'ont pas lieu de s'en plaindre, plus que de toute autre aliénation, cette cession obligée disposant seulement des « droits personnels, des biens et des possessions » de leur ancien souverain [1]. — La question consisterait, dès lors, à vérifier, chez les détenteurs de cette puissance foncière, quels sont les titres individuels de son acquisition originaire et de sa transmission successive, en d'autres termes à la rattacher aux patriarches-propriétaires, ou à se réclamer d'eux, si tant est que tout droit politique procède de l'occupation du sol comme du légitime critérium de la force. En juger de la sorte, n'est-ce pas compromettre la souveraineté; la rendre insaisissable dans son commencement, énigmatique dans sa suite; lui retirer sa valeur morale pour la réduire à l'état de qualité palpable et de quantité mesurable; la fausser enfin et la déprimer dans son origine, puisqu'au lieu de remonter à Dieu, elle ne viendrait même pas des hommes, et ne résulterait que de la supériorité de leurs possessions et de leurs moyens? Aussi n'aurait-elle plus besoin d'être donnée ou imposée; il suffirait qu'elle fût achetée, peut-être même louée avec le fonds.

Telles sont les conséquences de l'étrange erreur où Haller est tombé, pour n'avoir pas su démêler les droits publics des droits privés, et l'élément abstrait du pouvoir, d'avec le concret. De là, cette conception hybride, empruntée à Hobbes et à Filmer, et qui, somme toute, bien que son auteur en dise un peu naïvement, n'innove guère et n'élucide rien. Nous devons donc l'abandonner,

[1] *Restauration de la science politique*, ch. XLIII.

ainsi que la théorie de Bonald sur la paternité, et celle de de Maistre sur la Providence; et en dehors de la mission, de la naissance, ou de la puissance, conserver à la souveraineté cette empreinte de son origine divine, avec cette marque d'investiture humaine, qui la rendent à la fois sacrée et sensible, irréfragable et discutable, permanente et limitée, inaltérable et pourtant variable, selon qu'on la considère en elle-même ou dans ses différentes modalités. Son principe nous dépasse, mais son institution relève de nous.

Aujourd'hui, plus que jamais, il faut se méfier des théories politiques excessives et exclusives, surtout lorsqu'elles semblent cacher une arrière-pensée ou un intérêt.

Ne montrer dans la formation du pouvoir que l'élément divin d'où il émane, et méconnaître ou atténuer le concours naturel que les hommes lui apportent en le constituant, serait, aux yeux de beaucoup, travailler secrètement au retour du régime discrédité de la théocratie.

D'autre part, qu'on le déplore ou non, l'absolutisme a désormais fait son temps; et comme la seule autorité nécessairement irresponsable autant qu'irréductible est celle du père sur l'enfant, si l'on essayait de paterniser la souveraineté dans l'espoir d'accroître son prestige, on n'obtiendrait pour elle d'autre résultat que de la mettre en suspicion et de la rendre impopulaire.

Enfin, la prédominance de la richesse et de la force,

la prééminence du talent, même du génie, contribuent à frayer la route du pouvoir, mais elles ne le confèrent ni ne le consacrent en aucune sorte; et dans un siècle de jalouse égalité bien que d'âpre ambition comme celui-ci, la supériorité la plus éclatante et la souveraineté ne sauraient être confondues sous peine de les ruiner également l'une et l'autre.

Qu'est-ce donc que la souveraineté, et comment convient-il de la représenter? Le voici en quelques mots :

Nous avons naturellement besoin d'être gouvernés, c'est-à-dire protégés, aussi bien que nourris et entretenus. Ce commun besoin, impossible à satisfaire en commun sans tomber dans l'anarchie, occasionne le pouvoir public, qui tire d'en haut sa force morale, d'ici-bas sa force active, et se détermine par la volonté publique, expresse ou tacite, selon les diverses conditions des temps, des lieux et des milieux. Or comme le public n'est autre que la somme, le total des particuliers, on peut dire que tous les membres d'un corps social ou d'une nation communiquent réellement et transfèrent ensemble leur puissance collective, et qu'ils donnent ainsi la souveraineté bien qu'ils ne la créent pas (*a*).

Sauvegarder son principe surémineut, mais en même temps ramener son origine effective aux proportions d'une institution humaine, c'est-à-dire historique et nationale, ce n'est pas rabaisser la souveraineté, c'est lui restituer son véritable caractère, et par là combattre avec plus d'avantage les doctrines du Contrat social et

(*a*) Il en est de même des pères, qui donnent l'existence, mais sans la créer.

de la Révolution, dissiper bien des malentendus, rallier beaucoup d'esprits incertains que les théories extrêmes effarouchent, surtout préparer à la paix publique la seule assise qui lui convienne, celle du droit (*a*).

(*a*) Nous arrêtons ici nos recherches. Depuis les derniers auteurs précités, il n'y a guère eu de théoriciens qui aient formulé, en politique, un corps de doctrines nouvelles, soit dans un sens, soit dans l'autre.

DEUXIÈME PARTIE

Après avoir laborieusement cherché et poursuivi la vérité politique au travers des obstacles qui interceptent sa voie idéale et l'obstruent de bien des côtés, il est temps de l'arrêter, de la fixer en un lieu et en un milieu déterminés, et de l'y contempler de plus près, sous le vêtement distinct, et, pour ainsi dire, avec le costume local qui impriment à ses traits une physionomie particulière. Toujours identique avec elle-même, elle peut ainsi devenir muable et variable d'aspect, et sans changer de nature, elle se diversifie et se renouvelle dans sa forme.

Ce contraste, ce caractère mixte à la fois traditionnel et actuel, tient aux principes immobiles d'un droit général, aux prises avec les vicissitudes de faits circonscrits ou passagers. Mais bien que le droit prime et doive dominer les faits, comme son exercice dépend d'eux et se détermine par eux, il faut recourir à l'histoire, puis la contrôler, en la confrontant avec l'inaltérable justice; autrement les annales d'un peuple perdraient leur logique et leur lien moral, sa constitution cesserait d'être un résultat, pour ne plus paraître qu'un accident.

Osons donc rechercher quel organisme fondamental du pouvoir, non plus abstrait, mais réel et positif, le temps et les hommes ont légitimement introduit parmi nous; et puisqu'un pays tel que le nôtre n'a pas pu naître, grandir, et se développer au hasard, mais a dû suivre certaines lois propres à son être et propices à sa durée, efforçons-nous de les reconnaître et d'en recommander l'application, si nous voulons enfin ressaisir, au milieu de nos instabilités publiques, les conditions normales et nécessaires de notre vie nationale.

Aussi bien, n'avons-nous pas de meilleur remède à nos discordes, ni de moyen plus efficace pour en abréger le terme; car l'ordre paisible et régulier n'est pas un patrimoine social qui se laisse scinder dans l'État, et chacun ne peut y prétendre avec suite, qu'autant qu'il demeure assuré à tous, et qu'il s'étend sur tout.

I

D'abord, qui sommes-nous en France?

Nous sommes des Gaulois civilisés par nos conquérants, les Romains, puis pacifiquement envahis par les Francs. Sortis de la Pannonie, aujourd'hui la Hongrie (*a*), ces derniers s'imposèrent en Germanie, où la Franconie a retenu leur nom; et passant de la rive droite du Rhin sur la rive gauche, et d'une Thuringe à l'autre (*b*), ils s'introduisirent parmi nous, à titre de mercenaires, de colons ou de soldats, volontairement soumis, ensuite volontiers attachés à la domination romaine. Mais comme ils formaient des groupements séparés dans l'armée, aussi bien que sur le sol, et que les uns correspondaient aux autres, il vint un temps où ces Francs disciplinés sentirent l'homogénéité de leurs forces au milieu de la décadence et de la débilité de l'Empire, et où leurs chefs, en lui conservant une suprématie officielle, cherchèrent effectivement à s'affranchir de son

(*a*) Une ancienne inscription de Bude (Pesth) relate l'existence de la ville de Sicambrie, fondée par une légion de Sicambres. — V. Grég. de Tours, l. II, ch. ix.

(*b*) M. Wescher a déchiffré ce qui suit sur un vieux palimpseste : « Les Huns prirent avec le feu grégeois la capitale des Thuringiens, après avoir passé le Rhin. » (*Revue d'archéologie.*) Il y avait donc, conformément au texte de saint Grégoire de Tours, une autre Thuringe sur la rive gauloise.

autorité. Ce travail successif fut l'œuvre de ces chefs ou « rois » que les Francs, dit Grégoire de Tours, « créèrent au-dessus d'eux » et qui sortaient « de la première (pour ainsi parler) et de la plus illustre de leurs familles[1] ». Voilà l'origine et comme le noyau de la monarchie française.

En pesant les expressions dont se sert notre plus vieil historien national, on voit qu'il ne s'agit point ici d'une élection individuelle ou temporaire, mais bien de la désignation d'une lignée, du choix collectif d'une race, dont les membres sont appelés à gouverner simultanément; car s'il ne mentionne qu'une famille privilégiée, il parle en même temps des « rois créés » dans cette unique famille. Nous savons d'ailleurs, par Tacite, que « chez les Francs, la naissance faisait les rois[2] ».

A partir de Mérovée, nous pouvons suivre pendant trois siècles, sur leurs trônes, la filière de ses descendants, et nous les voyons se partager, et souvent se déchirer le royaume. A leurs yeux, l'hérédité politique s'assimilait à la succession patrimoniale; et quelque égalité qu'il y eût entre les Gaulois d'alors et les Francs, il était naturel que ceux-ci fissent prévaloir, dans leur régime public, un état de choses qu'ils tenaient de leurs usages et de leurs lois civiles. Celles des Ripuaires (§ 58), des Thuringiens (§ 6), des Burgondes (§ 78) et des Saxons (§ 7), s'accordaient avec la loi Salique, au titre des Alleux (§ 6), pour exclure les filles de la Sala, ou sol paternel qui était réservé aux fils. « Qu'aucune portion de la terre Salique ne passe aux femmes : le sexe viril

[1] Grégoire de Tours, l. II, § 9.
[2] Tacite, *Mœurs des Germains*.

l'a tout entière. » Ainsi s'exprimait cette loi, tirée d'ailleurs de la nature, et qui a eu, dans notre histoire, un si long retentissement.

On sait que les Francs proclamaient leurs rois en les élevant sur le pavois. Cette cérémonie ne leur conférait aucun privilége nouveau, car, selon le témoignage du pape saint Grégoire le Grand, « chez les Perses comme chez les Francs, c'est la naissance qui fait les rois[1] ». On sait, de plus, que les fils des rois francs portaient, aussitôt nés, le titre royal de leurs pères[2], ce qui impliquait évidemment une transmission héréditaire. Il faut ajouter, pour compléter le système successoral des princes mérovingiens, que leurs enfants, naturels et légitimes, entraient indistinctement en partage du royaume : aucun texte de loi ne le dit, mais les faits sont là qui le prouvent. La religion chrétienne ne devait pas sitôt policer les mœurs des barbares, à une époque où le concubinat était encore reçu et réglementé chez les Romains. Enfin, une autre coutume, non moins condamnable, allait s'introduire dans la famille mérovingienne, qui consistait à écarter des concurrents ou des rivaux en les faisant tondre et entrer dans la cléricature, c'est-à-dire en les privant du signe honorifique de la royauté, et en les rendant inhabiles à exercer et à perpétuer leurs droits. Cette sorte de mort civile, qu'il leur fallait subir pour échapper à l'autre, atteste, à sa manière, l'importance que l'on attachait au principe d'hérédité. S'il arrivait parfois qu'on le violât, rarement demeurait-il méconnu.

Les annales de cette époque confuse, telles que Gré-

[1] SAINT GRÉGOIRE LE GRAND, Xe Homélie.
[2] *Formules de Marculphe*, l. I.

goire de Tours nous les a transmises, confirment et précisent ces différentes assertions.

Après Mérovée, le fondateur de la race, Childéric son fils, d'abord chassé, fut ensuite « rétabli dans son royaume [1] ». Clovis, son petit-fils, en recula singulièrement les bornes. Aidé de ses parents « qui tenaient avec lui le royaume [2] », il défit Syagrius, général et roi des Romains (cette royauté locale s'étendait sur les Gaulois qu'on appelait alors Romains); puis, vainqueur des Allemands à Tolbiac et des Visigoths à Vouillé, il ajouta à sa puissance le prestige du titre et des ornements consulaires dont l'empereur d'Orient, Anastase, eut soin de le décorer [3]. Dès lors, réunissant en lui un double pouvoir, il se rendit également respectable aux Francs et aux Gaulois qui s'abritaient, sans distinction ni animosité de race, sous son sceptre grandissant (a). La fin de son règne fut souillée par le meurtre de plusieurs petits rois, ses parents : sous divers prétextes il se défaisait d'eux, et se portait ensuite leur héritier et successeur. Ainsi fit-il à Chararic, d'abord tondu et ordonné de force avec son fils, et ensuite exécuté. A Cologne, après la mort violente des rois Sigebert et Chlodéric, « ses proches », il crut devoir se justifier devant le peuple qui l'acclama et l'éleva sur le bouclier [4].

Les quatre fils de Clovis, Thierry, Clodomir, Childebert et Clotaire, — ces trois derniers nés de la reine

[1] GRÉGOIRE DE TOURS, l. II, § 12.
[2] *Id.*, § 26.
[3] *Id.*, § 38.
(a) Voir, à ce sujet, la savante étude de M. FUSTEL DE COULANGES, *Institutions politiques de l'ancienne France.*
[4] GRÉGOIRE DE TOURS, l. II, § 40-42.

Clotilde, — « recueillirent son royaume, et se le partagèrent également entre eux[1] ». Mais après la mort de Clodomir, Childebert et Clotaire frustrèrent leurs jeunes neveux de l'héritage paternel. Ici se place une tragédie de famille dont nous saisissons sur le vif le mobile comme les particularités. « Childebert, craignant que par la faveur de la reine Clotilde (leur grand'mère), ces enfants ne parvinssent à la royauté, envoya dire secrètement à son frère Clotaire : — Notre mère retient auprès d'elle les enfants de notre frère, et veut certainement leur faire avoir le royaume : il faut nous rendre promptement à Paris, afin que nous prenions conseil ensemble de ce que nous avons à faire sur ce sujet : si nous leur devons raser les cheveux, pour les renvoyer parmi la lie du peuple, ou si, les faisant mourir, le meilleur ne sera pas que nous partagions également entre nous le royaume de notre frère. Clotaire..... vint alors promptement à Paris, car déjà Childebert avait fait courir ce bruit parmi le peuple, que les rois s'assemblaient pour élever ces enfants à la royauté. Étant donc réunis l'un avec l'autre, ils firent dire à la reine... qu'elle leur envoyât les enfants pour les élever au trône de leur père : dont elle fut fort joyeuse, ne se défiant nullement de la trahison... Elle les mena vers eux, disant : — Je ne croirai point avoir perdu mon fils, si je vous vois assis sur son trône. Les pauvres enfants furent incontinent saisis... Alors Childebert et Clotaire envoyèrent Arcade à la Reine, avec des ciseaux et une épée nue dans ses mains, et les lui faisant voir, il ajouta ces paroles : — Nos

[1] Grégoire de Tours, l. III, § 1.

seigneurs vos enfants qui commandent sur nous désirent apprendre votre volonté et votre sentiment touchant ce qu'on doit faire des petits princes, si on leur coupera les cheveux pour qu'ils demeurent en vie, dans une condition privée, ou si on leur coupera la gorge. La Reine, épouvantée de ce message, transportée de douleur, surtout en voyant l'épée nue et les ciseaux, ne savait que dire dans une si grande détresse : enfin, elle dit simplement : — Il vaut mieux que je les voie privés de vie que de leurs cheveux, s'ils ne doivent point être élevés à la dignité royale. » — S'autorisant de cette réponse, surprise à l'émotion, Childebert et Clotaire massacrèrent cruellement les deux fils aînés de leur frère; après quoi « ils partagèrent son royaume[1] ». Le troisième, nommé Clodoald ou saint Cloud, leur échappa, et plus tard, « méprisant le royaume terrien pour aller à Dieu, de sa propre main il se coupa les cheveux et se mit dans l'ordre de la cléricature[2] ».

Childebert et Clotaire ne s'en tinrent pas là. Après la mort de Thierry, « ils se soulevèrent contre Théodebert (son fils), pour lui ôter son royaume »; mais celui-ci, prévenu que ses oncles voulaient « l'exclure de la succession, fut défendu par ses vassaux et affermi sur le trône[3] », qu'il laissa plus tard à Théodebald ou Thibaut, son fils naturel[4]. « La loi de la nation appelait ce prince au royaume, bien qu'il fût encore enfant[5]. » C'est Agathias, un historien grec du sixième siècle, qui en con-

[1] Grégoire de Tours, l. III, § 18.
[2] *Id.*
[3] *Id.*, § 23.
[4] *Id.*, §§ 27 et 37.
[5] *Histoire d'Agathias*, l. II.

vient. Dès cette époque, c'est-à-dire sous Théodebert, il paraît que la suzeraineté nominale des empereurs d'Orient était tombée en désuétude ou en discrédit chez les Francs. Voici, en effet, comment s'exprime à ce sujet un autre chroniqueur contemporain : « Alors (en 530), les rois, laissant de côté les droits de l'Empire et ne tenant plus compte de la souveraineté de la République romaine, gouvernaient en leur propre nom, et exerçaient un pouvoir personnel[1]. »

Théodebald étant décédé sans postérité, « la loi du pays, dit encore Agathias, appelait à la couronne d'Austrasie Childebert et Clotaire comme ses plus proches parents... Childebert n'avait pas d'enfants mâles qui pussent succéder à la couronne après lui : mais Clotaire en avait quatre, tous vigoureux et braves[2]. » Cette situation lui permit de s'emparer de l'Austrasie, au détriment de son frère, à la mort duquel « il se mit en possession de son royaume[3] », en sorte qu'il réunit toute la monarchie.

Ses fils, Caribert, Gontran, Chilpéric et Sigebert, ne tardèrent pas à lui succéder, et « se partagèrent le royaume, selon la part légitime que chacun d'eux en devait obtenir[4] ». Après la mort de Caribert, son lot fut encore subdivisé d'une façon si complexe, que certaines villes appartenaient à la fois à deux maîtres[5].

Les guerres de Sigebert et de Chilpéric, et la rivalité sanglante de leurs femmes Brunehaut et Frédégonde, ne nous

[1] *Vita S. Treverii* (D. BOUQUET, t. III).
[2] *Histoire d'Agathias*, l. II.
[3] GRÉGOIRE DE TOURS, l. IV, § 20.
[4] *Id.*, § 22.
[5] *Id.*, § 40.

arrêteront pas. Retenons seulement que Sigebert ayant envahi une portion contestée des États de son frère et secondé la révolte de ses sujets, « les troupes l'élevèrent sur un bouclier, le saluèrent, et le reçurent pour leur roi [1] ». Cette entreprise n'eut pas de suites, car il périt aussitôt assassiné. Alors « le duc Gundebaud prit le petit Childebert, fils du feu roi..., fit assembler les peuples sur lesquels son père avait exercé la souveraine puissance, et le fit roi, quoiqu'il eût à peine accompli la cinquième année de son âge [2] ». Chilpéric, réintégré dans ses possessions, eut aussi à se défendre des intrigues de son fils Mérovée. « On lui coupa les cheveux, on le revêtit d'une robe ecclésiastique, il fut ordonné et enfermé dans un monastère [3] », d'où il s'échappa pour finir misérablement.

Gontran, le plus pacifique de ces quatre frères, n'avait pas conservé de postérité. Il pria son neveu Childebert II de venir le trouver, et « lui parla ainsi : Mes péchés sont cause que je n'ai point d'enfants; c'est pourquoi je souhaite que mon neveu que voici me tienne lieu de fils. Puis l'ayant fait asseoir sur son siége, il lui donna tout son royaume [4]. » Chilpéric, qui avait alors perdu ses enfants, manifestait les mêmes intentions à l'envoyé de Childebert : « Il ne me reste point à présent d'autre héritier que le roi Childebert, fils de mon frère Sigebert. C'est pourquoi je veux bien qu'il hérite de moi [5]... » Toutefois, il laissa en mourant un enfant au berceau,

[1] Grégoire de Tours, l. IV, § 46.
[2] *Id.*, l. V, § 1.
[3] *Id.*, § 14.
[4] *Id.*, § 18.
[5] *Id.*, l. VI, § 3.

que sa mère Frédégonde mit, avec le royaume, sous la tutèle du roi Gontran. Alors « les principaux de la cour de Chilpéric s'assemblèrent auprès de son fils, qui était un enfant de quatre mois, l'appelèrent Clotaire (II), et demandèrent le serment d'obéissance et de fidélité pour le roi Gontran et pour son neveu Clotaire, par toutes les villes qui avaient été de l'obéissance de Chilpéric[1] ».

En ce temps-là, un certain Gondebaut, se disant fils de Clotaire Ier, réclamait sa part de l'héritage paternel, et trouvait dans le Midi un nombre considérable d'adhérents pour appuyer ses prétentions. Même « il fut élevé sur le bouclier et proclamé roi. Mais comme on lui eut fait faire trois tours, étant debout sur ce bouclier, on dit qu'il se laissa tomber, de telle sorte qu'à peine ceux qui étaient auprès le purent-ils soutenir[2]. » Ce chef chancelant et son parti ne tardèrent pas beaucoup à disparaître.

Les annales de Grégoire de Tours ne se poursuivent pas plus loin; et c'est à Frédégaire que nous emprunterons le récit des faits qui se sont passés de son vivant.

Gontran, nous l'avons vu, destinait son royaume à Childebert. Il avait d'abord hésité à reconnaître pour son neveu le nourrisson qu'on lui présentait comme le fils de Chilpéric; mais enfin, persuadé par le témoignage « de trois évêques, de trois cents personnes de vie sans reproche, qui assurèrent par serment que cet enfant avait été engendré par le roi Chilpéric[3] », « il tint Clotaire (II) sur les fonts de baptême et l'affermit sur le

[1] GRÉGOIRE DE TOURS, l. VII, § 7.
[2] *Id.*, § 10.
[3] *Id.*, l. VIII, § 9.

trône de son père[1] ». Toutefois, Childebert II resta son unique héritier, à quelques villes près, réservées à Clotaire II, « pour qu'il ne semblât pas, disait Gontran, qu'il voulût l'exclure de la succession de son royaume[2] ». Ce partage inégal paraît s'être effectué sans opposition; mais Childebert étant mort, et « ses États se trouvant divisés entre ses deux fils, Théodebert et Thierry[3] », leurs luttes fratricides profitèrent à Clotaire.

D'abord, Thierry II déclara la guerre à Théodebert II, qui, prétendait-il, « n'était pas son frère », né de Childebert[4]. Vaincu et pris, Théodebert fut tondu, puis massacré, ainsi que son fils[5]. Maître de l'Austrasie et de la Bourgogne, Thierry voulut ensuite tourner ses armes contre son oncle Clotaire, lorsqu'il tomba malade et mourut, ne laissant après lui que de jeunes enfants qu'il avait eus de ses concubines. Brunehaut, leur arrière-grand'mère, « s'efforça d'élever Sigebert (l'aîné) sur le trône de son père[6] »; ce fut en vain. « En Austrasie, grâce à la faction d'Arnoul et de Pépin, et des autres seigneurs, Clotaire entra dans ce pays dépourvu de gouvernement[7]. » En Bourgogne, la haine et la crainte de Brunehaut lui avaient acquis un parti puissant qui « conspirait avec Warnachaire (maire du palais de Sigebert), pour ne laisser échapper aucun des enfants de Thierry, les exterminer tous, ne pas même épargner Bru-

[1] Grégoire de Tours, l. X, § 28, et Frédégaire, l. XI, § 3.
[2] *Id.*, l. IX, § 20.
[3] Frédégaire, § 16.
[4] *Id.*, § 37.
[5] Jonas, *Vie de saint Colomban*.
[6] Frédégaire, § 39.
[7] *Id.*, § 40.

nchaut... afin de livrer le royaume entier à Clotaire[1] ». Ce programme barbare s'accomplit pour l'aïeule et deux de ses petits-fils; un autre fut épargné et vécut peu; un autre disparut sans laisser de traces. Clotaire II, leur légitime héritier, régnait désormais seul (a). Plus tard, il s'associa son fils aîné, Dagobert, et « l'établit roi sur les Austrasiens[2] ». Aussitôt après lui, pour devancer son frère Caribert, Dagobert « envoya des hommes intelligents en Bourgogne et dans la Neustrie, afin d'obliger tous les sujets de ces pays-là de l'élire au gouvernement des affaires. Et comme il fut venu à Reims..., tous les évêques et les vassaux de Bourgogne s'y allèrent soumettre à sa domination, et la plus grande partie des évêques et des seigneurs de la Neustrie et de l'Austrasie en firent autant. Caribert, frère de Dagobert, s'efforçait tout de même, s'il eût pu, d'entrer en possession du royaume : mais sa simplicité fut cause que ses désirs n'eurent pas grand effet[3]. » « Enfin, ayant pitié de son frère Caribert, Dagobert lui donna quelques villes au deçà de la Loire et des frontières de l'Espagne, pour lui faire subvenir aux nécessités d'une vie privée... ce qu'il confirma par des accords si bien faits... que jamais Caribert ne pourrait rien demander davantage à Dagobert de la succession du royaume de leur père[4]. » Ce Caribert, injustement réduit et dépouillé, ne tarda pas à mourir : sa postérité lui survécut à peine.

Dagobert avait un fils, Sigebert, né d'une de ses con-

[1] FRÉDÉGAIRE, § 42.
(a) « Solus legitimæ successionis hæres. » (AIMOIN, l. IV, ch. 1.)
[2] FRÉDÉGAIRE, § 47
[3] *Id.*, § 56.
[4] *Id.*, § 57.

cubines. « Selon le conseil des évêques et des principaux seigneurs du royaume, il éleva Sigebert (II) au trône royal de l'Austrasie, et lui permit d'établir son siége à Metz[1]. »

La scission entre l'Austrasie d'une part, la Neustrie et la Bourgogne de l'autre, s'accentuait chaque jour davantage. Aussi, « après le décès de Dagobert, son fils Clovis, qui n'était encore qu'en bas âge, se mit en possession du royaume, et tous les sujets de la Neustrie et de la Bourgogne l'élevèrent sur le trône... Mais Aega gouvernait le palais avec la reine Bathilde » (mère de Clovis II)[2]. Cette dignité nouvelle de maire du palais commençait à prendre une importance singulière, en attendant qu'elle devînt prépondérante. Aega « tenait le premier rang entre tous les seigneurs de Neustrie[3] ». Après lui, nous voyons Floacat « élevé en Bourgogne, par l'élection unanime des seigneurs et des ducs..., à ce haut degré de puissance[4] »; tandis qu'en Austrasie « le grade honorable de maire du palais de Sigebert et de tout le royaume était puissamment confirmé en la personne de Grimoald (fils de Pépin le Vieux)[5] ». Les Mérovingiens, en perpétuant cette dignité des maires, se créaient des rivaux et bientôt des maîtres. Déjà Grimoald allait essayer d'envahir le trône de Dagobert, fils de Sigebert II, et arguer d'une prétendue adoption du feu roi pour y placer son propre fils. Cette tentative prématurée répugnait au sentiment public; elle n'eut aucun

[1] FRÉDÉGAIRE, § 75.
[2] *Id.*, § 79.
[3] *Id.*, § 80.
[4] *Id.*, § 89.
[5] *Id.*, § 88.

succès (*a*). Nous ne la connaissons même que par le récit d'un hagiographe [1], car le continuateur de Frédégaire, auquel il nous faut maintenant recourir, était trop dépendant de la famille de Pépin pour perpétuer un souvenir aussi fâcheux.

Il paraîtrait que le jeune Dagobert fut rappelé plus tard. En tout cas, dans l'autre branche, après la mort de Clovis II, puis de « Clotaire (III) son fils aîné, que les Français établirent sur le trône [2] », nous voyons « Childéric (II), son frère, élevé par les Français à la dignité de roi d'Austrasie [3] », tandis que Thierry III, troisième fils de Clovis, régnait dans la Neustrie. Le mauvais gouvernement de ce dernier, et celui d'Ébroïn, son maire du palais, les firent chasser, tondre, et reléguer dans un monastère. Mais « à cause de Childéric, on envoya une ambassade en Austrasie, d'où étant venu... il fut déclaré roi par tout le royaume [4] ». A son tour, Childéric II se rendit haïssable; il fut assassiné avec sa femme et un de ses fils; le plus jeune, Chilpéric, réussit seul à s'échapper. Ébroïn en profita pour revenir; « il remit Thierry en son royaume (*b*) et se rétablit derechef en sa principauté [5] ». C'est ainsi que notre auteur qualifie, non sans cause, le pouvoir des maires du palais, qui allait encore grandir après l'événement mémorable que voici.

(*a*) Les Français, « ægre ferentes perfidiam Grimoaldi » (*Vie de saint Sigebert*, t. I), « commoti et vehementer indignati » (*Gesta Reg. Francorum*), livrèrent Grimoald à Clovis II, qui le fit mettre à mort.

[1] L'auteur de la *Vie de saint Wilfrid.*

[2] Continuateur de FRÉDÉGAIRE, § 92.

[3] *Id.*, § 93.

[4] *Id.*, § 94.

(*b*) « Il rentra dans ses droits légitimes. » (*Vie de saint Léger.*)

[5] Continuateur de FRÉDÉGAIRE, § 96.

« En Austrasie, le duc Martin, et Pépin, fils d'Angisile, exerçaient la souveraine puissance. Et quand les rois furent décédés — (c'est-à-dire quand la royauté austrasienne resta vacante) — les princes Martin et Pépin, s'étant ligués, allumèrent la guerre contre le roi Thierry [1]. » D'abord vaincu, Pépin remporta à Testri une victoire complète, à la suite de laquelle « il subjugua tout le pays, se saisit de la personne du roi Thierry, prit ses frères, et s'étant emparé de son palais, s'en retourna en Austrasie [2] ». A partir de cette époque, Pépin, déjà duc souverain d'Austrasie, étendit encore son autorité à la Neustrie, en lui imposant ses enfants comme maires du palais. Toutefois, la lignée royale y était toujours maintenue et respectée. A la mort de Thierry (III), son jeune fils Clovis (III) fut choisi pour être roi. Le texte dit qu'il fut élu, « *elegerunt in regnum* [3] »; mais cette désignation de l'héritier légitime ne saurait passer pour une véritable élection. Après, « son frère Childebert (III) lui succéda [4] »; et ensuite Dagobert II, fils de Childebert, « s'assit sur le trône de son père [5] ». Puis ce dernier prince fut remplacé, non par l'un de ses enfants, alors trop jeunes, mais par ce Chilpéric (fils de Childéric II), sauvé du massacre des siens, et qui vivait caché dans un couvent sous le nom de Daniel. Sans doute il fallait alors un homme formé, pour soutenir l'indépendance de la Neustrie contre l'envahissement des Austrasiens et l'ambition de Charles Martel, fils de

[1] Continuateur de FRÉDÉGAIRE, § 97.
[2] *Id.*, § 100.
[3] *Id.*, § 101.
[4] *Id.*
[5] *Id.*, § 101.

Pépin d'Héristal; d'ailleurs, Chilpéric II représentait de son chef une somme de droits égaux. Avant d'entamer, près de Vinci, une lutte décisive, on rapporte que le roi de Neustrie réclama au duc d'Austrasie cette portion injustement détournée de l'héritage de sa race [1] : il ne devait l'obtenir d'aucune manière, car le malheureux Chilpéric vaincu, puis trahi, tomba entre les mains de son rival, et bientôt « perdit son royaume avec sa vie [2] ». Charles Martel lui avait suscité comme compétiteur et « s'était donné pour roi [3] » un jeune prince mérovingien du nom de Clotaire. Selon toute vraisemblance, il devait être fils de Dagobert II, aussi bien que Thierri IV, dit de Chelles, « que l'on mit après lui sur le trône, où il demeura tout le temps de sa vie [4] ».

A la fin de nos Annales, écrites sur l'ordre des proches parents de Charles Martel et de son fils Pépin [5], le silence se fait autour de la dynastie mérovingienne, et il n'y est plus question que de la gloire et des exploits de ces deux princes, dont l'un, avant de mourir, « divisait (comme sien) le royaume, et le partageait entre ses enfants [6] », et dont l'autre s'apprêtait à franchir les faibles obstacles qui le séparaient d'une place longuement épiée et ardemment convoitée. Nous savons pourtant qu'après un interrègne, un dernier Mérovingien, Childéric III, fils de Chilpéric, s'assit encore, annihilé et impuissant, sur le trône de ses pères, et

[1] *Annales de Metz*, ann. 717.
[2] Continuateur de FRÉDÉGAIRE, § 106.
[3] *Id.*, § 107.
[4] *Id.*
[5] *Id.*, § 110.
[6] *Id.*, Prologue du § 118.

qu'il fallut le découronner, le tondre et l'ensevelir, ainsi que son fils, dans l'ombre et l'oubli d'un cloître, pour laisser enfin le champ libre à l'usurpation de Pépin.

Avant d'entrer dans ce nouvel ordre de faits, constatons qu'après être née, au déclin de l'Empire, de l'expansion naturelle et légitime d'une grande race, et de l'acquiescement des Gaulois aussi bien que de l'élection originaire des Francs, la royauté mérovingienne s'est perpétuée plus de trois siècles, sous une loi fixe d'hérédité, et dans certaines conditions de partage universellement admises; qu'elles n'ont été enfreintes que partiellement, par suite de fraudes ou de violences passagères; que les pires attentats contre les personnes avaient précisément pour but de légaliser les choses, et qu'enfin, c'est le point essentiel, si dans cette histoire aride nous voyons parfois l'armée ou les grands appelés à sanctionner des prétentions suspectes, jamais le peuple n'a eu la faculté de désigner à nouveau ses souverains, jamais un système électif ne s'est régulièrement substitué au droit indélébile de la naissance qui seule « faisait les rois ».

Toutefois, il importe de distinguer l'hérédité royale et la stabilité dont elle était le gage, du périodique ébranlement que le partage territorial, entre cohéritiers royaux, occasionnait à l'État. En vain, pour y ramener l'unité, avait-on recours à la claustration, sinon au meurtre des concurrents. Tandis que les princes se décimaient entre eux, les intérêts, les rivalités leur survivaient; le pays fractionné ne se résolvait plus, et l'Austrasie, en s'isolant de la Neustrie et de ses rois, préludait à une révolution que la politique cauteleuse de Pépin devait bientôt consommer.

Ainsi, faute de pouvoir retenir et concentrer dans les mêmes mains leurs droits successifs, les Mérovingiens finirent par tomber en tutelle, et une lignée permanente de maires du palais réussit à supplanter une dynastie mouvante ou scindée. Pépin, devenu le maître unique, s'imposait virtuellement au trône, dès lors qu'il en disposait partout.

II

L'avénement des Carolingiens, dans la personne de Pépin, est, aujourd'hui encore, l'objet de discussions historiques; et au milieu des récits douteux ou confus, et des appréciations contradictoires, il est malaisé de démêler la vérité. Childéric III, le dernier Mérovingien couronné, était assurément un roi légitime autant qu'héréditaire. Si le maire du palais absorbait tout son pouvoir, s'il se trouvait désarmé, déconsidéré même devant ses sujets, ce n'était ni de son fait ni de sa faute; et ses malheurs immérités ne sauraient infirmer la justice de sa cause, non plus que donner raison à son heureux rival. Il y a pourtant eu, alors, comme un mot d'ordre pour exalter à l'envi le triomphe de Pépin, rabaisser Childéric, et jamais, dans une histoire nationale, l'applaudissement public n'a retenti aussi effrontément du côté de la force et du succès.

Si l'on s'en réfère aux chroniqueurs, la plupart insistent sur la décadence irrémédiable de la première race, l'impuissance finale de ses princes, l'opportunité d'une translation de la couronne[1]; certains mentionnent, plus ou moins explicitement, la consultation adressée au

[1] ÉGINHARD, *Vie de Charlemagne*. — *Annales majeures et mineures de Lorsh*. — *Annales des Francs*. — *Annales des rois de France*, etc. (V. DOM BOUQUET, t. V.)

pape Zacharie et son adhésion au nouvel ordre de choses[1], en même temps que l'aveu et l'élection des Francs. Mais, parmi ces derniers narrateurs, au nombre de quatre, il importe de distinguer, autant que possible, les contemporains des subséquents, et de fixer par là même la valeur relative de leur témoignage.

D'après la chronique dite *Annales majeures de Lorsh*, « Burcard, évêque de Wurtzbourg, et Fulrad, chapelain, furent envoyés au pape Zacharie pour lui demander, au sujet des rois de France qui, dans ces temps-là, n'avaient pas de pouvoir royal, si c'était bien ou non. Et le pape Zacharie manda à Pépin qu'il vaudrait mieux appeler roi celui qui avait le pouvoir, que celui qui demeurait sans autorité royale. Pour que l'ordre ne fût pas troublé, il ordonna, en vertu de l'autorité apostolique, que Pépin devînt roi. »

« Pépin fut élu roi, selon l'usage des Francs, sacré par la main de l'archevêque Boniface, de sainte mémoire, et élevé à la royauté par les Francs dans la ville de Soissons. Childéric, de son côté, qui était faussement appelé roi, fut tonsuré et envoyé dans un couvent[2]. »

On sait pourtant que Burcard ne devait pas se trouver à Rome, à l'époque que cette mission suppose, c'est-à-dire vers l'an 751 ou 752, car il y est venu pour la dernière fois en 748; et l'on a lieu de douter que saint Boniface, alors âgé et fort infirme, ait pu se rendre à Soissons, pour le sacre de Pépin (*a*). Laissons les inexactitudes

[1] Continuateur de FRÉDÉGAIRE, § 117. — ÉGINHARD, *Vie de Charlemagne*. — *Notice sur le sacre de Pépin*. — *Annales majeures de Lorsh*.

[2] *Annales majeures de Lorsh*.

(*a*) Voir, à ce sujet, l'intéressante dissertation de M. l'abbé MURY (*Analecta Juris pontificii*, juin 1877).

matérielles contenues dans ce récit, et observons seulement que son auteur, qui relate l'événement comme passé « dans ces temps-là », trahit ainsi la distance qui l'en sépare, et diminue d'autant ses titres de crédibilité.

Les *Annales des rois de France,* dites d'Éginhard, reproduisent à peu de chose près celles de Lorsh, en insistant sur la décision pontificale : mais il est à remarquer qu'elles attribuent dix-neuf ans de règne à Pépin, tandis que, dans sa vie de Charlemagne, Éginhard ne lui en donne que quinze; nous ne sommes donc pas sûrs de leur authenticité.

Un récit sommaire, appelé *Notice sur le sacre de Pépin,* raconte que « trois années avant, ledit Roi fut élevé sur le trône royal, par l'autorité et le commandement du seigneur pape Zacharie, de sainte mémoire, par l'onction du saint chrême que donnèrent de bienheureux évêques des Gaules, et par l'élection de tous les Francs »; et il ajoute que le Pape (Étienne III), en bénissant les chefs des Francs, « menaça de l'interdit et de l'excommunication ceux qui auraient jamais l'audace d'élire d'autres rois que les descendants de Pépin » (*a*). — Cette notice isolée, dont l'original est perdu (*b*), contient une erreur de date. Elle fait régner Pépin à partir de 751, tandis qu'il n'est monté sur le trône qu'en 752[1]. Elle est d'ailleurs tirée du *De Areopagiticis,* composé par Hilduin, sous Louis le Débonnaire. Il faut donc la tenir pour suspecte, sinon pour apocryphe.

(*a*) Le *Liber pontificalis* d'ANASTASE, recueil officiel de la vie des Papes, ne fait aucune mention de cette particularité, non plus que de la consultation adressée au pape Zacharie.

(*b*) Il n'a été produit qu'au dix-septième siècle.

[1] *Analecta juris pontificii,* juin 1877.

Nous possédons deux autres documents d'un caractère plus sérieux, la *Vie de Charlemagne,* par Éginhard, et la suite des *Annales* de Frédégaire.

Éginhard a écrit cette vie vers l'an 820, soixante-dix ans, par conséquent, après l'avenement de Pépin. Il ignore ce qui concerne la jeunesse de son successeur, et déclare qu'alors « il ne restait plus personne qui prétendît en avoir connaissance[1] ». Toutefois il avance, à propos de Childéric, que ni lui ni ses prédécesseurs n'avaient plus aucune vigueur, qu'ils ne conservaient de la royauté que le nom, que les maires du palais gardaient toute l'autorité entre leurs mains, et ne laissaient au Roi qu'un vain titre. — Nous le croyons avec lui, et aussi que, lors de la déposition de Childéric, Pépin exerçait depuis longtemps sa charge omnipotente de maire « comme par un droit héréditaire[2] ».

Mais cet investissement du trône ne pouvait, en définitive, lui tenir lieu d'investiture : aussi Éginhard ajoute-t-il que « Pépin fût fait Roi par l'autorité du Pape[3] ». Rien de plus, ni ici ni ailleurs, au sujet des circonstances politiques qui ont servi à préparer, sinon à pallier un fait aussi considérable, car la question adressée au pape Zacharie et sa réponse, telles que notre auteur les rapportent dans ses *Annales,* n'ont pour nous, à les supposer vraies, qu'une valeur subjective[4].

Reculons donc nos recherches jusqu'au continuateur de Frédégaire, écrivain officiel s'il en fut, puisque sa

[1] ÉGINHARD, *Vie de Charlemagne.*
[2] *Id.*
[3] *Id.*
[4] *Id., Annales,* ann. 742 et 750.

chronique s'élaborait, — il a pris soin de nous l'apprendre, — sous le contrôle de Childebrand, l'oncle de Pépin [1]. Elle contient un passage au sujet duquel la critique a émis beaucoup de doutes (a), mais que nous acceptons cependant, parce que l'obscurité et la surcharge des termes nous semblent répondre à l'embarras de la situation, en même temps qu'à l'insistance d'une version officielle. Le voici, autant, du moins, qu'il est possible de le traduire : « En ce temps, d'après l'avis et le consentement de tous les Français, après l'envoi d'un rapport, et conformément à l'autorité du Saint-Siége, le très-excellent prince Pépin fut élevé à la royauté et mis sur le trône royal, ainsi que la reine Berthrade, par l'élection de la France entière, avec la consécration des évêques et la soumission des chefs, selon l'ordre anciennement requis [2]. » Au milieu de cette prolixité verbeuse, deux points essentiels restent indécis. Que contenait ce rapport, cette consultation adressée au pape Zacharie, et quelle réponse y a été faite? Puis, comment, où, dans quelle mesure, les Français, « tous les Français », dit le texte, ont-ils pu manifester leurs sentiments, consentir à la dépossession de Childéric et à la translation de la couronne? Nous l'ignorons également. Réticence calculée d'une part, exagération manifeste de l'autre, tel est donc le fond appréciable d'un document qui fait bon marché de l'histoire, et pose l'élection populaire et la consécration du sacre comme

[1] Continuateur de FRÉDÉGAIRE, ann. 752, § 117.

(a) Le Père Le Cointe, l'abbé de Camps et M. l'abbé Mury le considèrent comme interpolé et le rejettent en partie, ou même en totalité.

[2] Continuateur de FRÉDÉGAIRE, ann. 752, § 117.

les titres réguliers, traditionnels, d'un avénement royal. Nous savons déjà que penser des droits successifs dans la race mérovingienne, droits parfois débiles, bien qu'indélébiles et persistants. Quant au sacre, Pépin, le premier, y a recouru, même à deux reprises, et par là nous pouvons juger de l'influence progressante du christianisme et du clergé sur l'esprit public des Français : tandis que les rois anciens étaient portés sur le pavois des camps, les nouveaux se faisaient oindre dans le sanctuaire; les premiers s'élevaient au-dessus des hommes, les seconds s'abaissaient devant Dieu.

Toutefois cette cérémonie, quelque imposante qu'elle fût, ne suffisait pas à justifier l'accession au trône, car Pépin, qui occupait celui de Childéric, dût être « absous de son parjure[1] » en même temps que sacré par le pape Étienne III (a); il convient donc de rechercher dans quelles conditions nouvelles, sous quelles réserves, les princes carolingiens en sont devenus et restés les possesseurs.

Pour rompre avec la tradition reconnue qui faisait de la royauté des Francs un privilége héréditaire, et occuper, le premier, une place à laquelle sa naissance le laissait étranger [2], Pépin s'était assuré, nous l'avons vu, l'adhésion de ses nouveaux sujets, ou, plus probablement, celle de leurs chefs. Cette Assemblée de Sois-

[1] *Chronographie de Théophane* et *Vie de saint Burcard*

(a) Remarquons que cette cérémonie pontificale n'eut lieu que deux ans après l'avénement de Pépin, c'est-à-dire lorsque le seul fils de Childéric, devenu moine comme son père, se trouvait ainsi décliner toute compétition. (*Chronique de saint Vaast* et *de saint Wandrille*)

[2] *Chronographie de Théophane.*

sons, en disposant du trône, allait donc à l'encontre d'un droit pour sanctionner un fait, et malgré la déposition de Childéric, et sa claustration suivie de celle de son fils, son œuvre paraîtrait vicieuse et son autorité récusable, si un événement trop peu remarqué n'était venu, à bref délai, changer notablement la face des choses. Enfermé en 752, lors de l'élection de Pépin, Childéric mourut, nous le savons, à l'époque du second sacre de son rival (*a*), c'est-à-dire vers l'an 754; et comme on peut supposer que son fils Thierry, dernier de sa race, s'était résigné à l'état monastique (*b*), rien n'empêchait plus le pape Étienne III d'accorder au nouveau roi, avec l'absolution du passé, la consécration de l'avenir. Le temps et d'heureuses circonstances s'ajoutaient donc à la valeur personnelle du prince carolingien, pour rectifier ce que son titre avait eu de défectueux, et légitimer sa dynastie. A ce point de vue, bien moins complexe que celui qui suppose une casuistique spécieuse, et suspend la logique de l'histoire, on est fondé à dire que la seconde race, après avoir injustement déplacé la première, a eu aussitôt pour mission de la remplacer. Toutefois, il lui faudra désormais tenir compte de son origine, faire la part des volontés publiques et de l'élection, et s'abstenir de prétendre pour elle-même à cette immuable transmission de l'hérédité royale dont elle a d'abord méconnu et violé le privilège. En même temps, l'Église, à laquelle elle demande appui,

(*a*) « Hujus secundæ coronationis Pupini tempore rex Hildericus monachus hujus ecclesiæ obiit, et hic in monasterio sepelitur. » (IPERIUS, *Chronique de saint Vaast*. V. dom MARTÈNE, t. III.)

(*b*) Il était moine de Saint-Wandrille, en Normandie. (*Chronique de saint Wandrille.*)

lui imposera des devoirs plus étroits, interviendra pour moraliser ses actes, et s'efforcera d'établir le mariage de ses princes comme une condition de la successibilité de leurs fils. Enfin, et ceci est à remarquer, à mesure que la famille carolingienne se sera scindée et aura divisé le vaste empire des Francs, les mœurs et le droit politiques perdront graduellement de leur uniformité, jusqu'à ce que chaque pays soit constitué avec ses intérêts propres et sous sa dynastie particulière.

Dès le règne de Pépin, on voit les Français convoqués plus souvent en assemblées générales : avant lui, elles se tenaient au mois de mars; pour les faciliter, il les recule jusqu'en mai [1]. Là, en même temps que la foule armée, ou appelée à l'être, les grands, les premiers de la nation se trouvaient réunis; ils étaient consultés [2] : toute question principale, concernant l'utilité commune, y devenait l'objet d'une délibération et d'une décision publiques [3]. Par ces Champs de mai le souverain élu s'était maintenu en contact périodique avec l'opinion de ses sujets. C'est encore à elle qu'il voulut recourir, dans une dernière assemblée solennelle, pour assurer sa succession à ses fils. « Du consentement des Français [4] », chefs de l'ordre civil ou religieux, Charles et Carloman reçurent éventuellement leur part de royaume; et ensuite, après la mort de Carloman, il échut tout entier à Charles, en vertu de ce même « consentement général [5] », bien que son

[1] Suite de FRÉDÉGAIRE, § 126.
[2] *Id.*, § 118.
[3] *Id.*, § 118, 123, 126, 127, 129, et *Annales des Francs* (*Chronic. Hildesheim*).
[4] Continuateur de FRÉDÉGAIRE, § 129.
[5] ÉGINHARD, *Vie de Charlemagne.*

frère eût laissé des héritiers. Il paraît que le droit de représentation n'était pas encore fixé; aussi, plus tard, Charles, devenu l'empereur Charlemagne, chercha-t-il à l'établir dans sa famille, en le subordonnant à la volonté de ses sujets. Après avoir réglé la succession réciproque de ses fils, il disait dans son testament : « Que si quelqu'un de mes trois enfants laisse en mourant un fils, et que le peuple le choisisse pour succéder à son père, je veux que ses oncles y donnent leur consentement, et qu'ils le laissent régner dans l'État paternel[1]. » Ce testament, ratifié dans l'assemblée de Thionville, eût pour effet, du vivant même de son auteur, d'assurer à Bernard, petit-fils de Charlemagne, le royaume d'Italie que son père avait possédé.

Lorsque le grand Empereur se sentit décliner, il appela Louis le Débonnaire à Aix-la-Chapelle, y réunit tous les grands, et leur présentant ce seul fils qui lui restait, « il se l'associa par leur avis au royaume, et le déclara son successeur à l'empire[2] ». On prétend même qu'il s'informa individuellement de l'avis de chacun des assistants, « depuis le premier jusqu'au dernier[3] ».

Louis le Débonnaire succéda donc à son illustre père, « du consentement général de tous les Français[4] »; mais il eut le tort de ne pas se conformer à ses dernières volontés. Un premier partage, « publiquement lu et confirmé par les grands du royaume[5] », avait divisé l'État entre ses trois fils. Après la mort de l'un d'eux,

[1] *Charta divisionis imperii C. Magni.*
[2] *Vie de Charlemagne*, par ÉGINHARD.
[3] THÉGAN, *Vie de Louis le Débonnaire.*
[4] ÉGINHARD, *Annales des Francs.*
[5] *Vie de Louis le Débonnaire.*

Pépin, roi d'Aquitaine, il voulut priver ses petits-enfants de l'héritage paternel. Cette injustice, qui avait pour but de pourvoir un dernier fils, Charles le Chauve, né postérieurement au partage, lui attira une suite de guerres et de révoltes, principalement dans l'Aquitaine demeurée longtemps fidèle aux descendants de Pépin (*a*). La question de la représentation des enfants ne fut définitivement résolue que sous le règne suivant, par une clause spéciale du traité de Mersen [1] conclu entre les trois branches souveraines de la famille carolingienne (*b*). Celle de l'hérédité de leurs couronnes, dans les lignes collatérales, demeura en suspens, et dut être abandonnée aux circonstances; chaque nation, en définitive, semblait implicitement appelée à la trancher à sa manière.

Les fils de Louis le Débonnaire s'étaient partagé son vaste héritage. Charles le Chauve eut la France; Louis, la Germanie; Lothaire reçut avec l'Italie et la dignité impériale les régions comprises entre le Rhin et la Meuse, qui, sous le nom de Lorraine ou de Lotherrègne, ont retenu le sien. Par sa configuration étrange, cet État intermédiaire devait éveiller les convoitises voisines, et susciter d'ardentes compétitions. Nous voyons en effet l'Allemagne et la France l'envahir et se le disputer tour à tour. En l'occupant au détriment de son neveu, l'empereur Louis II, frère de Lothaire II, dernier roi de Lorraine, Charles le Chauve se fondait sur le choix des

(*a*) Plus tard, les Aquitains se séparèrent d'eux, reconnurent Charles le Chauve, « l'élurent pour roi avec la noblesse, les évêques et les abbés, et le firent sacrer ». (*Ann. de Saint-Bertin*, 848.)

[1] Art. 3 du traité de Mersen (847).

(*b*) Il s'agit ici des enfants légitimes, les naturels n'ayant plus alors de droits successifs. (*Chart. divis. imp. Lud. Pii*, art. 5.)

évêques et des grands du pays, réunis à Metz, dont « le consentement unanime l'avaient reconnu pour Roi [1] ». Le pape Adrien paraissait mieux fondé à soutenir que « par la mort de Lothaire II, son royaume était échu, à titre de succession, à l'empereur Louis [2] ».

Peu conséquent avec lui-même, Charles le Chauve, tout en reconnaissant aux évêques le droit de le déposer canoniquement [3], cherchait d'ailleurs à s'appuyer en France sur une loi héréditaire (*a*), et arguait volontiers de la tradition mérovingienne. On trouve, en effet, dans ses Capitulaires, cette affirmation significative : « Selon l'ancienne coutume, les rois de France parviennent au trône par la naissance [4]. » Il prit toutefois soin de laisser un acte, pour déclarer que sa succession devait revenir à Louis, son fils unique. Elle lui fut dévolue après quelque hésitation de la part des grands; et Louis le Bègue, en se faisant sacrer, s'intitula « roi de France, par la grâce de Dieu Notre-Seigneur, et par l'élection du peuple [5] ». C'est la première fois que nous rencontrons cette formule ambiguë, qui n'est vraie qu'autant qu'elle s'explique en théorie, s'applique en fait, et qu'elle établit sur le fondement de la Providence la justice et la légitimité d'un pouvoir humain.

Louis le Bègue s'était marié deux fois. D'une première

[1] *Annales de Saint-Bertin*, ann. 869.
[2] Lettre du pape Adrien II à Charles le Chauve.
[3] Discours de Charles le Chauve au concile de Savonnières.
(*a*) Ce ne pouvait être, à proprement parler, une loi, puisque celle-ci devait « se faire par le consentement du peuple et le décret du Roi ». (Charles le Chauve, *Édit de Pistes*, 864.)
[4] Chapitre Ier des *Capitulaires* de Charles le Chauve. V. Baluze, t. II, p. 133.
[5] Formule du sacre. *Annales de Saint-Bertin*, ann. 877.

union régulière, mais non reconnue, il avait eu Louis III et Carloman qui lui succédèrent sans conteste, bien que Louis III ait été d'abord seul couronné pour éviter le partage du royaume. Sous la pression de son père, et du vivant de sa femme répudiée, Louis le Bègue contracta une seconde alliance dont la validité parut au moins douteuse (*a*). Aussi Charles, l'enfant né de ce mariage, ne fut-il pas appelé à partager le trône avec ses frères, ni même à leur succéder, car on lui préféra d'abord un étranger à la nation, l'empereur Charles le Gros, et ensuite un étranger à la dynastie.

En ce temps, une nouvelle race s'élevait qui par sa vigueur, sa puissance, et surtout les services qu'elle rendait au pays dans sa lutte contre les Normands, commençait à jeter le plus grand éclat. A la mort de Charles le Gros, la postérité légitime de Charlemagne se trouvant éteinte en Allemagne et en Italie, et restant incertaine en France, les Français jetèrent les yeux sur Eudes, comte de Paris, fils de Robert le Fort, et l'élevèrent à la royauté. Ils le pouvaient, s'il est vrai, comme le rapportent nos vieilles annales, que, « après Charles le Gros, il n'y avait personne qui dût prétendre, selon les lois, à la succession des royaumes qu'il avait possédés », et que « chaque nation, ne voyant point de souverain que la nature lui eût donné, se disposa à en élire[1] ». Cette succession royale serait ainsi tombée en deshérence, et, dès lors, les divers États qui la composaient auraient recouvré le droit de régler à nouveau leurs destinées. Il

(*a*) Le pape Jean VIII refusa à Louis le Bègue de couronner la Reine. (*Annales de Saint-Bertin*, ann. 878.)

[1] *Annales de Saint-Bertin*, ann. 888.

paraît pourtant que la situation manquait de ce caractère d'évidence et de netteté, puisque Eudes n'accepta la couronne que pour la remettre au jeune Charles le Simple, dont il avait reçu la tutelle. Mais ensuite il oublia ses engagements, et Charles se vit obligé de recourir à la protection de l'empereur Arnoul de Germanie, fils naturel d'un prince carolingien. Tandis que Eudes se réclamait du consentement de la nation qui l'avait porté au trône, Charles le revendiquait par le privilége du sang, et s'efforçait de dissiper les soupçons calomnieux qui planaient sur sa naissance. Foulques, archevêque de Reims, sollicitant l'Empereur au nom de Charles : « Sa cause, disait-il, est celle de la justice, et c'est la coutume des Francs d'avoir des Rois héréditaires [1]. » Arnoul se prononça en faveur de son parent; mais Eudes refusa de se désister, et ne le reconnut que plus tard, en se réservant sur le centre et le sud du pays une souveraineté effective [2].

En même temps que les droits de la succession royale prévalaient en France, dans l'ancienne Austrasie, devenue la Lorraine, ils conservaient encore leur efficacité. Voici ce que l'archevêque de Mayence et les évêques de sa province écrivaient au pape Jean IX, lors de l'avénement de Louis l'Enfant, fils de l'empereur Arnoul : « Le fils de notre prince, quoique très-enfant, a été élevé roi par le commun conseil des princes et le consentement de tout le peuple. Et parce que les rois de France sortaient toujours d'une même race, nous avons mieux aimé conserver le premier usage que d'en introduire un nou-

[1] Lettres de Foulques, archevêque de Reims, à l'empereur Arnoul.
[2] *Chronic. breve.* V. DUCHESNE, t. III, ann. 897.

veau[1]. » En conséquence, il était naturel qu'après la mort de Louis l'Enfant, dernier de sa branche, la Lorraine revint à Charles le Simple, comme au seul représentant de sa famille; c'est ce qui eut lieu, en effet, de l'aveu des Lorrains, puis avec l'assentiment de l'empereur Henri l'Oiseleur, qui consacra cet état de choses par le traité de Bonn (921). Grâce à des titres aussi authentiques, aussi solides, il semblait que cette région démembrée de la France dût lui faire à jamais retour; il n'en fut pourtant pas ainsi, et les Allemands profitèrent de nos discordes pour y reprendre pied, et nous en déposséder.

Un an s'était à peine écoulé, que plusieurs des principaux seigneurs de la France, mécontents du gouvernement, se révoltaient sous la conduite du duc Robert, frère du roi Eudes et fils de Robert le Fort, et l'élevaient au trône. Sa royauté précaire, puis celle de Raoul, duc de Bourgogne, son gendre, « usurpée contre toute sorte de justice[2] », n'avaient d'autre fondement que l'ambition turbulente des grands vassaux du Nord. Aussi l'Aquitaine, qui était demeurée étrangère à cette insurrection, reconnaissait toujours pour souverain Charles le Simple, même depuis la trahison qui l'avait privé de sa liberté. Elle continuait à dater les actes publics des années de son règne, et, depuis sa mort, elle les rédigeait dans cette teneur expectante : « Jésus-Christ régnant, en attendant le légitime Roi[3]. » Il est beau et

[1] Lettre de l'archevêque Hatton et des évêques à Jean IX. V. Dom Bouquet, t. IX.
[2] Vitikind, *Histoire de Saxe*, ann. 935.
[3] Baluze, *Notes sur les appendices des Capitulaires*.

rare de rencontrer des protestations semblables, en faveur d'une bonne cause malheureuse. Celle-ci, du reste, devait bientôt se relever dans la personne du fils de Charles le Simple, Louis d'Outre-mer, alors réfugié en Angleterre, et que les grands vassaux se décidèrent à rappeler. Hugues le Grand, duc de France, fils du roi Robert, et qui avait refusé de régner après lui, eut le principal mérite de cette restauration[1]. Voici en quels termes il s'en expliqua dans une assemblée des barons de France :

« Notre premier devoir est de rétablir l'union parmi nous, et, guidés par un sage désintéressement, d'être unanimes dans le choix que nous allons faire. Mon père que, d'un commun accord, vous avez naguère porté sur le trône, a cependant commis un crime en acceptant le pouvoir, puisque votre Roi légitime était vivant, et languissait dans un cachot. Croyez-le bien, un tel acte ne fut pas agréable à Dieu; et loin de moi la pensée de renouveler l'usurpation de mon père! Raoul aussi, d'auguste mémoire, n'était pas de race royale; mais son exemple ne doit pas nous porter à élire un prince étranger à la famille de nos rois. Quelle serait, en effet, la conséquence d'un tel choix? Mépris de l'autorité, dissensions entre les grands : voilà ce qu'a produit l'élection de Raoul. Rappelons donc sans retard le descendant de nos rois légitimes; rappelons d'Outre-mer le fils de Charles le Simple. Trêve à toutes nos divisions! Que Louis soit notre souverain[2]. »

L'abnégation de Hugues le Grand, sa sagesse, sa logi-

[1] *Chronic. de Frodoard.*
[2] RICHER DE REIMS, t. II, p. 1.

que, convainquirent l'assemblée; et Louis IV d'Outre-mer, ramené en France, prit possession d'une couronne qui allait toujours en s'amoindrissant. De ses deux fils, l'aîné, Lothaire, fut seul appelé à lui succéder. Pour la première fois, on rompait d'une façon positive avec un usage fatal, que les deux races avaient suivi ou subi, et qui, après avoir occasionné bien des crimes, restait comme une menace de division perpétuellement suspendue sur l'État.

Cette sage détermination devait entraîner des conséquences aussi graves qu'inattendues. Charles, frère cadet de Lothaire, se voyant sans héritage, avait accepté de l'empereur Othon II l'investiture du duché de Basse-Lorraine, qui comprenait la moitié de cette région que la France regardait toujours comme sienne. Devenu le vassal du roi de Germanie, il s'était par là même rendu odieux à ses anciens compatriotes. Après la mort de Lothaire, bientôt suivie de celle de son fils unique Louis V, lorsque Charles se présenta pour recueillir la succession de son neveu, le pays qu'il avait renié le répudia à son tour, et lui préféra pour roi Hugues Capet, fils de Hugues le Grand.

Étrange réversibilité de l'histoire! Deux siècles auparavant, Pépin avait aussi recouru aux suffrages des principaux de la nation, et obtenu d'eux la préférence, non sur un prétendant, mais sur le Roi lui-même, qu'il avait injustement dépossédé. Pourtant, la monarchie était alors héréditaire, et la couronne transmissible aux divers membres de la famille mérovingienne; tandis que depuis, la postérité de Pépin ne pouvait plus arguer d'un pareil privilége, ni se placer au-dessus de toute sanction. Issus de l'élection, et obligés de s'y retremper, les princes carolingiens s'offraient donc au sacre, et par suite au trône, comme des postulants augustes, des candidats nécessaires, mais point indiscutables; et ils laissaient au temps, au respect des anciennes coutumes, et à la force subsistante des choses, le soin de décider en leur faveur les cas litigieux et d'écarter les prétentions rivales. Charlemagne s'était contenté de recommander ses petits-fils au choix des Français, et leur réservait ainsi la faculté de représenter leurs pères : avec le consentement des grands, il avait pareillement réglé l'héritage réciproque de ses fils, s'ils venaient à mourir sans postérité[1] : mais au delà de cette succession directe, ou de cette clause à brève échéance, rien n'était spécifié; et si Charles le Chauve inscrivait dans ses Capitulaires l'ancien principe qui veut que « les rois de France parviennent au trône par la naissance[2] », il ne dépendait pas de lui que cette loi fût interprétée et surtout appliquée uniformément.

Pendant cette période de l'histoire, tandis que nous voyons les fils régulièrement investis de la dignité de leurs pères, l'héritage royal des frères reste sujet à contestation, et peut être également ratifié ou annulé. — Après la mort de Lothaire, leur dernier roi, les Lorrains écartent son frère Louis, et lui préfèrent Charles le Chauve. Dans la France proprement dite, Carloman succède à Louis III; mais ensuite Charles le Gros, puis Eudes, sont élus au détriment de Charles le Simple, dernier frère de Carloman. — Au delà de ce degré et de

[1] *Testament de Charlemagne.*
[2] *Capitulaires* de Charles le Chauve, ch. I.

cette proximité, on n'aperçoit plus aucune règle dirigeante que celle de la volonté publique.

La dynastie carolingienne se trouvait de la sorte partagée entre deux tendances contraires, celle de la tradition et celle de l'élection, et soit qu'elle inclinât vers l'une, ou qu'elle obéit à l'autre, elle souffrait de ce dualisme comme d'un vice originaire, qui empêchait l'hérédité de se fixer, la mettait en question, et, fatalement, devait l'exposer un jour à disparaître. Ce jour fut celui du décès de Louis III, qui ne laissait pas de postérité. Charles, duc de la Basse-Lorraine, son oncle, n'était pas fondé à s'asseoir après lui sur le trône, par le seul fait de sa naissance, indépendamment de l'aveu et de l'assentiment des Français; et son titre de descendant de Charlemagne, quelque imposant qu'il fût, ne pouvait lui tenir lieu de tout droit. Il convenait donc qu'il le fît valoir, qu'il le rendît recommandable dans sa personne, pour lutter avec avantage contre le redoutable concurrent qui, après avoir maintenu la couronne sur la tête branlante des derniers rois, la sollicitait actuellement comme un bien libre, tombé en deshérence.

Dès lors, et malgré l'analogie apparente des événements, Hugues Capet ne s'identifiait pas avec le rôle de Pépin : il le rectifiait; il le justifiait pour lui-même.

III

Il n'en est pas de l'avénement des Capétiens comme de celui des Carolingiens. On sait très-certainement quelles circonstances l'ont accompagné, quelles causes l'ont déterminé; et si, parmi les nombreux chroniqueurs qui le relatent, les points de vue, les opinions diffèrent, toutefois la substance de leurs récits ne se contredit pas.

A l'envisager dans son ensemble, un fait si mémorable et si insolite ne parait pas avoir choqué ni même contristé, en France, ceux qui en ont été les témoins. Ils l'acceptent tout d'abord, et le tiennent pour une évolution naturelle, régulière, une conséquence de l'état de choses. Abbon, le plus ancie en date, avait posé le « consentement de tout l'État » comme base de l' « élection royale [1] ». Aimion, qui le suit, raconte qu'en mourant, « Louis laissa le gouvernement de la France sans héritier propre pour le recueillir [2] », que son oncle Charles, « vieilli dans une condition privée, s'efforça de revendiquer une dignité dont ses ancêtres avaient été longtemps revêtus, mais qu'il n'y réussit aucunement, et que les principaux des Français, le mettant de côté, se

[1] *Chronique* d'ABBON, moine de Fleury.

[2] « Destitutum proprio hærede Francigenæ gentis principatum dereliquit ». (*Chronique* d'AIMOIN, ann. 987.)

conférent à Hugues qui gouvernait alors d'une main ferme le duché de France, et l'élevèrent à Noyon sur le trône royal[1] ». Odoran avance en outre que « Louis V légua sa couronne à Hugues Capet », qui, dit-il, « fut fait roi par les Français[2] ». Ces derniers termes se retrouvent dans deux autres chroniques anonymes, pour relater l'élévation de Hugues[3]. Par contre, une troisième, celle de Saxe, se prononce en faveur du duc Charles, prétend que « les Français voulaient lui transférer la couronne, mais que tandis qu'il perdait imprudemment le temps à délibérer, Hugues en profitait pour usurper le royaume[4] ».

Du vivant de Hugues Capet, nous entendons ainsi les deux notes opposées : l'une, appuyée par un concert de voix; l'autre, qui sort isolément d'une bouche étrangère. Il nous reste à recueillir, parmi les témoignages contemporains, celui d'un auteur récemment découvert, Richer de Reims, bien à même d'être informé, puisqu'il vivait dans cette ville dont les partis se disputaient la possession, et auprès de son archevêque, Adalbéron, qu'ils avaient un égal intérêt à ménager.

Richer rapporte que les grands se trouvaient réunis à Compiègne lorsque Louis V mourut, et qu'Adalbéron, chargé de les présider, les invita « à différer de quelque temps le choix d'un roi. Ils le firent[5]. » Sur ces entrefaites, le duc Charles alla trouver le métropolitain (Adalbé-

[1] *Chronique* d'AIMOIN, ann. 987.
[2] *Chronique* d'ODORAN, ann. 987.
[3] *Chronique* de saint FLORENT de Saumur et de saint MÉDARD de Soissons. V. dom BOUQUET, t. IX, p. 55, 56.
[4] *Chronique de Saxe*, ann. 987.
[5] *Chronique* de RICHER DE REIMS, ann. 987.

ron), et lui parla ainsi de ses prétentions au trône : « Tout le monde sait que par droit héréditaire je dois succéder à mon frère et à mon neveu. Car bien que j'aie été écarté du trône par mon frère, cependant la nature ne m'a rien refusé de ce qui constitue l'homme... Il ne me manque rien de ce que l'on a coutume d'exiger avant tout de ceux qui doivent régner, la noblesse et le courage qui fait oser. Pourquoi donc, puisque mon frère n'est plus, puisque mon neveu est mort et qu'ils n'ont laissé aucune descendance, pourquoi suis-je repoussé du territoire que tout le monde sait avoir été possédé par mes ancêtres [1]? » Adalbéron lui répondit en lui donnant le conseil de s'adresser aux grands du royaume, sans lesquels rien ne se pouvait décider [2], et lui reprocha de s'entourer d'amis compromettants. Charles s'éloigna découragé, tandis que les principaux du royaume se retrouvaient à Senlis. Adalbéron, qui les présidait de nouveau, posa la question en ces termes : « Louis ayant été enlevé au monde sans laisser d'enfants, il a fallu s'occuper sérieusement de chercher qui pourrait le remplacer sur le trône pour que la chose publique ne restât pas en péril, abandonnée et sans chef... Nous n'ignorons pas que Charles a ses partisans, lesquels soutiennent qu'il doit arriver au trône que lui transmettent ses parents [3]. Mais si l'on examine cette question, le

[1] *Chronique* de RICHER DE REIMS, ann. 987.

[2] Deuxième lettre d'Adalbéron au duc Charles : « Souvenez-vous du conseil que je vous ai donné, de rechercher les grands du royaume. Car qui étais-je, pour donner moi seul un roi aux Français? Ce sont là des affaires qui dépendent de la volonté générale, et non de celle d'un simple particulier. »

[3] « Qui eum dignum regno ex parentum collatione contendant. » (RICHER DE REIMS, ann. 987.)

trône ne s'acquiert point par droit héréditaire [1], et l'on ne doit mettre à la tête du royaume que celui qui se distingue par la noblesse du sang et les qualités de l'intelligence, en même temps que la droiture et la fermeté. — Quelle dignité pouvons-nous conférer à Charles qui a perdu la tête au point de n'avoir plus honte de servir un roi étranger [2], et de se mésallier, en prenant une épouse dans une famille vassale? — Charles a été rejeté par sa faute, plus que par celle des autres. Voulez-vous le malheur public? créez Charles souverain : voulez-vous le bien de l'État? couronnez Hugues, l'illustre duc de France. »

Dans ce procès historique, où deux principes contradictoires se trouvaient aux prises en même temps que deux prétendants, l'argument déterminant contre le duc Charles, celui qui devait le plus saisir les esprits et les cœurs, était assurément le reproche, qu'il ne méritait que trop, d'avoir servi un prince étranger et embrassé une cause hostile. Eût-elle même existé à son profit, cette loi nationale de l'hérédité lui était-elle encore applicable? pouvait-il en revendiquer le bénéfice? Tous jugèrent négativement, et « Hugues, porté au trône d'un consentement unanime [3], fut couronné à Noyon par le métropolitain et les autres évêques, et reconnu roi par les Gaulois, les Bretons, les Normands, les Aquitains, les Goths, les Espagnols et les Gascons. Entouré des grands du royaume, il fit des décrets et porta des lois,

[1] « Sed, si de hoc agitur, nec regnum jure hæreditario adquiritur. » (RICHER DE REIMS, ann. 987.)

[2] « Qui tanto capitis imminutione hebuit, ut externo regi servire non horruerit. » (*Id.*)

[3] « Dux, omnium consensu, in regnum promovetur. » (*Id.*)

selon la coutume royale, réglant avec succès et disposant de toutes choses[1]. »

La très-grande majorité des chefs qui commandaient à la nation française, tous ceux qui la représentaient à Senlis optèrent donc ainsi en faveur de Hugues; ils le firent avec maturité, avec liberté, et, nous osons le dire, avec justice. Dans le vague du droit, usant, au nom de la nation, de la souveraineté qui lui faisait retour, ils placèrent sur le trône, devenu vacant, celui qu'ils jugeaient le plus digne de l'occuper; et comme ils étaient les égaux de Hugues, et qu'ils n'agissaient ni par pression, ni avec précipitation, l'unanimité de leur choix témoigne de la validité de l'élection, aussi bien que de la valeur de l'élu. Hugues Capet prit soin de préciser lui-même les motifs qui justifiaient son élévation. Trois ans plus tard, avant d'installer Arnoul, fils naturel du roi Lothaire, sur le siége épiscopal de Reims, il s'en expliqua en ces termes, devant les évêques et les seigneurs réunis : « Si Louis, fils de Lothaire, eût en mourant laissé une lignée, il eût été convenable qu'elle lui succédât[2]; mais comme il n'existe aucun successeur direct de la race royale, ainsi que chacun le sait, j'ai été choisi par vous et par les autres princes, ainsi que par les plus puissants d'entre les vassaux, et je marche à votre tête. Maintenant, celui dont il s'agit est le seul rejeton de la race royale : pour ne pas laisser s'éteindre dans l'oubli le nom de son père, qui fut roi, nous l'investirons[3], etc. »

[1] RICHER DE REIMS, ann. 987.

[2] « Si proles superfuisset, eam sibi successisse dignum foret. » (*Id.*, ann. 990.)

[3] Discours de Hugues Capet à Reims. (*Id.*)

Ainsi, comme Adalbéron l'avait déjà exposé, comme Hugues Capet le formulait d'une façon plus explicite encore, l'hérédité royale, telle qu'elle était alors reconnue et maintenue par l'adhésion des grands, ne s'étendait qu'à la ligne directe, et ne se transmettait pas au delà, dans les branches collatérales; ou, du moins, elle ne s'y attachait ni nécessairement ni invariablement, et pouvait devenir caduque. Toutefois, dans plusieurs régions, notamment celle du Nord, l'ancienne tradition persistait, et le prestige de la race carolingienne continuait à soutenir son représentant évincé, puisqu'il réussit à s'emparer de Laon et de Reims, et à se constituer un parti. Richer de Reims, auquel nous devons tous ces détails, se prononce nettement en sa faveur. Il prétend qu'au moment d'en venir aux mains avec l'armée de son rival, Hugues Capet hésita, « ne se dissimulant pas qu'il avait outragé la justice en dépouillant Charles de Lorraine du trône de ses pères [1] ». Il y a tout lieu de croire que son jugement, non sa bonne foi, se trouve ici en défaut. C'est le grand malheur des situations complexes de l'histoire, et des compétitions dynastiques sur lesquelles le doute semble planer, qu'elles créent des dissentiments assez profonds pour diviser, sinon pour ensanglanter un pays. On rencontre aussi certains caractères mouvants, soucieux de traverser les crises, en se ménageant tour à tour vis-à-vis des partis. De ce nombre était Gerbert, le futur Sylvestre II, qui disputait à Arnoul le siége de Reims. Tantôt il demandait « de quel droit on avait privé Charles de son royal et légitime héritage [2] »; tantôt, en

[1] RICHER DE REIMS, ann. 990.

[2] « Divi Augusti Lotharii germanus frater hæres regni regno

parlant de lui, il remerciait le Seigneur « d'être délivré de la gueule du lion [1] ». Sa volumineuse correspondance ajoute aux faits : elle ne les éclaire pas.

Tandis que le duc Charles, livré à son rival, finissait ses jours dans une prison, et que sa race s'éteignait obscurément à l'étranger, Hugues Capet et ses descendants s'affermissaient sur un trône désormais incontesté (*a*).

Hugues, comme ensuite ses successeurs, s'intitulait « roi par la grâce de Dieu [2] », ce qui n'excluait pas le choix originaire de la nation, mais en relevait le bienfait, et en confiait l'effet à la dispensation providentielle.

De son vivant il avait voulu que son fils Robert fût sacré; et, du consentement des grands, il l'avait associé au trône [3], et « créé roi [4] ». Robert, « devenu possesseur du royaume paternel [5] », en agit de même à l'égard de Hugues, son fils aîné. Malgré les représentations de ceux qui lui conseillaient de différer, « il le désigna pour régner après lui, convoqua à Compiègne les principaux de l'État, et le fit couronner par la main des évêques [6] ». A la mort de Hugues, il se produisit un

pulsus est... quo jure legitimus hæres exhæredatus est, quo jure regno privatus est? » (Lettre de Gerbert à Ascelin, évêque de Laon.)

[1] « Liberavit nos Dominus ex ora leonis (Caroli). » Lettre de Gerbert à un anonyme, v. Dom Bouquet, t. IX.

(*a*) Les dernières protestations contre l'état de choses ne dépassent pas l'an 1009. A cette époque, certaines chartes du Limousin contenaient encore la formule « absente rege terreno », qui témoignait de regrets soutenus.

[2] Lettre de Hugues Capet aux empereurs d'Orient Basile et Constantin. — *Id.* au pape Jean XVI.

[3] Richer de Reims, l. IV, ch. xii et xiii.

[4] Raoul Glaber, l. II, ch. i.

[5] *Vie de Bouchard, comte de Melun.*

[6] Raoul Glaber, l. III, ch. ix.

désaccord dans la famille royale. Henri, deuxième fils du roi Robert, offrait moins de garanties que son frère cadet; la Reine voulait qu'on fît choix de ce dernier, mais le Roi tint bon, et maintenant l'usage de la primogéniture, il décida que Henri prendrait la place de son frère décédé [1]; puis, devant les grands assemblés à Reims, « il lui assura la couronne royale qu'il lui avait destinée [2] ». A son tour, nous voyons Henri, devenu roi, s'associer Philippe, l'aîné de ses fils, et le faire sacrer à Reims, « d'accord avec les chefs et les grands de l'État [3] ». Le procès-verbal de cette cérémonie subsiste encore.

Le petit roi, âgé de sept ans, lut une déclaration et la signa; elle était conçue en ces termes : « Moi Philippe, qui vais bientôt, par la grâce de Dieu, devenir Roi des Français, en ce jour de mon sacre je promets devant Dieu et ses saints de conserver à chacun de vous, mes sujets, le privilége canonique, la loi et la justice qui sont dues; et avec l'aide de Dieu, et suivant ce que je pourrai, je m'efforcerai de les défendre avec le zèle que doit justement mettre le Roi dans son État à soutenir chaque évêque et l'Église qui lui est confiée. Nous accorderons aussi de notre autorité au peuple qui nous est confié une dispensation des lois conforme à ses droits. » L'archevêque ayant alors expliqué qu'il avait « par-dessus tous les évêques le droit d'élire et de consacrer le Roi....., du consentement du roi Henri, il élut Philippe roi ». Les légats apostoliques prirent part à la cérémonie.

[1] Lettre d'Odolric à Fulbert.
[2] Raoul Glaber, l. III, ch. IX.
[3] *Chronique* de Guillaume Godelle.

Après, le Roi fut élu par les archevêques et les évêques, les abbés et les clercs, ensuite par Gui, duc d'Aquitaine, Hugues, fils et représentant du duc de Bourgogne, et par les autres grands feudataires. Vinrent ensuite les chevaliers et le peuple de toutes classes, qui d'une voix unanime donnèrent leur consentement et leur approbation, et crièrent par trois fois : « Nous approuvons, nous voulons que cela soit. » Finalement, l'archevêque consacra Philippe roi [1].

Il ne faut pas attacher à ce cérémonial du sacre, probablement conservé des Carolingiens, non plus qu'aux formules électives qui s'y rencontrent, et qui semblent déterminantes, une valeur autre que celle de l'investiture officielle du pouvoir royal, publiquement accepté et reconnu. Ni la proclamation faite par l'archevêque, ni l'acclamation des assistants ne conféraient par elles-mêmes de nouveaux droits; elles confirmaient seulement, sur la tête des princes, ceux qu'ils tenaient de leur naissance, et que la coutume, en se perpétuant, attachait à leur rang de filiation. Le sacre, comme le constatait un peu plus tard le grand évêque Yves de Chartres, à propos de celui de Louis VI, fils de Philippe Ier, ne faisait donc que consacrer une situation acquise et un souverain antérieurement reconnu [2]. Nous en avons pour preuve, bien que postérieure, que Louis X put régner effectivement pendant une année entière, avant de se faire sacrer.

Ce roi Louis X, dit le Hutin, mourut en 1316; il ne

[1] Procès-verbal du sacre de Philippe Ier.
[2] Lettre 189e d'Yves de Chartres.

laissait qu'une fille, mais la Reine était enceinte. Dans ces conjonctures, Philippe, comte de Poitiers, son frère, convoqua, selon l'usage d'alors, « un Parlement »[1], c'est-à-dire une assemblée régulière des principaux conseillers de l'État, où il fût décidé que si la Reine venait à accoucher d'un fils, la régence serait déférée pour dix-huit ans au comte de Poitiers. La veuve de Louis X mit au monde un prince qui ne vécut que cinq jours. On l'appela Jean Ier. Malgré son existence précaire et son règne fictif, il n'en a pas moins recueilli passagèrement l'héritage de la royauté. Après lui, son oncle, le régent, se crut en droit de la revendiquer, comme étant l'héritier, par les mâles, le plus proche de la couronne. Il se fit sacrer tout d'abord. Mais une opposition violente, suscitée par plusieurs princes du sang, l'obligea à soumettre ses titres aux États généraux (1317), qui comptaient nombre de seigneurs et de prélats, l'Université de Paris, et ses bourgeois les plus notables. La nation ainsi authentiquement représentée avait à se prononcer sur un cas nouveau et litigieux. Pour la première fois depuis Hugues Capet, la ligne directe masculine se trouvait interrompue, après avoir fourni quatorze générations de rois. Il s'agissait de savoir si la succession royale se poursuivrait en ligne collatérale, et si, en particulier, elle pourrait remonter d'un neveu à un oncle. Pareille circonstance, nous l'avons vu, s'était rencontrée à plusieurs reprises sous les Mérovingiens : le massacre des petits-fils de Clotilde, plus tard l'extermination des petits-fils de Brunchaut, témoignaient de la cruauté de

[1] Continuateur de GUILLAUME DE NANGIS, ann. 1316.

leurs oncles, en même temps que de l'intérêt qu'ils avaient à les faire disparaître pour réunir leurs parts. L'histoire des Carolingiens n'offre rien d'analogue; ou plutôt, lorsqu'une prétention semblable se fit jour, on la vit formellement repoussée dans la personne de Charles de Lorraine.

Mais si l'on écartait Philippe, à qui allait revenir la couronne de France? A une femme, à la princesse Jeanne, fille de Louis le Hutin. C'était là une solution aussi contraire aux règles traditionnelles de la monarchie qu'hostile au sentiment public. L'assemblée le comprit, et après avoir examiné les lois et les coutumes nationales, s'inspirant de la vieille loi Salique, et l'appliquant aux questions d'État, elle rendit à l'unanimité un décret qui « excluait à jamais les femmes de la succession au trône[1] ». Puis tous prêtèrent serment au roi Philippe V, et lui jurèrent obéissance ainsi qu'à son fils aîné, « son légitime héritier et successeur[2] ».

L'un et l'autre étant décédés, Charles IV, frère de Philippe V, les remplaça ensuite sans opposition[3].

Comme son prédécesseur, douze ans plus tôt, Charles IV, à sa mort, laissait la Reine enceinte. « Quand il appercent, dit Froissart, que mourir lui convenait, il advisa, s'il advenait que ce fust un fils, qu'il voulait que messire Philippe de Valois, son cousin, en fust tuteur et régent de tout son royaume, jusques à tant que son fils serait en aage d'être roy : et, s'il advenait que ce fust une fille, que les douze Pers et les haux Barons de France

[1] Continuateur de Nangis; *Spicilegium*, t. III, p 71.
[2] *Id.*, ann. 1317.
[3] *Id.*, ann. 1322.

eussent conseil et advis entre eux d'en ordonner, et donnassent le royaume à celuy qui avait le doit par droit. Tantost après le roy Charles mourut. — Ne demoura pas grandement après que la reine Jehanne accoucha d'une belle fille : et adonc les douze Pers et Barons de France s'assemblèrent à Paris, au plus tôt qu'ils purent, et donnèrent le royaume d'un commun accord à messire Philippe de Valois : et en ostèrent la royne d'Angleterre et le roy son fils (laquelle était demourée sœur germaine du roy Charles, dernièrement trépassé), par la raison de ce qu'ils dient que le royaume de France est de si grand'noblesse, qu'il ne doit mie, par succession, aller a femelle [1]. »

Édouard d'Angleterre, neveu des derniers rois de France par sa mère Isabelle, reconnaissait aussi bien que Philippe la validité de la loi Salique en matière d'héritage royal; il ne contestait que son application, et prétendait que sa mère, personnellement écartée de la succession à cause de la faiblesse de son sexe, la lui avait transmise comme à l'hoir mâle le plus proche. Les juristes lui objectaient que ce n'était pas la faiblesse du sexe, mais son incapacité légale qui de tous temps avait empêché les femmes d'hériter de la couronne de France, et par conséquent de la transporter à d'autres; et que le « sexe viril », requis par la loi Salique, s'entendait du lignage aussi bien que de la personne [2]. En l'absence de Philippe de Valois, trop directement intéressé [3], cette grave cause fut débattue au sein des États généraux

[1] *Chronique de Froissart*, ch. XXII.
[2] *Mémoires de l'Académie des Inscriptions*, t. XX.
[3] Discours du chancelier de l'Hôpital.

(1328). Il s'ensuivit « une détermination et jugement des Pers, des Barons, des Prélats, et autres sages du royaume de France, et de tous les habitants dudit royaume [1] », en faveur de Philippe, « pour lui remettre le gouvernement du royaume, et l'en déclarer le roi [2] » (a).

Édouard d'Angleterre avait d'abord implicitement accepté cet arrêt et reconnu Philippe VI comme son seigneur, en lui rendant foi et hommage [3] : au bout de neuf ans, il prétexta un déni de justice pour susciter une querelle et une guerre qui devaient durer un siècle.

Quelque opinion que l'on ait de l'interprétation donnée à la loi Salique par les États généraux de 1317 et de 1328, quelque portée politique qu'on accorde, ou non, à cette loi, il n'en subsiste pas moins qu'elle a servi à caractériser et à codifier un état de choses immémorial, une coutume persistante, si invinciblement liée à la forme monarchique, qu'après neuf cents ans d'exercice, sous trois dynasties, celle-ci ne se concevait plus sans elle, et que la France était fondée à les déclarer indissolubles. D'ailleurs, quand bien même les titres de Philippe de Valois eussent été aussi douteux que ceux d'Édouard d'Angleterre, la nation n'ayant plus dès lors au-dessus d'elle aucun chef légitime, naturellement désigné, rentrait aussitôt dans l'exercice de ses anciens

[1] *Mémoires ms.* de JEAN DE MONTREUIL.

[2] Continuateur de NANGIS, ann. 1727.

(a) Froissart mentionne aussi le « commun accord des Pers et des Barons de France » pour donner le royaume à Philippe : il ajoute toutefois qu'« ainsi alla le royaume de France hors de la droite ligné (ce semble a moult de gens) », ce qui prouve seulement que les avis étaient partagés. (V. FROISSART, ch. IV.)

[3] A Amiens, le 6 juin 1329.

droits, et pouvait appeler au trône celui des deux candidats qui avait sa préférence.

On voit quel rôle utile les États généraux prenaient ainsi dans les institutions nationales, lorsqu'ils se constituaient ses défenseurs et ses gardiens. Composés en dernier lieu de délégués des trois ordres, et par conséquent des diverses classes du pays, jusque-là que « tous ses habitants » y étaient déjà représentés, ils apportaient à la monarchie une force d'opinion qui devait puissamment la seconder dans sa longue lutte contre les prétentions étrangères.

Plus tard, en 1483-84, ils la soutinrent de même pendant la crise intérieure d'une minorité royale; et se plaçant entre le trône du jeune Charles VIII et l'ambition des princes de son sang, ils firent entendre d'assez haut une voix qui se savait écoutée.

Il est à remarquer que tous les Français majeurs de vingt-cinq ans, et domiciliés, avaient alors droit d'élire et d'être élus, sans aucune condition de cens [1], et que les députés étaient les mandataires, non d'un ordre séparé, mais de tous les trois, qui les avaient choisis et nommés en commun [2]. Dans des conditions de suffrage et de recrutement aussi larges, nous ne serons pas surpris de la liberté de paroles, de la franchise de ton qui régnaient dans cette assemblée, et que l'on trouve, en particulier, dans le discours magistral prononcé par Philippe Pot, seigneur de la Roche, grand sénéchal de

[1] V. THIBEAUDEAU, *Histoire des États généraux*, et le Discours de l'orateur de la noblesse aux États de 1484.

[2] Discours de Philippe de Poitiers, député de Champagne, aux États de 1484.

Bourgogne. A propos de la régence à établir : « La royauté, disait-il, est une dignité, ce n'est pas une propriété héréditaire..... Dans l'origine les peuples, qui étaient les maîtres, créèrent des rois par leur choix..... comment les flatteurs attribuent-ils la totalité du pouvoir au prince qui existe par le fait du peuple..... Je veux que vous conveniez que l'État est la chose de ce peuple, et qu'il l'a confiée aux rois..... Or puisqu'il est constant que notre roi ne peut disposer lui-même de la chose publique, il est nécessaire qu'elle soit régie par le ministère et par le soin d'autres personnes. Si elle ne retourne, en ce cas, ni à un seul prince, ni à plusieurs princes, ni à tous à la fois, il faut qu'elle revienne au peuple, donateur de cette chose, et qu'il la reprenne comme sienne... Loin de moi pourtant l'intention de dire que la capacité de régner ou la domination passe à tout autre qu'au Roi; je me borne à prétendre que l'administration du royaume et la tutelle, non le droit ou la propriété, sont accordées légalement pour un temps au peuple, ou à ses élus (*a*). »

Malgré leur hardiesse et leur indépendance, ces doctrines politiques pouvaient se justifier, et n'étaient pas incompatibles avec les prérogatives d'une monarchie héréditaire : mais comme il n'y avait alors ni utilité manifeste à se réclamer d'elles, ni opportunité à reven-

(*a*) Ce discours de Philippe Pot fut prononcé aux États généraux le 6 février 1483. La traduction qu'en donne M. BERNIER, dans les *Monuments inédits de l'Histoire de France*, doit être rectifiée. En beaucoup de passages elle est fautive, parce qu'elle attache des idées politiques modernes à des expressions qui ne les comportent pas; ainsi « dominus rerum populus » ne veut pas dire « le peuple souverain », comme nous l'entendons aujourd'hui.

diquer leur application, les députés laissèrent de côté ce que la harangue de Philippe Pot comportait d'excessif, et n'usèrent de leur droit d'intervention que pour voter un projet qui écartait la régence, et confiait le jeune roi, assisté d'un conseil, à la vigilance de ceux qui l'avaient élevé. A leur tour, les États généraux de 1483 firent donc preuve de jugement et de patriotisme, puisqu'au lieu de retenir à eux la chose publique en disposant de ce conseil, selon l'avis hasardeux du sénéchal de Bourgogne, ils la remirent tout de suite, autant qu'il était possible, entre les mains du souverain, et qu'envisageant par-dessus tout le bien de l'État, ils lui sacrifièrent leur intérêt particulier et leur amour-propre. Ils évitèrent ainsi d'entrer en partage de la souveraineté; toutefois ils la réglèrent souverainement, et prouvèrent par là qu'en certaines circonstances transitoires ou accidentelles d'un règne, comme dans les cas où la personne du Roi est douteuse, c'est au peuple qu'il appartient de se prononcer par l'organe de ses représentants.

En était-il de même au siècle suivant, lorsque, du vivant de Henri III, il s'agissait de décider si le roi de Navarre, prince protestant, serait, ou non, habile à lui succéder? Nous rencontrons ici l'une des questions les plus délicates et les plus épineuses de notre histoire.

Gouverné, depuis Clovis, par des souverains qui ne s'étaient jamais départis de leur foi, attaché à une Église dont il avait été le protecteur et le champion, le pays de Charlemagne et de saint Louis considérait la religion catholique comme constitutivement inséparable de la monarchie, et la tenait, en quelque sorte, pour sa seconde loi Salique. Quand il vit cette religion nationale menacée par la prochaine extinction des Valois et l'avénement de leur successeur — car le récent exemple de l'Angleterre prouvait assez comment le souverain imposait alors son symbole à ses sujets — il se crut autorisé à la défendre par des armes et des actes politiques, envisageant que la soumission individuelle due aux princes n'exclut pas, dans les sociétés qui leur ont conféré un certain pouvoir, le droit au maintien des clauses et conditions inhérentes à ce pouvoir.

Voilà le principe qu'il faut dégager, à cette époque, de toutes les scories de passions et d'ambitions latentes; principe qui a suscité le mouvement de la Ligue, qui s'est imposé au Roi, et finalement a obtenu la sanction des États généraux.

Dans l'édit d'union publié le 15 juillet 1588, et enregistré quelques jours après au Parlement de Paris [1], le Roi déclarait ce qui suit : « Ordonnons et voulons que tous nos sujets jurent, et promettent dès à présent, et pour jamais, après qu'il aura plu à Dieu de disposer de notre vie, sans nous donner d'enfants, de ne recevoir à être roi, ni prêter obéissance à prince quelconque qui soit hérétique ou fauteur d'hérésie. »

Protestant, le roi de Navarre était dès lors implicitement exclu de son rang héréditaire, de sorte qu'à la mort de Henri III, le trône devait passer au cardinal de Bourbon, oncle du prince Béarnais. Malgré son état et son âge assez avancé, on fit choix de ce successeur éventuel, que le roi de France déclara, par lettres

[1] Le 21 juillet.

patentes publiées au Parlement, « le plus proche parent et héritier de son sang [1] ».

Une détermination aussi grave, puisqu'elle allait jusqu'à intervertir l'hérédité et à compromettre l'avenir de la dynastie, devait être soumise aux représentants de la France. Elle le fut bientôt après aux États généraux de Blois (1588). Non-seulement ils avouèrent et approuvèrent l'édit d'Union, mais sur leurs instances le Roi dut rendre une déclaration [2] portant que cet édit « serait et demeurerait à jamais loi fondamentale du royaume ». En même temps il jurait publiquement de le maintenir, et tous les députés avec lui.

Il se refusa néanmoins à prononcer contre le roi de Navarre en personne et contre sa postérité éventuelle une sorte d'exhérédation politique, jugeant avec plus de sagesse que les États qu'il ne fallait pas pousser les choses ni les hommes à bout, et qu'il suffisait d'assurer les voies légales, sans fermer au jeune prince toute issue de retour.

Avec le temps cette heureuse circonspection devait porter ses fruits, lorsque après l'assassinat de Henri III, et la mort du vieux cardinal de Bourbon, auquel on avait imposé le nom de Charles X (*a*), la Ligue, sentant que le terrain lui manquait, s'avisa de réunir à Paris une assemblée qui s'intitulait États généraux.

[1] Lettres patentes données à Chartres le 17 août 1588, publiées au Parlement de Paris le 26 août.

[2] Du 18 octobre 1588.

(*a*) Un second cardinal de Bourbon, du parti royaliste, fils du prince de Condé, tenta aussi un instant le rôle de prétendant. C'est lui que la Ligue aurait dû prendre alors pour roi, si elle avait été logique, et si ses chefs ne s'étaient souciés de leurs intérêts plus que de ceux de la cause.

Indûment convoqués, ne représentant qu'une portion du pays, ces États y pouvaient toutefois usurper une place considérable, parce qu'ils se donnaient pour mission de désigner un souverain, et que, influencés par les agents de l'Espagne, on appréhendait qu'ils n'abolissent la loi Salique, et n'appelassent au trône la fille de Philippe II, nièce par sa mère des trois derniers Valois.

Allait-on donc voir renaître les prétentions féminines qui avaient occasionné la guerre de Cent ans; ou bien, le procès perdu par les Anglais dans le cours du quatorzième siècle, serait-il repris, et, cette fois-ci, gagné par les Espagnols? Chaque jour tout risquait d'être irrémédiablement compromis, quand deux actes mémorables, l'un juridique, l'autre religieux, vinrent rétablir, le premier, la vraie notion politique des droits, le second, l'unique fondement sur lequel ils pouvaient être réédifiés.

Bien que Henri III l'eût appelé à Tours[1], le Parlement de Paris s'était fractionné, et ceux de ses membres demeurés dans la capitale y avaient lutté, non sans danger ni sans honneur, contre les excès démagogiques de la Ligue. Voyant le nouveau péril qui menaçait l'État, ces magistrats sentirent leur patriotisme se réveiller, et plutôt que de subir une domination foraine, ils protestèrent dans un arrêt magnifique contre « tout transfert de la couronne en la main de princes ou princesses étrangères », et déclarèrent « nuls et de nul effet » les traités conclus dans ce sens, « comme faits au préjudice de la loi Salique et autres lois fondamentales du royaume[2] ».

[1] Édit de Blois du 23 mars 1589. (V. DE THOU, l. XCV.)
[2] Arrêt du 28 juin 1593.

Cette mesure eut un retentissement considérable. Elle menaçait cependant de rester infructueuse, si en même temps qu'on opposait un obstacle à toute royauté d'importation, on ne parvenait à lever celui où s'achoppait la nôtre. Ce ne pouvait être que l'œuvre personnelle de Henri IV : aussi, lorsque ce prince fut rentré dans le giron de l'Église, et eut par là même invalidé la clause d'exclusion qui pesait sur lui, la légitimité de son titre parut aussitôt ravivée, et son parti, devenu national, ne tarda pas à avoir le dessus.

Ainsi se terminait enfin le cruel conflit où un roi et son peuple se trouvaient engagés.

Ainsi encore, après avoir assuré la primogéniture, retenu la succession masculine, conservé et fortifié l'hérédité en l'étendant aux collatéraux, la dynastie capétienne, un instant vacillante, se soudait pareillement à la religion, et reconnaissait la profession de la foi catholique comme une condition normale, légale, de son existence et de sa durée.

IV

Il nous faut traverser, avec Henri IV, Louis XIII et la majeure partie du règne de Louis XIV, l'ère triomphale de la monarchie française, pour la retrouver, et conséquemment le pays, en présence d'une de ces situations difficiles, complexes, où la conscience publique d'une part, de l'autre la loi et la tradition nationales sont fatalement aux prises. Non qu'il s'agisse, cette fois encore, de sauvegarder la religion du prince, et, avec elle, celle de l'État, mais bien de sauver et de conserver cet État lui-même, en accédant, sous la pression des circonstances, à un ordre de succession jusqu'alors inouï, puisqu'il retranchait collectivement de l'hérédité toute une branche de la maison royale.

On sait les épreuves qui affligèrent la vieillesse de Louis XIV et l'obligèrent enfin à consentir, au détriment de son petit-fils, à ce douloureux sacrifice.

Le duc d'Anjou, en acceptant la couronne d'Espagne qui lui était dévolue, du chef de sa grand'mère Marie-Thérèse, par le testament du dernier roi Charles II, rentrait ainsi dans les droits auxquels Louis XIV, son aïeul, avait renoncé pour lui et toute sa postérité. Mais comme cette clause, insérée dans le traité des Pyrénées (a), engageait isolément la France vis-à-vis de l'Espagne, il était loisible et licite à ce dernier pays, seul intéressé à son maintien, de l'annuler par la suite. Notons dès à présent que cette accession du duc d'Anjou à l'héritage d'Espagne supposait, parmi ses proches, deux désistements, deux renonciations tacites, celle du grand Dauphin, son père, et celle de son frère aîné, le duc de Bourgogne; car si le testament de Charles II le désignait personnellement, ce ne pouvait être qu'en vertu d'un titre familial commun à ses ayants cause.

Le duc d'Anjou, roi d'Espagne sous le nom de Philippe V, n'en voulut pas moins conserver en France son rang et ses droits éventuels; et, avant de partir, il obtint de son aïeul des lettres patentes de naturalité, enregistrées au Parlement [1], qui les lui assuraient, et après lui à ses descendants. Charles IX, alors duc d'Anjou, prêt à se rendre à l'appel des Polonais, avait pris une précaution semblable; de même son frère, le duc d'Alençon, en devenant duc de Brabant; et plus récemment encore, le prince de Conti, élu roi de Pologne, s'était inspiré de leur exemple. Il résulte de ces précédents que les Princes français pouvaient légalement rester tels, eux et leur postérité, tout en vivant et en régnant à l'étranger, et que la loi Salique entraînait l'indigénat de la race sans exiger que ses membres fussent régnicoles. Aussi Édouard III d'Angleterre ne se trouvait-il pas écarté du trône comme étranger, mais comme descendant de nos rois par une femme : le prétendant carolingien, Charles

(a) Du 17 novembre 1659. On cherchait par là à éviter la réunion des deux couronnes.

[1] Décembre 1700.

de Lorraine, n'en était pas davantage exclu en tant qu'étranger, mais parce qu'il avait « servi un prince étranger » et une cause hostile, et que d'ailleurs la succession semi-élective, qu'il revendiquait, n'était pas alors assurée aux collatéraux : enfin le duc d'Anjou, bien qu'il eût accepté une couronne étrangère, ne se privait pas pour lui, ni pour sa lignée après lui, du privilége de succéder en France, puisque la loi Salique n'y prohibe un sexe qu'en appelant, sans restriction ni limitation, tous les rejetons de l'autre. Cette loi, même sous la forme et avec l'interprétation plus précises que les temps lui ont apportées, et qui n'altèrent pas sa substance, ne saurait donc être opposée à Philippe V; et si au bout de douze ans il a perdu, pour lui et les siens, un rang d'héritier français jusqu'alors intact, ç'a été en vertu d'une stipulation expresse et formelle, acceptée par les deux pays, et insérée dans un traité international. Tout autre raisonnement est sans appui; toute autre preuve, sans autorité.

Venons-en donc au traité d'Utrecht et aux renonciations qui l'accompagnent et qui régissent uniquement cette matière. Celle de Philippe V, la première en date[1], a été d'abord consignée dans un décret sommaire, puis consommée dans un acte explicatif et solennel qui ne laissait subsister aucun doute.

Le décret est ainsi conçu :

« L'assurance que les couronnes d'Espagne et de France « ne seraient jamais mises sur une même tête, a été un « des principaux et des plus importants motifs de la

[1] 8 juillet et 7 novembre 1712.

« guerre qui a affligé l'Europe jusqu'à ce jour : ç'a été « aussi comme le préliminaire dans les vues qu'on a eues « pour la paix, et principalement dans les propositions « qui ont été faites depuis peu en Angleterre. C'est là-« dessus qu'on a posé le fondement de cet ouvrage, et « l'on a jugé à propos d'établir la certitude qu'en aucun « temps ni par aucun incident et événement que ce soit, « les deux monarchies ne puissent être unies dans une « seule personne ; et c'est sur ce point et sur d'autres « points préliminaires qu'on est convenu du congrès qui « se tient à Utrecht, pour traiter d'autres parties de la « paix et les régler; pendant lesquelles négociations les « morts du Dauphin notre frère et notre neveu étant « survenues, l'Angleterre en prit occasion de porter ses « vues jusqu'à prévenir et anéantir les effets de tous « autres accidents qui pourraient encore survenir un « jour; cette couronne vint à proposer et soutenir, « comme un moyen nécessaire pour éviter toutes sortes « d'inconvénients dans les circonstances qui pourraient « arriver, qu'il fallait que je renonçasse en mon nom et « à toujours à la monarchie d'Espagne, ou à celle de la « France : en telle sorte que *si je demeurais dans l'Espagne, « aucun de mes successeurs ne pourrait jamais succéder à celle « de France,* et ceux qui règnent ou régneront en France, « ni tout autre prince qui est issu de cette famille ou qui « en naîtra ci-après, ni ses descendants, ne pourront « jamais posséder la couronne d'Espagne.

« Je n'hésitai pas un moment sur le parti que j'avais « à prendre, et aussi on ne me laissa pas le moindre « loisir de prendre conseil et de délibérer. Mon affection « pour les Espagnols, la connaissance des obligations

« que je leur ai, les fréquentes expériences que j'ai faites « de leur fidélité, et la reconnaissance que je devais avoir « pour la Providence divine, de la grande faveur qu'elle « m'avait faite, de m'avoir placé et maintenu sur le trône, « et donné des sujets si illustres et d'un si haut mérite, « furent les seuls motifs, les seules raisons qui eurent « accès dans mon esprit, et influèrent sur ma résolution, « laquelle, lorsque je l'eus fait connaître, ne demeura pas « sans être combattue par d'autres propositions et avan- « tages, qu'on me voulait faire envisager comme plus « considérables que ceux qui m'avaient déterminé (*a*) : « mais tout cela n'a servi qu'à m'affermir dans mon des- « sein, et à me mettre en état de pousser et terminer « cette affaire, afin qu'il n'y ait rien qui puisse plus « m'empêcher de vivre et de mourir avec mes chers et « fidèles Espagnols. Mes sincères intentions et ma con- « stance étant venues à la connaissance des puissances « qui sont intéressées au maintien des propositions et « des moyens susdits, ont donné occasion à la reine « d'Angleterre de rendre compte à son Parlement le « 17 du mois passé de l'état où était la paix avec les deux « couronnes d'Espagne et de France; et cette notifica- « tion y a été approuvée et applaudie. J'en ai aussi fait « donner communication au conseil des Indes, afin qu'il « soit informé de l'état de cette importante négociation.

« A Madrid, le 17 juillet 1712.

« *Signé :* Moi, le Roi. »

(*a*) On lui offrait Naples et les États de la maison de Savoie, sans abandonner ses droits éventuels en France.

Comme on le voit par cette pièce préliminaire, il ne s'agissait plus seulement d'empêcher, sur une même tête, la réunion des deux couronnes, mais bien de séparer à perpétuité les deux branches d'une même race royale, de façon à prévenir entre elles toute réversibilité ultérieure. Tel est le but authentique et positif de l'acte de renonciation que voici :

« Don Philippe, par la grâce de Dieu roi de Castille, « de Léon, d'Aragon, etc. (Suit l'énumération des titres.)

« Il a été convenu de ma part et de celle du Roi mon « grand-père, que pour éviter en quelque temps que ce « soit l'union de cette monarchie à celle de France, et « pour empêcher qu'elle ne puisse arriver en aucun cas, « il se fit des renonciations réciproques pour moi et tous « mes descendants, à la succession de la monarchie de « France, le cas avenant, et de la part des princes de « France, et de toute leur ligne, présente et à venir, à la « succession de la monarchie d'Espagne, faisant réciproquement une abdication volontaire de tous les droits « que les deux maisons royales d'Espagne et de France « pourraient avoir de se succéder mutuellement, *séparant* « par les moyens justes de ma rénonciation, *ma branche* « *de la tige royale de France, et toutes les branches de France* « *de la tige du sang royal d'Espagne,* prenant aussi des « mesures justes..... (Ces mesures appellent la maison de « Savoie au trône d'Espagne dans le cas où les descendants de Philippe V viendraient à manquer.)

« J'ai résolu en conséquence..... d'abdiquer pour moi « et pour tous mes descendants le droit de succession à la « couronne de France..... de mon propre mouvement, de

« ma libre, franche et pure volonté, moi, Don Philippe, etc.
« *Je renonce par le présent acte, pour toujours et à jamais,*
« *pour moi-même, et pour mes héritiers et successeurs, à*
« *toutes prétentions, droits et titres que moi, ou quelques autres*
« *de mes descendants que ce soit, aient dès à présent, ou*
« *dussent avoir en quelque temps que ce puisse être à l'ave-*
« *nir à la succession de la couronne de France.* Je les aban-
« donne, et m'en désiste pour moi et pour eux, et je *me*
« *déclare et me tiens pour exclu et séparé, moi et mes enfants,*
« héritiers et descendants perpétuellement pour exclus,
« et inhabiles absolument et sans limitation, différence
« ni distinction de personne, de degré, sexe et temps,
« de l'action et du droit de succéder à la couronne de
« France. *Et je veux* et consens pour moi et mesdits des-
« cendants, *que dès à présent, comme alors,* moi et mes
« descendants étant exclus, inhabiles et incapables, *on*
« *regarde ce droit comme passé et transféré à celui qui se*
« *trouvera suivre en degré et immédiat au Roi,* par la mort
« duquel la vacance arrivera, et auquel successeur immé-
« diat on déférera la succession à ladite couronne de
« France, *en quelque temps et en quelque cas que ce soit,* afin
« qu'il l'ait et la possède comme légitime et véritable
« sucesseur, *de même que si moi et mes descendants nous*
« *n'eussions pas été nés, ni ne fussions pas au monde, parce*
« *que nous devons être tenus et réputés pour tels.....*

« Je veux et consens pour moi-même et pour mes des-
« cendants, que dès à présent comme alors, ce droit soit
« regardé et considéré comme passé et transféré au duc de
« Berry, mon frère, et à ses enfants et descendants mâles
« nés en légitime mariage : et au défaut de ses lignes
« masculines, au duc d'Orléans, mon oncle, et à ses enfants

« et descendants mâles, nés en légitime mariage...

« Et pour plus grande stabilité de l'acte d'abdication « de tous les droits et titres qui m'appartiennent, et à « tous mes enfants et descendants, à la succession de la- « dite couronne de France, *je me dépouille et me désiste « spécialement des droits qui pourraient m'appartenir par les « lettres patentes ou actes par lesquels le Roi mon grand- « père me conserve, me réserve et habilite le droit de succes- « sion à la couronne de France..... »*

« Je promets et m'oblige en foi et parole de Roi, que « de ma part et de celle de mesdits enfants et descen- « dants, nés et à naître, je procurerai l'observation et « l'accomplissement de cet acte, sans permettre ni con- « sentir qu'il y soit contrevenu directement ou indirec- « tement, en tout ou en partie...

« Et pour plus grande stabilité et sûreté de ce qui est « contenu en cette renonciation, et de ce qui est statué « et promis de ma part, j'engage de nouveau ma foi « et parole royale, et je jure solennellement par les « Évangiles contenus en ce missel, sur lequel je pose la « main droite, que j'observerai, maintiendrai et accom- « plirai le présent écrit et acte de renonciation, tant pour « moi que pour tous mes successeurs, héritiers et des- « cendants, dans toutes les clauses qui y sont contenues, « selon le sens et la construction le plus naturel, le plus « littéral et le plus évident...

« Je le signe et ordonne qu'il soit scellé de mon scel « royal...

« A Buenretiro, le 7 novembre 1712.

« *Signé :* Moi, le Roi. »

Il est difficile de trouver un engagement plus explicite, plus positif, plus solennel : il est impossible de croire qu'étant accompagné des renonciations parallèles des ducs de Berry et d'Orléans à la couronne d'Espagne, pour eux et leur postérité (*a*), reconnu par les Cortès [1] comme loi fondamentale de l'État, et enregistré dans le traité d'Utrecht [2], il lui ait manqué soit en Espagne, soit pour l'Espagne vis-à-vis de la France, aucune formalité ni aucune sanction. La succession semi-Salique, établie postérieurement dans la Péninsule par l'Auto-accordado de Philippe V [3], est distincte et indépendante de l'acte de renonciation comme du traité; bien qu'elle ait avec eux une connexité morale, elle ne saurait donc leur être opposée.

Tandis que les Espagnols se résignaient volontiers à séparer, et, selon l'expression d'un des leurs, à « amputer » à leur profit l'une des branches de la maison de Bourbon, en France, cette radiation, et le changement qui s'en pouvait suivre dans l'ordre héréditaire, n'étaient pas sans causer un étonnement pénible dont Saint-Simon s'est fait l'écho. Il fallait l'impérieuse nécessité, les exigences de l'ennemi et le besoin toujours plus pressant de la paix pour accéder à une mesure aussi inouïe. Elle s'imposait donc comme une condition de salut, ce qui contribuait déjà fortement à l'autoriser : mais il y a

(*a*) La renonciation du duc de Berry, frère cadet de Philippe V, comme petit-fils de Marie-Thérèse et arrière-petit-fils d'Anne d'Autriche, est du 19 novembre 1712. Celle du duc d'Orléans, comme petit-fils d'Anne d'Autriche, du 24 novembre 1712.

[1] 8 mars 1713.

[2] 11 avril 1713.

[3] 10 mai 1713.

plus, et nous pensons qu'elle a été prise sans injustice, et qu'elle pouvait l'être sans illégalité.

Cette mesure a été prise sans injustice, parce qu'au point de vue moral, il est permis de renoncer, pour soi et ses ayants cause, même à venir, à un droit ou à une possession, actuelle et future, moyennant une compensation équitable. Or tel était assurément le cas d'un souverain de l'Espagne et des Indes qui ne perdait en France qu'une expectative.

Elle a aussi été prise avec justice vis-à-vis de l'histoire, qui a toujours admis ces sortes de transactions. Charles-Quint, en cédant les pays de l'Empire à son frère Ferdinand, n'a-t-il pas, par là même, privé ses descendants d'une moitié de son héritage? Louis XIII et ensuite Louis XIV ne s'étaient-ils pas dépouillés, pour eux et les leurs, de toute prétention ultérieure sur l'Espagne? Depuis, n'a-t-on pas vu François de Lorraine renoncer à son Duché et l'échanger contre celui de Toscane? Dans les traités, la plupart des stipulations qui modifient les territoires, ne contiennent-elles pas, en réalité, des renonciations consenties par une personne souveraine et une génération au détriment de celles qui suivront? Leur en a-t-on jamais fait un crime?

On objectera peut-être que dans les cas précités, les désistements ne portaient que sur des possessions actuelles, non éventuelles, et que la loi interdit de renoncer à une succession qui n'est pas encore échue. D'accord, sous l'empire du Code civil; mais en était-il de même autrefois? Pas toujours, et l'article 791 de ce Code a précisément pour but d'abroger une disposition de notre ancien droit coutumier, qui autorisait certaines renonciations aux successions futures; celles faites par contrat de mariage, en faveur des mâles, et lorsque le renonçant avait reçu une dot [1]. Le traité équivalait ici au contrat; et Philippe V, qui s'assurait l'Espagne, ne cédait ses droits français qu'aux seuls princes du sang : l'analogie était saisissable.

Ni la morale, ni l'histoire, ni la loi, ne sauraient donc opposer leurs principes ou leurs précédents au bien fondé de cette renonciation, d'où il suit qu'elle était juste et licite. Reste à savoir si les formes, les conditions de sa promulgation, en France, l'y ont rendue authentique et valide, si de ce côté des Pyrénées, elle est devenue, pareillement, une loi organique de la monarchie.

Ce n'est pas le lieu de faire un procès de tendance à la mémoire de Louis XIV, ni d'incriminer le régime qu'il trouvait institué depuis Richelieu, et qu'il n'a fait que développer : il est permis toutefois de déplorer ici l'une de ses conséquences, et de se plaindre, avec Saint-Simon [2], que cette grave dérogation apportée à la loi fondamentale n'ait pas été soumise à la nation et ratifiée par ses États généraux (*a*). Les Anglais les demandaient pour mieux assurer en France l'effet des renonciations, et ils étaient dans le vrai. Mais depuis un siècle ces États

[1] V. BOURJON, *Droits communs de France et coutumes de Paris*, t. XVII, 2e partie, ch. XIII, § 2.

[2] V. SAINT-SIMON, 9e vol., ch. XVI, édit. Hachette.

(*a*) Dans son *Mémoire sur la Renonciation*, SAINT-SIMON avance que c'est aux seuls Pairs et aux grands officiers qu'il appartient de régler la succession à la couronne de France. Mais il regarde ensuite comme « indispensable de faire recevoir la renonciation au corps de la nation », en convoquant les États généraux, puis en tenant un lit de justice. (Voir *Œuvres inédites* de SAINT-SIMON, t. II, p 381.)

n'avaient plus été convoqués, le Roi les redoutait, il les regardait comme attentatoires à la souveraineté, et rien ne l'eût fait revenir sur sa détermination (a). Il fallut donc recourir aux garanties légales que comportait un état de choses établi, reconnu, et qui devait l'être encore longtemps.

A cet effet, Louis XIV déclara par Lettres patentes qu'il admettait les renonciations des ducs de Berry et d'Orléans d'une part, du roi d'Espagne de l'autre, et retirait à ce dernier les Lettres de naturalité qui lui conservaient, et à ses descendants, leurs droits ultérieurs à succéder en France.

« Nous sentons, disait-il, comme Roi et comme père, « combien il eût été à désirer que la paix générale eût « pu se conclure sans une renonciation qui fasse un si « grand changement dans notre maison royale, et dans « l'ordre ancien de succéder à notre couronne; mais « nous sentons encore plus combien il est de notre « devoir d'assurer à nos sujets une paix qui leur est si « nécessaire. » Et il ajoutait : « Voulons que conformé- « ment audit Acte de renonciation de notre frère et « petit-fils le roi d'Espagne, il soit désormais regardé et « considéré comme exclu de notre succession; que ses « héritiers, successeurs et descendants en soient aussi « exclus à perpétuité et regardés comme inhabiles à la « recueillir. Entendons qu'à leur défaut, tous droits qui « pourraient en quelque temps que ce soit leur compéter

(a) Au cours des négociations, Torcy répondait à ce sujet à lord Bolingbroke : « Les États, en France, ne se mêlent pas de ce qui regarde la succession à la couronne. » — C'était un peu trop oublier l'histoire.

« et appartenir sur notredite couronne et succession de « nos États, soient et demeurent transférés à notre très-« cher et très-aimé petit-fils, le duc de Berry et ses « enfants et descendants mâles, nés en loyal mariage, « et successivement à leur défaut à ceux des princes de « notre maison royale et leurs descendants, qui par le « droit de leur naissance, et par l'ordre établi depuis la « fondation de notre monarchie, devront succéder à « notre couronne [1]. »

Ces Lettres patentes, et les renonciations qu'elles contenaient, furent enrégistrées sans opposition dans toutes les Cours de Parlements, comme dans les Chambres de Comptes du royaume; le Parlement de Paris les entérina solennellement, en présence des pairs et des princes du sang.

Ainsi revêtus de toutes les formalités qui pouvaient les rendre exécutoires, les Actes de renonciation servirent d'instruments décisifs aux traités conclus, à Utrecht, avec la Grande-Bretagne [2], la Savoie [3] et les Pays-Bas [4], puis, à Bade, avec l'empire d'Allemagne [5]. Ils entrèrent dès lors dans le droit public européen; et comme il est inadmissible que la France ait conclu, avec ces diverses puissances, des contrats bilatéraux qui ne l'assujettissaient pas, il faut, en bonne logique, tenir tous ces traités pour réciproquement nuls et non avenus, ce que les faits démentent, ou reconnaître que si leurs clauses étaient

[1] Lettres patentes données à Versailles en mars 1713.
[2] 11 avril 1713.
[3] Même date.
[4] Même date.
[5] Un an après, le 7 septembre 1714.

obligatoires chez nous, comme ailleurs, c'est qu'elles y devaient être légalisées.

On ne saurait donc établir un parallèle entre les Renonciations, œuvre collective de deux grands États, confirmée sous la foi du serment dans quatre traités distincts, traités suivis d'effets, jamais annulés, jamais protestés, et l'acte presque contemporain par lequel Louis XIV, s'inspirant de sa seule volonté, et sans que rien n'en justifiât l'abus, déclarait ses enfants légitimés, et leur postérité, habiles à succéder « de plein droit » à la couronne de France, au cas où les branches légitimes de la maison de Bourbon viendraient à manquer [1]. Une pareille infraction à la loi de l'hérédité ne trouvait d'excuse que dans l'âge avancé du monarque qui se croyait autorisé à l'introduire. Elle ne lui survécut guère. Deux ans à peine après sa mort, un nouvel Édit de Louis XV révoquait celui de son prédécesseur [2], et retirait aux légitimés cette successibilité et cette dignité de Princes du Sang qui leur avaient été indûment accordées, puisqu'elles tiennent chez nous, depuis que la religion y a policé les mœurs, à la seule légitimité de la naissance.

Autre chose est en effet, dans une monarchie traditionnelle, d'instituer, sans motif que celui du bon plaisir, sans aveu ni « consentement de la nation [3] », de nouveaux héritiers du trône royal; autre chose d'en restreindre le nombre, sous l'empire de nécessités si impérieuses, si incontestables, que se refuser à ce sacrifice, c'eût été compromettre sinon perdre et le trône et la

[1] Édit de juillet 1714 et Déclaration de 1715.
[2] Édit de juillet 1717.
[3] Protestation du duc de Bourbon contre l'édit de 1714.

monarchie. De là, le sort différent que l'avenir réservait à ces deux mesures. Tandis que l'une, née d'un abus de pouvoir, disparaissait sans retour avec son auteur, l'autre, bien que subie à regret, recevait un commencement d'exécution par la régence déférée au duc d'Orléans, comme au prince du sang de France le plus proche de Louis XV; elle subsistait sans opposition pendant le cours du dix-huitième siècle; elle occasionnait enfin, dans les États généraux de 1789, devenus Assemblée nationale, un long débat de trois jours[1], à l'issue duquel les députés, laissant les choses en l'état, déclarèrent ne « rien préjuger sur l'effet des Renonciations[2] ». On sait par les procès-verbaux quels furent les motifs de leur apparente neutralité. Ils craignaient, en renouvelant l'exclusion des traités d'Utrecht, d'indisposer le roi d'Espagne, de perdre le seul allié de la France, et de priver nos provinces méridionales du commerce fructueux qu'elles entretenaient avec leur voisine[3]. La politique du dehors prit ainsi le pas sur celle du dedans.

Il est à remarquer qu'auparavant l'Assemblée avait acclamé et proclamé à l'unanimité :

1° L'inviolabilité royale;

2° L'indivisibilité du trône;

3° L'hérédité de la couronne dans la race régnante;

4° Cette hérédité, de mâle en mâle, par ordre de primogéniture;

[1] Les 15, 16 et 17 septembre 1789.

[2] Amendement de M. Target.

[3] Discours de Mgr de la Lazurne, le 15 septembre, et de M. de Macaye, député du Labour, le 17 septembre.

5° L'exclusion perpétuelle des femmes et de leurs descendants [1].

De ces cinq principes constitutifs, le premier ressortait de la nature des choses, le cinquième, de celle de la monarchie, d'abord franque, puis française, qui en adoptant dès son berceau la loi Salique, privait par là même les femmes de toute possession territoriale.

Quant à l'hérédité de la couronne, elle s'était maintenue sous la première race; elle avait été suspendue, puis partiellement reprise avec la seconde; enfin, grâce à cette hérédité, la troisième pouvait montrer, depuis Hugues Capet jusqu'à Louis XVI, une succession ininterrompue de trente-trois rois.

Reste l'indivisibilité du trône, et la primogéniture, qui en est le corollaire, car dès lors qu'un seul prince est appelé à régner sur tout l'empire, il est naturel et logique, dans une monarchie héréditaire, que l'on suive l'ordre préétabli de la filiation et de la naissance.

Nous savons toutefois qu'il n'en a pas été ainsi en France, dès l'origine. Les Mérovingiens admettaient formellement le partage du royaume entre héritiers royaux; les Carolingiens, après l'avoir pratiqué, l'écartèrent; enfin les premiers Capétiens réussirent à l'abolir, et assurèrent le droit de primogéniture par une conduite suivie et une volonté persistante qui se maintenait parfois à l'encontre des oppositions (a).

Si plusieurs de nos rois, s'inspirant du bien et du sentiment publics, ont pu alors modifier, en un point

[1] Séance du 15 septembre 1789.

(a) Voir les préliminaires du sacre de Hugues, puis de Henri, fils du roi Robert le Pieux.

aussi essentiel, la loi normale de la monarchie; s'ils l'ont même fait spontanément, il faut admettre que Louis XIV, sous la pression de circonstances uniques et d'une nécessité inéluctable, était pareillement autorisé à prendre l'initiative d'un acte qui devait lui coûter plus qu'à tout autre, et que la France a aussitôt ratifié, non, à la vérité, par l'organe régulier de la représentation nationale, mais par le besoin et la volonté générale qu'elle avait d'en retirer le bénéfice.

V

Il est invraisemblable qu'un pays vieux de plus de quatorze siècles, qui est né, qui a grandi, qui s'est développé graduellement sous l'unique régime de la monarchie, avec des formes sinon constantes, au moins authentiques et notoires, ait pu tout à coup douter de lui, et se réveillant comme d'une léthargie, qu'il se soit si tardivement avisé de chercher quel il avait été jusqu'alors, et quel il devait être. Tel fut pourtant l'étrange spectacle donné par la France au déclin du dix-huitième siècle. Curieuse d'elle-même, on la vit s'interroger, se scruter avec passion; et parce qu'elle ne craignit pas d'introduire, dans cet examen politique, le système suspensif de Descartes, il lui arriva ceci, qu'à force de tout remettre en question, elle finit par tout confondre, puis par tout nier et tout renverser.

Pour mener à bonne fin, dans l'État, la périlleuse entreprise d'une reconstruction en sous-œuvre, telle qu'on voulait la tenter, il aurait alors fallu la vue nette des parties croulantes de l'ancien édifice, en même temps qu'une volonté assez ferme pour diriger les travaux, les circonscrire, et contenir les travailleurs. Louis XVI, malheureusement, ne suffisait pas à cette tâche ardue. Incertain de ses droits, indécis sur l'usage qu'il en devait faire, même pour s'en dépouiller, il perdait le bénéfice de ses mesures les plus libérales, parce qu'il cédait tardivement ce qu'il aurait pu concéder d'abord, et attendait l'impulsion des événements et des hommes, au lieu de la leur imprimer. Aussi la réforme salutaire, nécessaire, qu'il inaugurait, ne tarda-t-elle pas, dans les idées comme dans les faits, à se changer en révolte, puis en révolution.

A cette époque, l'autorité gouvernementale, nominale dans la personne du Roi, mais qui, en réalité, était aussi exercée par les ministres, les intendants de province, et le Conseil royal, ne trouvait plus de contre-poids ni dans les franchises locales, supprimées ou amoindries, ni dans le refus d'enregistrement, concédé par intermittence au Parlement de Paris, et dont il faisait un usage parfois plus vexatoire que judicieux (a). Pourtant, certaines provinces ou pays d'États, telles que la Bretagne et le Languedoc, se représentaient, s'administraient encore elles-mêmes, consentaient et répartissaient leurs impôts. D'autre part, l'opposition de la première Cour du royaume, de celle qui s'honorait de renfermer les Pairs, n'était pas toujours sans dignité ni sans profit. Ne pouvait-on s'emparer conjointement de ces deux éléments déjà existants, isoler la pairie du corps judiciaire pour la rattacher à la royauté d'où elle émanait, et la constituer en force supérieure de résistance, tandis qu'à l'opposé, des Assemblées provinciales homogènes, naturellement douées d'une force d'impulsion, eussent réparti

(a) Souvenons-nous que Machiavel regardait la monarchie française comme « soumise à l'empire des institutions et des lois ». « Les Parlements, ajoutait-il, et surtout celui de Paris, sont les gardiens de ces institutions et de ces lois. » (Discours sur les *Décades* de TITE-LIVE.)

sur toute la France la vie et l'intérêt politiques? Entre deux, pour les rapprocher, supposons les anciens États généraux appropriés au temps, périodiquement convoqués, centralisant les vœux du pays, les convertissant en projets de lois, jusqu'à ce que l'assentiment des Pairs, corroboré et confirmé par la sanction royale, ait imprimé à ces lois un caractère définitif. C'eût été sans doute là, chez nous, un édifice de proportions nouvelles, mais construit sur des fondements éprouvés et avec des matériaux anciens.

Peut-on croire que Louis XVI ait vaguement conçu ces notions d'équilibre, quand il réunit la haute chambre consultative, dite Assemblée des Notables, qui devait concourir à la réorganisation des Assemblées provinciales; et après, lors de la seconde convocation de ces mêmes Notables, appelés à préparer la forme des États généraux? Rien ne le fait supposer, puisqu'au lieu de se rattacher à un plan suivi, la partie de ce programme qui concernait l'administration a seule eu son aveu, tandis que celle, d'ordre politique, s'est imposée à lui. L'une et l'autre, il faut le dire, avaient pour conséquence l'adoption de charges fiscales, destinées à combler le déficit financier; bien qu'elles dussent être réparties plus équitablement que par le passé, la liberté, ainsi restituée, satisfaisait moins, depuis que l'on craignait d'avoir à la solder. D'ailleurs, les Notables n'avaient pas vu sans alarmes, dans les Assemblées provinciales où les voix devaient être comptées par têtes, le doublement des représentants du Tiers (*a*). Il avait fallu tourner et

(*a*) Les gentilshommes sans fiefs votaient alors avec le Tiers : l'ordre de la noblesse représentait donc des droits réels et non personnels.

pallier leur opposition (a). Elle se produisit avec un caractère plus marqué lorsque l'on commit l'imprudence de les consulter derechef au sujet des États généraux. Cette fois, s'appuyant sur ce qu'ils croyaient tenir à la constitution de l'État, dont chacun se faisait le juge (b), ils déclarèrent que chaque ordre devait être également représenté (c), ce qui assurait sa séparation d'avec les autres, puisqu'ils se balançaient et pouvaient se neutraliser ainsi mutuellement. Les Notables oubliaient qu'aux États de 1483 les députés avaient été nommés en commun, sans distinction d'ordre, et que la division des trois ordres, dans les États généraux, ne datait que de ceux de 1560, à Orléans, où les réformés l'avaient fait introduire pour isoler le clergé. Ils se montrèrent mieux inspirés en maintenant l'ancienne tradition électorale du vote à plusieurs degrés, et en reconnaissant le droit d'élire et d'être élus à tous les Français majeurs de vingt-cinq ans, domiciliés, et inscrits au rôle des impositions; par le fait de la capitation nul ne se trouvait exclu (d), car il y eut plus de six millions de votants. C'était aussi convier chaque citoyen, comme par le passé, à consigner ses doléances dans des cahiers de paroisse qui, refondus au chef-lieu du bailliage ou de la sénéchaussée, devenaient, pour le député du second

(a) Il est aisé de s'en rendre compte en comparant les réclamations des bureaux de l'Assemblée avec le discours de clôture du Contrôleur Général. (1re assemblée des Notables.)

(b) Par un édit du 7 juillet 1788, le Roi avait demandé aux autorités et aux savants de lui transmettre leurs recherches au sujet des élections antérieures.

(c) Quatre bureaux sur six et 112 voix contre 33 conclurent dans ce sens.

(d) Sauf les gens de service.

degré, envoyé aux États généraux, la charte formelle et impérative de son mandat. Lié par le serment qu'il prêtait a ses commettants, s'il violait la charte, il annulait le mandat.

Ces sages et libérales dispositions donnaient à nos élections un double avantage, celui de permettre aux idées comme aux hommes de se produire, et pourtant de les oumettre à une sorte de triage préalable qui déterminait mieux leur valeur. Louis XVI n'eut garde de rien changer à ce qu'elles avaient d'essentiel, de réellement constitutif; mais le nombre proportionnel des députés, toujours variable, jamais déterminé par aucune règle, ne présentait pas ce caractère (*a*), et sous l'influence de l'opinion il finit par accéder à la double représentation du Tiers, tout en laissant chaque ordre libre de délibérer et de voter à part, comme antérieurement (*b*). Au fond, et bien que cette mesure parût inconséquente, elle se recommandait par sa rectitude. Prise de prime abord, sans discussion provoquée; acceptée et soutenue dans ses conséquences, peut-être aurait-elle pu diriger une réforme et détourner la révolution.

Il était évident que le Tiers, du moment qu'il disposait d'autant de voix que les deux autres ordres ensemble, chercherait à profiter de cet avantage, et à provoquer une

(*a*) Comme cela avait été reconnu par un arrêt du Conseil, le 5 juillet 1788, et par l'adhésion du Parlement, le 5 décembre suivant.

(*b*) Cette double représentation était nécessitée par l'importance croissante des classes moyennes. D'ailleurs, aux trois derniers États généraux, la députation du Tiers avait été de beaucoup supérieure à celle du clergé ou de la noblesse : dans certains bailliages, elle avait égalé ou même surpassé celle des deux premiers ordres réunis.

réunion toujours facultative au sein des États généraux, et que les mandats particuliers n'avaient pas le droit d'y prohiber (a). Il était évident encore qu'avec trois chambres, fonctionnant parallèlement, il deviendrait fort difficile, sinon impossible, de concerter et d'obtenir aucun progrès sérieux. Une politique clairvoyante commandait donc de se prêter à un rapprochement difficile à prévenir, et auquel l'utilité et la paix publiques se trouvaient associées. Ce n'est malheureusement pas ce qui fut compris par tous. Tandis que le Tiers État conviait les autres ordres à se joindre à lui, et que le clergé inclinait à cette réunion, la noblesse la repoussait comme contraire à la constitution de la monarchie, et commettait de la sorte une erreur de doctrine et de conduite qui devait lui devenir fatale[1].

On sait la suite. Le conflit s'envenime. Les membres du Tiers, pour forcer la main à leurs collègues, se constituent en Assemblée nationale[2], puis, au Jeu de paume, ils prêtent un serment offensif[3] qui dénie au Roi le pouvoir de dissoudre l'Assemblée, tant qu'elle n'aura pas fixé la constitution du pays. A deux reprises, ils sortent ainsi de la légalité. Séduite ou intimidée, la majorité du clergé se joint à eux, tout en réservant la prérogative de chaque ordre[4]. Le Roi tient alors une séance solennelle. Il annule les décisions du Tiers, maintient la distinction organique des trois ordres, mais confirme le

(a) Les mandats de presque toute la noblesse et d'une partie du clergé voulaient la délibération par ordre.

[1] Séance de la noblesse, le 28 mai 1789.

[2] Séance du 17 juin.

[3] Le 20 juin.

[4] Les 19 et 22 juin.

droit qu'ils ont de délibérer en commun, nonobstant tout mandat contraire [1]. Cette réunion des ordres, devenue « nécessaire pour opérer le salut de l'État [2] », il exhorte les deux premiers à la proposer pendant la session, « dans les affaires qui regardent le bien général [2] ». En attendant, il commande aux députés de se grouper, comme avant, dans leurs chambres respectives.

Malgré les promesses libérales qui l'accompagnent, la déclaration tardive et insuffisante du souverain ne réussit ni à en imposer aux uns, ni à s'imposer aux autres. Le Tiers persiste dans sa résistance; le Roi n'ose pas sévir : la noblesse s'obstine dans son refus; le Roi lui ordonne d'y mettre un terme. De part et d'autre, les ressorts moteurs de la représentation publique se trouvent alors faussés, puisque le second ordre est contraint de renoncer à son libre arbitre, tandis que le troisième empiète et usurpe impunément sur la prérogative commune. La réunion des Ordres ne se réalise donc qu'au prix de l'existence des États : de fait, ils sont devenus l'Assemblée nationale (*a*).

Cette Assemblée se voit enfin unifiée, bien que par des voies irrégulières. Que va-t-elle faire du pouvoir qu'elle semble avoir conquis et agrandi, mais qui, en réalité, reste toujours la résultante des pouvoirs individuels, conditionnels, et délimités de ses membres? En effet,

[1] Voir le règlement pour la convocation des États (24 janvier 1789).

[2] Discours du Roi. Séance du 23 juin.

(*a*) Ce titre ne lui a jamais été officiellement reconnu. Necker s'en était servi le premier dans le Discours d'ouverture. Louis XVI l'a aussi employé en répondant aux députations. Ce n'est là, du reste, qu'une querelle de mots. Du moment que les trois ordres étaient réunis, l'Assemblée pouvait se dire nationale.

ce n'est pas une simple requête qu'elle a reçue du pays par leur intermédiaire, non plus qu'une sorte de commission rogatoire. Les mandats impératifs portent plus haut. Si elle les admet, elle est mise en demeure d'appliquer au gouvernement les principes que tous les députés ont individuellement juré de défendre, et qui se trouvent uniformément consignés dans les cahiers de leurs commettants. Pour ceux-là, du moins, aucun doute n'est permis, aucune excuse valable: ils s'imposent par la force d'une commune adhésion.

Les voici, d'après le résultat final du dépouillement de ces cahiers. Ils forment douze articles que le rapporteur, M. de Clermont-Tonnerre, range sous le nom de « principes avoués », parce qu'ils renferment l'expression générale, aussi bien qu'authentique, de la foi et des vœux politiques de tout le pays. On peut être surpris de trouver cette foi et ces vœux associés, et comme assimilés; de voir les droits les plus indiscutables mis en parallèle avec des revendications nouvelles; de penser surtout qu'une même discussion préalable les a d'abord enveloppés, au risque de les confondre. Si la France a fait alors preuve d'une rare sagesse en formulant unanimement ses croyances et ses aspirations, si elle a touché juste sur les principales questions qui s'agitaient devant elle, il n'en reste pas moins que son gouvernement aurait dû éviter qu'elles lui fussent indistinctement soumises, qu'il lui devait, qu'il se devait à lui-même — il l'aurait pu à l'origine (*a*) — d'écarter des débats publics

(*a*) Il était le maître, dans la lettre de convocation aux États généraux, de fixer leur objet, au lieu de mentionner, sans préciser, « les maux de l'État et les abus de tout genre » qu'il fallait

les institutions qui comportaient un caractère irrévocable et fondamental.

Qu'on en juge par l'énoncé de ces douze articles dont les premiers diffèrent virtuellement des autres :

ARTICLE PREMIER. Le gouvernement français est un gouvernement monarchique.

ART. 2. La personne du Roi est inviolable et sacrée.

ART. 3. La couronne est héréditaire de mâle en mâle.

ART. 4. Le Roi est dépositaire du pouvoir exécutif.

ART. 5. Les agents de l'autorité sont responsables.

ART. 6. La sanction royale est nécessaire pour la promulgation des lois.

ART. 7. La nation fait la loi avec la sanction royale.

ART. 8. Le consentement national est nécessaire à l'emprunt et à l'impôt.

ART. 9. L'impôt ne peut être accordé que d'une tenue des États généraux à l'autre.

ART. 10. La propriété est sacrée.

ART. 11. La liberté individuelle est sacrée.

Il faut y ajouter, parce que « tous les cahiers » le demandaient (a) :

ART. 12. Le rétablissement des États provinciaux.

Il est inutile d'insister sur la différence qui sépare un principe tel que le monarchique, placé depuis tant de siècles en France, par le fait originaire de la volonté nationale, au-dessus de toute confirmation, d'avec celui

réformer. (Lettre de convocation aux États généraux, 24 janvier 1789.)

(a) « Quant aux corps administratifs ou États provinciaux, tous les cahiers vous demandent leur rétablissement. » (Rapport du Comité, lu par M. de Clermont-Tonnerre, à la séance du 27 juillet 1789.)

qui, à cette époque, présidait à la confection des lois. Loin d'être l'œuvre de la nation, sanctionnée par le Roi, la loi ne dépendait réellement que de lui, soit qu'il en prît seul l'initiative, soit qu'il s'inspirât, pour la promulguer, des demandes formulées par les États généraux. Pour appuyer le concours public, en matière législative, sur un titre justificatif, il fallait, à l'instar de beaucoup de cahiers, remonter aux Carolingiens, et recourir à l'ancien texte de l'édit de Pistes, en 884 : « *Lex fit consensu populi et constitutione regis.* » Depuis lors, l'usage contraire avait prévalu; il faisait loi dans les lois.

Quoi qu'il en soit de ces principes, également équitables et « avoués », bien qu'inégalement fondés, les uns constatant le présent, les autres visant l'avenir, du moment qu'ils étaient formulés, acceptés, reconnus, ils s'imposaient aux députés de l'Assemblée comme le cadre fixe où leur action politique devait se circonscrire. Le dépasser, c'était empiéter, non plus sur les droits similaires de tel ou tel ordre, mais sur les plus universels, les plus sacrés de tous, ceux de la France ellemême.

Or, que fait l'Assemblée? Non contente de s'être déclarée Nationale, elle s'affirme encore Constituante, c'est-à-dire qu'au lieu de remédier aux abus, de développer et d'améliorer les institutions régulières du pays, ainsi qu'elle en avait reçu la mission, elle se croit en droit d'abroger celles qui existent, et de leur en substituer de nouvelles. Enflée de ses premiers succès, elle ne doute de rien, elle ne redoute plus rien; et comme elle se pique de philosophie, et s'entête de Montesquieu, de Raynal, surtout de Rousseau, elle veut maximer leurs théories de gouvernement, et les appliquer au nôtre, en dotant la France d'une Constitution. Jusqu'alors, paraît-il, nous n'en avions pas; et voici pourquoi : c'est que chez nous « la garantie des droits n'était pas assurée, ni la séparation des pouvoirs déterminée[1] ». Parlant du pouvoir législatif et de l'exécutif, Montesquieu, mieux avisé, avait seulement dit que « la liberté » exigeait leur séparation[2]. Quant aux droits que l'Assemblée prétendait garantir un peu trop libéralement à l'homme en général et au citoyen, il s'en fallait de beaucoup qu'ils formassent autant de liens constitutifs de la société.

Nous savons déjà[3], en effet, ce qu'il y a de métaphysiquement faux dans cet axiome : « Le principe de toute souveraineté réside essentiellement dans la nation. Nul corps, nul individu ne peut exercer d'autorité qui n'en émane expressément[4] »; puisqu'il implique que la nation est perpétuellement souveraine, qu'elle ne saurait aliéner cette prérogative, et peut toujours s'en prévaloir. De là à la souveraineté du peuple, c'est-à-dire de la reconnaissance théorique d'un droit à l'exercice effectif de ce droit, il ne restait qu'un pas qui ne devait guère tarder à être franchi.

Il n'était ni moins erroné ni moins dangereux de légitimer par avance « la résistance à l'oppression[5] », comme un des « droits naturels et imprescriptibles dont l'ignorance, l'oubli ou le mépris sont les seules causes des

[1] Rapport de Mounier sur la Constitution. — Déclaration des droits de l'homme, art. 16.
[2] MONTESQUIEU, *Esprit des lois*, l. XI, ch. VI.
[3] Voir ci-dessus, 1re partie, ch. XVIII.
[4] Déclaration des droits, art. 3.
[5] *Id.*, art. 2.

malheurs publics et de la corruption des gouvernements[1] ». Le peuple se voyait ainsi invité à s'ériger, selon son caprice, en censeur et en juge armé de ses gouvernants.

Une même erreur, sous des aspects divers, soit qu'elle déplace en haut la souveraineté, soit qu'elle la dissolve en bas, viciait donc cette Déclaration présomptueuse de l'Assemblée nationale, et compromettait d'avance la Constitution dont elle faisait le prologue. Il reste à savoir si cette Constitution, édifiée sur des aphorismes, répondait aux vœux réels et aux volontés du pays.

Elle maintenait la royauté, mais dans quelles conditions !

Le Roi n'y occupait que le troisième et dernier rang, après la nation et la loi[2]. Il prêtait serment à la Constitution de 89-91[3], sinon il était censé avoir abdiqué[4]. Il lui fallait un décret du Corps législatif pour décider la guerre : s'il en était requis par la Chambre, il devait négocier la paix[5]. Il cessait d'être le chef de la magistrature devenue élective[6]; ne nommait qu'en partie aux grades supérieurs de l'armée et de la marine[7]; ne suspendait que provisoirement les administrateurs départementaux[8]; et n'était pas autorisé à faire agir les troupes dans l'intérieur du royaume[9]. Les membres de l'Assemblée ne pouvaient être ses ministres[10]. Le Corps législatif

[1] Déclaration des Droits art. 1.
[2] Constitution de 89-91, tit. II, art. 5.
[3] *Id.*, tit. III, ch. II, sect. I, art. 4.
[4] *Id.*, art. 5.
[5] *Id.*, ch. III, sect. I, art. 2.
[6] *Id.*, tit. III, art. 5.
[7] *Id.*, ch. IV, art. 2.
[8] *Id.*, sect. II, art. 8.
[9] *Id.*, tit. IV, art. 8.
[10] *Id.*, tit. III, ch. II, sect. IV, art 2.

se renouvelait de plein droit, à date fixe, sans risquer d'être jamais dissous [1]. Le Roi n'avait ni la faculté de proposer, ni celle de décréter les lois, mais seulement « d'inviter le Corps législatif à prendre un objet en considération [2] ». Enfin, ce qui était directement contraire au programme des cahiers, la sanction royale devenait illusoire, puisqu'elle était censée donnée à un décret successivement présenté par trois législatures, et qui prenait alors force de loi [3].

Assurément, les électeurs n'avaient rien conçu ni demandé de semblable; et il était loin de leur pensée, comme de leurs désirs, de voir, à côté sinon au-dessus de la royauté dégradée et impuissante, une seule Chambre omnipotente, sans contre-poids, imposant fatalement ses volontés, accaparant la totalité du pouvoir législatif, tout en s'immisçant pour beaucoup dans l'exécutif, car les restrictions apportées à l'autorité royale l'étaient toujours par la Chambre, et à son profit. Les électeurs ne demandaient pas davantage que l'on supprimât les États généraux, mais qu'on les modifiât, peut-être même qu'on les divisât en deux chambres (*a*); ni que l'on détruisît les Parlements pour leur substituer des juges et un accusateur public nommés au scrutin populaire [4]; ni que l'État s'emparât des biens du clergé, puisque « la propriété » était reconnue « inviolable [5] »; ni que l'on fractionnât le territoire en quatre-vingt-trois départe-

[1] Constitution de 89-91, ch. 1er, art. 4, 5, et sect. V, art. 1.
[2] *Id.*, ch. III, sect. I, art. 1.
[3] *Id.*, sect. III, art. 2 et 6.
(*a*) Selon le vœu d'un grand nombre de cahiers.
[4] Constitution de 89-91, tit. II, ch. V, art. 2.
[5] *Id.*, tit. I, art. 3.

ments [1], au lieu de rétablir et de consolider les États provinciaux, unanimement réclamés. Encore moins les Français, tous appelés à voter jusqu'alors, eussent-ils souscrit à un nouveau système électoral qui, distinguant les citoyens actifs des autres, et imposant certaines conditions de revenu [2], diminuait sensiblement le nombre des électeurs du premier et du second degré (*a*). Cette mesure n'était rien moins qu'un attentat aux vieilles franchises publiques; elle faisait reculer la liberté.

Parmi toutes ces déterminations si impondérées, si illicitement prises, car le Roi n'avait pas été admis à les sanctionner, il en était auxquelles la France demeurait donc étrangère, d'autres qu'elle désavouait formellement par ses Cahiers. Mais l'Assemblée se substituait à tout. Depuis la nuit mémorable où elle avait détruit, d'un coup, les derniers vestiges de la féodalité, et décrété l'égalité civile, elle se sentait soutenue par les masses; et lorsque la minorité des députés arguait de la violation des mandats ou de leur terme échu pour infirmer le travail de la Constitution, la majorité passait outre, et croyait s'être disculpée en jurant, par la grosse voix de Mirabeau, qu'elle avait « sauvé la patrie [3] ».

En dépit de la logique, les auteurs de cette Constitution s'étaient arrogé le droit de la reviser eux-mêmes. Ils s'y employèrent avec une précipitation qui marquait assez leur parti pris, et prohibèrent toute modification

[1] Constitution de 89-91, tit. II, art. 1.
[2] *Id.*, tit. III, ch. I, sect. II.
(*a*) « De cinq ou six millions d'électeurs qu'avait donnés le suffrage universel, il n'en resta que quatre millions quatre cents. » (MICHELET, *la Révolution française*, l. I.)
[3] Séance du 19 avril 1790.

ultérieure, si elle n'était d'abord uniformément proposée par trois législatures consécutives, à partir des deux suivantes [1]. La possibilité d'introduire quelque amélioration se trouvait dès lors reculée de plus de dix ans, et le pays restait asservi, au moins pendant cette période, au programme des théoriciens (*a*). Mais il n'en fallait pas tant pour juger de leur œuvre et reconnaître sa caducité. Louis XVI, qui l'avait d'abord rejetée parce qu'il ne « pensait pas qu'il fût possible de conserver un pareil gouvernement [2] », s'était ensuite résigné, sous la pression des circonstances, à en faire l'épreuve. Moins d'un an après l'acceptation mutuelle de l'acte constitutionnel, le peuple, interprétant à sa guise son nouveau droit de résistance (*b*), s'insurgeait contre le pouvoir légal, puis forçait l'Assemblée législative, héritière de la Constituante, à déposer le monarque, en attendant que la Convention abolît la monarchie.

Ainsi périssait, pour ne plus revivre, une Constitution éphémère, faite d'abstractions d'animosité et d'erreurs, qui, selon l'expression de Mirabeau même, « portait avec elle le germe de sa mort [3] », peut-être aussi de la nôtre, car ses conséquences politiques nous sont restées fatales, et si, depuis tantôt un siècle, la France se convulsionne et s'épuise sous l'étreinte de la révolution, c'est l'Assemblée de 89, la première, qui en demeure responsable.

[1] Constitution de 1789-91, tit. VII.

(*a*) Chaque législature devait durer deux ans. (Constitution de 1789-91, tit. III, ch. 1er, art. 2.)

[2] Proclamation du Roi, le 20 juin 1791.

(*b*) Le 20 juin 1792, l'orateur d'une députation du peuple déclare à l'Assemblée que le peuple est prêt à se servir des grands moyens renfermés dans la Déclaration des droits, résistance à l'oppression. (MIGNET, *Révolution française*.)

[3] *Lettres de Mirabeau au comte de la Marche*, t. II, p. 463.

VI

Si la Constitution de 1789-91 n'a rien pu édifier de stable, elle a fort bien réussi à détruire ce qui l'était, et, à plus forte raison, ce qui ne pouvait l'être; si bien que l'action dissolvante qu'elle avait employée contre les institutions antérieures, après l'avoir atteinte et rongée elle-même, s'est ensuite attachée, comme un corrosif, aux autres constitutions qui lui ont successivement emprunté, ou ses fausses théories, ou leurs applications funestes.

Sans prétendre examiner ici les diverses formes politiques que la France a depuis lors revêtues pour les dépouiller bientôt après, il convient de rechercher, aux deux pôles extrêmes de l'*autorité* et de la *liberté*, sur qui, sur quoi, la première se fondait, et comment l'autre devait s'établir et s'exercer, suivant la doctrine de l'école révolutionnaire.

— Envisageons d'abord l'*autorité* dans la *souveraineté*, sa principale et plus forte expression.

Lorsque, du haut de la chaire, Massillon disait à Louis XV : « Sire, c'est le choix de la nation qui mit d'abord le sceptre entre les mains de vos ancêtres; c'est elle qui les proclama souverains : le royaume devint ensuite l'héritage de leurs successeurs, mais ils le durent originairement au consentement libre de leurs sujets :

leur naissance seule les mit ensuite en possession du trône; mais ce furent les suffrages publics qui attachèrent d'abord ce droit et cette prérogative à leur naissance[1] »; lorsqu'il faisait entendre au jeune roi ces véridiques enseignements, l'éloquent Oratorien exposait, avec un rare bonheur, l'origine historique et la raison d'être, toujours subsistante, de la monarchie française. Il formulait la véritable souveraineté nationale, telle qu'elle existe parmi nous.

L'Assemblée Constituante ne l'a pas entendu ainsi : elle s'est, au contraire, attachée à établir la souveraineté comme un élément permanent et essentiel dans le corps de la nation, de qui « tous les pouvoirs » devaient « expressément » émaner, bien qu'elle ne pût les exercer que par délégation[2]. Malgré son titre héréditaire, le Roi se trouvait donc, en définitive, son premier délégué.

Mais pourquoi assujettir la volonté nationale à cet intermédiaire forcé des délégations? Si elle est véritablement souveraine, ne suffit-il pas qu'elle s'exprime pour qu'elle s'impose? Tel est le raisonnement de la Convention : aussi, dans la Constitution de 1793, la voyons-nous rejeter toute souveraineté autre que celle qui réside dans le peuple, qui procède directement de lui; et donner « à chaque section du souverain assemblée le droit d'exprimer sa volonté avec une entière liberté[3] », et au « peuple souverain » celui de « de délibérer sur les lois » par la voie du suffrage[4]. Un plébiscite, le premier

[1] MASSILLON, *Petit Carême*.
[2] Constitution de 1791, art. 3, et tit. III, art. 2.
[3] *Id.* de 1793, art. 25, 26.
[4] *Id.*, acte constitutionnel, art. 2, 7, 10, 19.

en date, valide la Constitution elle-même (a). Ce régime brutal, mais logique, désagrége vite tous les pouvoirs, anéantit l'autorité en l'éparpillant, et laisse le champ libre à la plèbe omnipotente. Il faut le modifier sans retard, ce que la Convention fait d'elle-même par sa Constitution de l'an III (1795). Le « peuple » n'y est plus précisément « le souverain », mais c'est « l'universalité des citoyens[1] ». A cette nuance de mots répond une différence de choses. Pour arrêter les perturbateurs, il est spécifié que « nul individu, nulle réunion partielle de citoyens ne peut s'attribuer la souveraineté[2] », et que « nul ne peut, sans une délégation légale, exercer aucune autorité, ni remplir aucune fonction publique[3] ». En même temps, si les lois ne doivent plus être soumises à l'approbation du peuple, les citoyens réunis en assemblées primaires restent juges des changements apportés à la Constitution et peuvent à leur gré les accepter ou les rejeter[4]. Bridée d'un côté, la souveraineté populaire s'échappe et s'exerce ainsi de l'autre au moyen des plébiscites, sans que l'on puisse rationnellement s'expliquer en quoi les droits d'un peuple se trouvent moindres pour décider d'une loi particulière que pour sanctionner la loi des lois, ou la Constitution.

A la combinaison complexe de l'an III, formée du

(a) En vertu de la doctrine jacobine dont la formule, proposée par Danton et précisée par Couthon, fut votée à l'unanimité : « Il ne peut y avoir de constitution que lorsqu'elle est acceptée par le peuple. » (Séance de la Convention, 21 septembre 1792.)

[1] Constitution de l'an III, Déclaration des droits, art. 17, et Constitution, art. 2.

[2] *Id.*, Droits, art. 18.

[3] *Id.*, art. 19.

[4] *Id.*, Constitution, tit. III, art. 17 et 26.

Directoire, des Anciens et des Cinq-Cents, que le peuple a acceptée sans probablement la comprendre, succède la Constitution de l'an VIII (1799), avec les prérogatives presque régaliennes du premier consul; puis, un peu plus tard, en l'an XII (1804), le Sénatus-consulte, qui institue l'Empire et règle l'hérédité impériale. Instrument docile et malléable, le plébiscite reconnait successivement ces régimes divers, et rétablit la monarchie aussi volontiers qu'il avait affirmé la République et consolidé la Convention neuf années auparavant. Toutefois, sous le Consulat et l'Empire, le peuple cesse d'être officiellement exalté comme l'imprescriptible possesseur du pouvoir suprême, et, si on l'entretient encore de son prétendu droit, ce n'est que pour l'engager à en ratifier l'abandon [1]; aussi le revirement est-il complet, et l'ancien tyran, devenu souverain débonnaire, se contente-t-il de faire acte de règne, lorsqu'il est mis en demeure d'abdiquer.

— A ces fluctuations de l'autorité souveraine correspondent celles de la *liberté publique,* et, par suite, du *système électoral,* qui est son principal corollaire.

Autrefois, nous l'avons dit, le droit d'élire et d'être élu appartenait en commun à tous les Français majeurs de vingt-cinq ans; et, s'ils se groupaient par classes pour en jouir, ils le possédaient toujours au même titre indistinct. Par l'expression de leurs vœux individuels, recueillis et condensés, par le choix local d'intermédiaires à eux connus, qui désignaient ensuite les membres de la députation régionale, ils exerçaient ce droit avec autant de

[1] Constitution de l'an VIII, tit. VII, art. 95, et Constitution de l'Empire, tit. XVI, art. 142.

discernement que de maturité. L'important, pour eux, n'était pas de se donner le vain plaisir de mettre un candidat sur la sellette, mais de s'assurer que leur élu serait fidèle à son mandat, capable de le présenter et de le défendre devant l'assemblée de la nation. Voilà dans quel sens et avec quelle limite il était considéré comme représentant, non de toute la France, mais d'un certain nombre de commettants, sur une certaine portion de territoire déterminée.

L'Assemblée Constituante prend les choses au rebours. Elle décide que « les représentants nommés dans les départements ne seront pas représentants d'un département particulier, mais de la nation entière », et qu' « il ne pourra leur être donné aucun mandat[1] ». Ce qui revient à dire que, dans la collation des pouvoirs représentatifs, la partie est égale au tout, et que ni le tout ni la partie ne sont assurés de transmettre leurs désirs ou même leurs volontés.

Pas plus qu'elle ne craint de fractionner fictivement le territoire en circonscriptions départementales (*a*), la Constituante n'hésite à altérer l'organisme électoral et à restreindre le nombre des votants. Ceux du premier degré, dits « citoyens actifs », doivent « payer une contribution directe au moins égale à la valeur de trois journées de travail[2] » ; — ceux du second degré, ou « électeurs », sont tenus de posséder, comme propriétaires ou usufruitiers, un bien dont le revenu égale « la valeur de

[1] Constitution de 1789-91, tit. III, ch. I, sect. III, § 7.

(*a*) Qui ne rentrent même pas dans le cadre des provinces, comme cela eût été faisable et l'est encore.

[2] Constitution de 1789-91, tit. III, ch. I, sect. II, § 2.

deux cents journées de travail » dans les villes, de « cent cinquante journées » dans les bourgs et dans les campagnes[1]. Elle supprime ainsi plus d'un million de voix rurales[2]. En même temps qu'elle apporte des entraves à l'élection, elle tend visiblement à favoriser les centres populeux, en faisant voter non plus dans chaque paroisse, mais dans les villes et les cantons, où les citoyens se réunissent en assemblées primaires[3]. Qu'en résulte-t-il? « A Paris, aux assemblées primaires de 1791, sur les 81,200 inscrits, plus de 74,000 manquent à l'appel. Sur 946 électeurs élus, il ne s'en trouve que 200 pour donner leurs suffrages. Dans les départements, dit un orateur de la tribune, sur cinq électeurs du second degré, à peine en est-il un qui se soit acquitté de son mandat[4]. » Aussi l'Assemblée Législative, pour remplir les urnes, prend-elle le parti d'abolir les conditions de cens[5].

Ce sera pis sous la Convention. Elle aura beau décréter le suffrage universel, l'étendre à tous les Français âgés de vingt et un ans, et les autoriser à nommer « immédiatement » leurs députés[6]; comme les votes devront être recueillis dans les assemblées primaires, formées de plusieurs centaines d'électeurs, et qu'ils pourront être exprimés à haute voix[7], les citoyens paisibles éviteront ces clubs démagogiques, modelés sur ceux de Paris, ou, s'ils y vont, ils n'oseront pas y opiner avec indépen-

[1] Constitution de 1789-91, tit, III, ch. I, sect. II, § 7.
[2] MICHELET, *Histoire de la Révolution française*, l. I, p. 357.
[3] Constitution de 1789-91, tit. III, ch. I, sect. II, § 1.
[4] TAINE, *Conquête jacobine*, l. I, p. 43.
[5] Décret du 12 août 1792.
[6] Acte constitutionnel de 93, art. 4 et 8.
[7] *Id.*, art. 2, 12, 16 et 23.

dance, en réclamant la faculté du scrutin secret, qui les rendrait suspects (*a*). Loin d'affranchir la nation de toute entrave électorale, la Constitution de 1793 lui impose donc des chaînes plus serrées, plus pesantes, rivées par la terreur. Si peu qu'on l'expérimente, elle est reconnue impraticable. Faute de trouver mieux, la Convention revient au système de 1791; mais elle le corrige en partie et maintient le suffrage universel pour les votants du premier degré [1]. Seulement elle conserve les assemblées de canton, au lieu de les reporter à la commune.

Cette Constitution de l'an III est remplacée par le Sénatus-consulte de l'an X, qui la modifie profondément ou plutôt l'abroge. Les assemblées cantonales nomment des collèges d'arrondissement et de département, ces derniers choisis, dans la région, parmi les six cents habitants les plus imposés [2]. Les électeurs sont à vie. Le Premier Consul peut augmenter leur nombre [3]. Ces collèges électoraux « présentent chacun deux citoyens domiciliés dans le département, pour former la liste sur laquelle doivent être nommés les membres de la députation au Corps législatif [4] ». Tout enrégimentés qu'ils soient, ils n'élisent pas eux-mêmes leurs députés; le gouvernement les en dispense. C'en est donc fait, pendant un temps,

(*a*) « A la vérité, les Assemblées primaires ne sont guère remplies; il ne vient au scrutin que le tiers des électeurs dans les villes, et le quart, ou moins que le quart, dans les campagnes..... Quatre ou cinq millions d'électeurs aiment mieux s'abstenir, et restent chez eux, selon leur coutume. » (TAINE, *la Révolution*, t. III.)

[1] Constitution de l'an III, tit. II, art. 8 et 11.

[2] Sénatus-consulte organique de la Constitution de l'an VIII, tit. II, art. 14, 16, et tit. III, art. 25, 26.

[3] *Id.*, art. 20 et 27.

[4] *Id.*, art. 32.

de la liberté électorale, emportée, sous le Consulat et l'Empire, dans un tourbillon de gloire : pour qu'elle reparaisse plus tard, il faut que la France, désabusée, se ravise et se reprenne.

Vient la restauration de la royauté légitime, c'est-à-dire le principe de la souveraineté nationale reconnu dans la personne du prince qui le représente. Les circonstances de cette reconnaissance; le laps de temps écoulé avant qu'elle s'accomplisse; l'interrègne de la Révolution et de l'Empire; des idées, des mœurs politiques nouvelles; finalement l'habitude prise de se mouvoir dans une certaine sphère d'institutions gouvernementales; tout en un mot crée une situation exceptionnelle dont il est nécessaire de tenir compte pour les personnes et pour les choses. Ni les unes ne veulent être déplacées, ni les autres détruites. Des ménagements s'imposent. De là l'esprit de la Charte, si conciliant, si modérateur, s'efforçant de rattacher le présent au passé, de souder l'antique à l'actuel, et respectueux des situations acquises et des formes acceptées, tout en sauvegardant les droits traditionnels.

Combien parmi nous ignorent, dans le préambule de la Charte, cette admirable justification des deux Chambres, qui fonctionnaient, sous des noms et avec des pouvoirs divers, depuis près de dix ans :

« Nous avons cherché les principes de la Charte constitutionnelle dans le caractère français et dans les monuments vénérables des siècles passés. Ainsi, nous avons vu dans le renouvellement de la Pairie une institution vraiment nationale et qui doit lier tous les souvenirs à toutes les espérances, en réunissant les temps anciens et les temps modernes.

« Nous avons remplacé par la Chambre des députés ces anciennes assemblées des champs de Mars ou de Mai, et ces Chambres du Tiers État, qui ont si souvent donné tout à la fois des preuves de zèle pour les intérêts du peuple, de fidélité et de respect pour l'autorité des rois. En cherchant ainsi à renouer la chaîne des temps, que de funestes écarts avaient interrompue, nous avons effacé de notre souvenir, comme nous voudrions qu'on pût les effacer de l'histoire, tous les maux qui ont affligé la patrie durant notre absence [1]. »

Le dispositif de la Charte répond, presque en entier, à ces habiles et magnanimes paroles : sur un seul point, elle s'écarte de son programme unificateur, et, malheureusement, c'est un des plus essentiels de la Constitution.

Au lieu de reconnaître à tous les Français le droit de vote et d'éligibilité, comme ils le possédaient du temps des États, droit suspendu en 1791, puis passagèrement ou partiellement rétabli, la Charte institue des conditions particulières de cens et d'âge pour les électeurs comme pour les députés. Ceux-ci doivent avoir quarante ans et payer une contribution directe de 1,000 francs [2]; ceux-là ne comptent au suffrage qu'autant qu'ils sont âgés de trente ans et que leur contribution s'élève à 300 francs [3]. D'autre part, la Charte, en omettant de stipuler l'élection à deux degrés, rompt avec une tradition lointaine et constamment suivie. C'est en vain que M. de Villèle et les royalistes de la droite, véritables libéraux, veulent

[1] Charte constitutionnelle de 1814.
[2] *Id.*, art. 38.
[3] *Id.*, art. 40.

combler cette regrettable lacune (a). Leur projet de loi, qui abaisse considérablement le cens et maintient le double degré de vote[1], passe d'abord, à la Chambre, malgré l'opposition du gouvernement, mais il est repoussé par les Pairs. Une école funeste, celle des doctrinaires, dont le principal souci est de faire prédominer les classes moyennes, assume, devant l'histoire, la responsabilité de ce résultat. Désormais le système électoral, mal conçu, avorté de naissance, faussé dans son principe, reste le perpétuel écueil du gouvernement de la Restauration, en attendant qu'il devienne son péril et l'occasion de sa chute. On le remanie plutôt qu'on ne l'améliore; en tout cas, on le complique par la loi de 1820. Les députés, dont le nombre augmente, sont élus directement, les uns, par des collèges d'arrondissement, les autres, par ceux de département, composés du quart des plus imposés de la totalité des électeurs à 300 francs. Ce mécanisme, emprunté, dans sa forme, au Sénatus-consulte de l'an X, s'il a « le mérite de faire vivre la monarchie dix ans de plus[2] », ne réussit pas à l'empêcher de mourir. Elle meurt faute d'éléments vitaux, car, à tout prendre, l'autorité, non plus que la liberté, ne

(a) La séance royale pour la lecture de la Charte ayant été avancée de quatre jours, la Commission préparatoire de la Charte n'eut pas le temps, dit M. Beugnot, qui en faisait partie, de discuter et d'y faire insérer plusieurs articles « conçus dans le dessein de concilier l'article 40, qui n'accorde le concours à la nomination de députés qu'à ceux qui payent une contribution de trois cents francs, avec l'élection à deux degrés, la seule dont on eût alors l'idée en France, parce que c'était la seule qui y eût été pratiquée depuis les États généraux les plus anciens, et la seule qui semblât praticable ». (*Mémoires* du comte BEUGNOT.)

[1] V. le Rapport de M. de Villèle sur la loi électorale de 1815.

[2] M DE LARCY, dans la *Restauration*.

se trouvent suffisamment garanties par la Constitution.

L'article 14, d'après lequel « le Roi fait les règlements et ordonnances nécessaires pour l'exécution des lois et la sûreté de l'État », lui donne-t-il le droit, devant l'évidente hostilité de la Chambre, de déterminer sans elle un mode d'élection différent des précédents, mais conforme à la lettre de la Charte? Le même parti l'a trouvé bon sous Louis XVIII, pour l'Ordonnance du 5 septembre 1816, qui s'en indigne sous Charles X.

Que dit pourtant l'Ordonnance électorale de juillet 1830?

Elle décide :

Qu'il n'y aura plus d'autres députés que ceux de départements — conformément à la lettre de la Charte (art. 36);

Que la Chambre se renouvellera annuellement par cinquième — comme le veut la Charte (art. 37);

Que chaque collège électoral d'arrondissement formé des censitaires à trois cents francs — selon l'article 40 de la Charte, — sera appelé à choisir un nombre de candidats égal au nombre des députés du département : — la Charte ne s'y oppose pas.

Enfin,

Que le collège de département composé du quart plus imposé des censitaires — les plus forts contribuables de l'article 38 de la Charte — devra nommer les députés en en prenant la moitié au moins dans la liste des candidats désignés par les collèges d'arrondissement. — La Charte laisse toute latitude à cet égard (a).

(a) M. de Viel-Castel reconnait que « l'Ordonnance de 1830 relative aux élections revenait aux prescriptions textuelles de la charte ». (*Histoire de la Restauration*, t. XX.)

Aussi, dans les virulents manifestes d'alors, n'est-ce pas telle ou telle clause de l'Ordonnance royale que l'on oppose à la Constitution (*a*), mais le fait même d'une organisation des colléges électoraux réglée par Ordonnance, tandis que l'article 35 de la Charte porte qu'elle doit l'être « par les lois ». Entre l'article 14 qui autorise cet emploi de la souveraineté, et l'article 35 qui le prohibe, il existe donc une antinomie réelle, une contradiction de pouvoirs, et, partant, le germe d'un conflit qui, tôt ou tard, devait se faire jour. Sans doute, Charles X a déterminé son explosion; ç'a été une faute; mais, en droiture, peut-on dire qu'il l'ait justifié? S'il n'avait pas craint d'outre-passer son droit, si un honorable scrupule ne l'avait arrêté devant ce fatal article du cens électoral à trois cents francs, il aurait pu accepter l'ancien projet de M. de Villèle, modifié par M. de Guernon-Ranville (*b*), et donner à la représentation du pays, avec un suffrage presque universel (*c*) — assuré par le premier vote à la commune — éclairé par le double degré — ennobli par l'adjonction, aux électeurs, des principales capacités, une assise assez forte, assez large, pour porter à la fois la prérogative souveraine et la liberté publique.

A la vérité, il serait alors sorti de la Charte (*d*), mais probablement pas de la France, qui en acceptant et en

(*a*) M. Thiers, dans son fameux article-manifeste du *National*, ne précise aucune illégalité particulière.

(*b*) Présenté par lui au conseil des ministres, le 21 juillet 1830, à Saint-Cloud. (V. les *Souvenirs* de M. DE GUERNON-RANVILLE.)

(*c*) Au lieu des 80,000 électeurs qui avaient seuls le droit de voter.

(*d*) Ce que la Chambre de 1831 n'a pas hésité à faire, en réduisant le cens électoral et celui d'éligibilité.

ratifiant le bienfait d'une Constitution plus libérale, eût aussi conservé le bienfaiteur.

Quoi qu'il en soit, en présence d'une situation aussi douteuse et de droits aussi litigieux, dans l'appréhension du long péril qu'une révolte devait faire courir à l'État, ne valait-il pas mieux subir le mal moindre d'une pression passagère, et s'en tenir à la résistance légale, plutôt que de se précipiter dans l'inconnu, et d'armer les sujets contre leur roi, la nation contre sa dynastie? Nombre d'émeutes, plusieurs révolutions, les régimes instables qu'elles ont créés, le malaise qu'elles entretiennent, enfin nos revers et notre amoindrissement sont là pour répondre, et montrer ce qu'il en coûte a notre pays d'avoir banni les principes et les princes légitimes (a).

Aujourd'hui, il nous faut travailler à lui rendre les uns avec les autres si nous voulons retrouver parmi nous la sécurité et la concorde, et ressaisir quelque espérance de relèvement. Mais, pour arriver à ce but, comme nous vivons sous un régime défini et qui se prétend définitif, il n'y a guère d'autre moyen à prendre, en attendant l'imprévu, que de mettre en œuvre les instruments légaux qui restent à notre disposition. Le changement de la loi électorale et les élections qui suivront nous en offrent deux à bref délai : sachons les utiliser. Pen-

(a) Louis-Philippe le comprenait déjà, lorsqu'à la fin de sa vie il disait à M. Guizot : « Il n'y a pas de quoi faire en France deux monarchies; mon petit-fils ne peut régner au même titre et aux mêmes conditions que moi, qui ai fini par échouer. Il ne peut être que roi légitime, soit par la mort, soit par l'abdication de M. le duc de Bordeaux, soit à son tour. » (*Lettres de M. Guizot.*)

dant la discussion de cette loi, il est à désirer que le parti conservateur monarchique de la Chambre prenne une attitude ferme et soutenue, qu'il forme un groupe compacte, qu'il agisse de concert, défende les mêmes doctrines, et présente un programme uniforme, non d'opposition et de circonstance, mais d'équité et d'avenir, assez net, assez logique et en même temps assez spacieux pour parler au bon sens du plus grand nombre (a). Mais lequel? Suivant nous, il devrait seulement porter sur certains points principaux, essentiels, par exemple :

Affirmer le suffrage universel comme le droit inaliénable de ceux qui donnent leur argent, leur temps, et peut-être leur sang à la patrie, et qui dès lors sont autorisés à influer par leurs votes sur la direction des affaires.

Demander que la majorité politique soit reportée à vingt-cinq ans, âge où s'achève le service militaire, et où les hommes peuvent se marier et être adoptés sans consentement[1]; en d'autres termes, celui où ils prennent pleine et définitive possession d'eux-mêmes. — En maintenant le vote à vingt et un ans, on donne aux exemptés ou aux exonérés du service un avantage absolument injustifié.

Protester hautement contre le scrutin de liste. — Parce qu'il fausse le suffrage et égare les électeurs qui ne peuvent juger du mérite respectif de nombreux concurrents. — Parce que chaque circonscription est en droit d'avoir une représentation distincte. — Parce qu'enfin la somme des minorités n'équivaut pas à une majorité; autrement,

(a) La question du système électoral va être prématurément posée devant la Chambre. On peut craindre que les députés ne la tranchent dans le sens de leurs intérêts particuliers.

[1] *Code civil*, art. 148 et 346.

supposé qu'on votât sur une seule liste pour la France entière, un candidat évincé dans tous les départements, n'eût-il partout qu'une faible minorité, pourrait se trouver le premier nommé.

Les députés devraient aussi profiter d'une occasion favorable pour recommander le vote à deux degrés, mais sans la provoquer. Si, comme on l'assure, la question du mandat était agitée dans le parti avancé, ce serait une faute de lui en laisser le monopole (*a*). Alors il conviendrait — et l'argument se tournerait contre le scrutin de liste — d'exposer la raison d'être et d'adopter le principe du mandat, qui est proprement d'établir la responsabilité de chaque député vis-à-vis de son groupe d'électeurs. Ce mandat n'a pas besoin d'être impératif (*b*), ni même contractuel — ce sont là des formules dépourvues de sanction; il suffit qu'il soit consensuel ou moral, de telle sorte que le député se sente lié par ses engagements librement acceptés. Mais comment pourra-t-il les débattre et les conclure d'une façon sérieuse avec les vingt mille votants de son arrondissement? On sait ce qu'il en est de ces réunions électorales où les pires affluent et s'imposent, et qui dégénèrent si souvent en parades de bateleurs ou en rixes d'énergu-

(*a*) Une réunion des délégues sénatoriaux de la Seine, tenue le 18 janvier 1885, a décidé que « tous les ans, l'élu rendait compte de son mandat » — c'est un symptôme. — M. Jules Ferry promettait d'avantage. « Électeurs, disait-il en 1869 dans sa profession de foi, vos élus doivent, a toute heure, vous rendre compte de votre mandat. »

(*b*) La dernière Chambre conservatrice a fait acte de défiance en décrétant que « tout mandat impératif est nul et de nul effet ». (Art. 13 de la loi électorale du 30 novembre 1875.) Il eût mieux valu laisser chaque député s'engager à sa guise.

mènes. D'ailleurs, dans ces groupements factices, pourquoi certaines individualités, certaines volontés, se substitueraient-elles à toutes les autres? Qui les y autorise?

Selon les conditions présentes, un député ne s'oblige donc, vis-à-vis de ses commettants, qu'autant qu'il lui a plu de le faire par sa profession de foi; et encore (*a*)... Aussi longtemps que ceux-ci se tiendront pour satisfaits, sachons l'être avec eux, autrement la garantie du vote à deux degrés, prématurément offerte, leur semblerait-elle un piége et un empiètement. Mais le jour, peut-être prochain, où, sur certaines questions précises, telles que le libre échange et la protection, les électeurs voudront positivement s'assurer des résolutions de leurs mandataires, il faudra entrer avec eux dans cette voie, qui ne peut aboutir qu'autant qu'un vote préliminaire sectionné dans les communes, et le choix de délégués chargés de s'entendre avec les candidats, permettraient matériellement et moralement d'asseoir un mandat.

Le double degré de vote n'a d'ailleurs aucun caractère politique et se prête à toutes les tendances. Patronné par beaucoup de conservateurs, les hommes qui ont étudié de plus près les ressorts d'un État populaire le recommandent également pour lui. M. de Tocqueville y voit « le seul moyen de mettre l'usage de la liberté politique à la portée de toutes les classes du peuple [1] ». M. Taine assure que « dans une démocratie, le suffrage

(*a*) On peut citer, comme un rare exemple de probité politique, la démission donnée en 1866, au cours d'une législature, par M. le baron de Bussierre, député de Strasbourg. En se représentant devant ses électeurs, il voulait s'assurer si leurs sentiments concordaient avec ses votes : il a été réélu.

[1] TOCQUEVILLE, *la Démocratie en Amérique*, t. II, p. 52.

à deux degrés choisit toujours mieux que le suffrage direct[1] ».

A considérer les choses de haut, ce système aurait en outre l'incontestable avantage de tirer des dernières extrémités de la France leur réelle part contributive de vie politique, tandis qu'avec les listes départementales, qui ne manqueraient pas d'être arrêtées à Paris, cette capitale envahissante pourrait encore « se regarder avec raison », suivant un langage officiel, « comme mandataire de toute la population du territoire national[2] ». Mettons-nous en garde contre le retour d'une pareille usurpation, et sachons bien qu'on ne se propose de « soustraire les députés aux influences locales[3] » que pour les rendre plus dépendants du pouvoir central.

Défendre énergiquement la liberté électorale au moment où l'opportunisme et la Chambre qui lui est inféodée s'apprêtent à l'entraver et à la restreindre, telle est donc, pour le parti conservateur monarchique, la meilleure marche à suivre, celle qui peut le mieux préparer en sa faveur un retour de l'opinion.

C'est également à elle qu'il importe de s'adresser, en affirmant, par tous les organes de publicité disponibles, les principes mal compris ou volontairement faussés sur lesquels repose la souveraineté nationale. Il entre, en effet, dans la polémique de nos adversaires, d'opposer à cette souveraineté, originairement consentie par la nation, un prétendu droit divin en vertu duquel les rois

[1] TAINE, *Du suffrage universel et de la manière de voter.*

[2] *Bulletin de la République*, publié par le ministère de l'Intérieur, avril 1848.

[3] Alf. FOUILLÉE, *le Suffrage universel : Revue des Deux Mondes*, septembre 1884.

tiendraient immédiatement d'en haut leur mystérieux pouvoir. Cette théorie, que l'on nous impute à faux, ne se déduit ni de la logique, ni de l'histoire; mais, soit méprise, soit mensonge, cela se dit et s'écrit partout. Ne nous lassons donc pas de rétablir la vérité et de rappeler les faits; de répéter que la souveraineté, supérieure aux hommes, comme la justice, en tant qu'élément moral, dépend d'eux et leur est subordonnée dans ses manifestations variables et contingentes; et que la France, lorsqu'elle s'est choisie autrefois une famille souveraine, s'est dessaisie en sa faveur de la souveraineté, et l'en a investie.

Voilà toute la légitimité; chez nous, elle n'est pas autre chose.

Dès lors il ne reste plus, en présence, que deux systèmes contradictoires : la vraie souveraineté nationale, qui est nôtre; et la souveraineté du peuple, celle qui procède uniquement de lui, réside en lui, et qu'il exerce soit indirectement, selon les républicains, par le choix de délégués, soit directement, comme le veulent les bonapartistes, par la désignation d'un chef.

A cette nuance près, ces deux partis confondent leur origine.

Le prince Napoléon l'a compris et signalé dans son premier manifeste. « S'il y a dissidence, dit-il, il n'y a pas entre eux antagonisme absolu [1]. » Mais il équivoque sur la valeur des termes lorsqu'il appelle « nationale » (a)

[1] Manifeste du 15 janvier 1883.

(a) Il emploie indifféremment les expressions de « souveraineté nationale », et « souveraineté du peuple ». — Confusion n'est pas fusion.

cette sorte de souveraineté populaire, comme si une royauté dynastique de plus de huit siècles consécutifs ne pouvait se réclamer de la nation, à des titres antérieurs et supérieurs à ceux des régimes éphémères qui se sont succédé depuis. Ce n'est donc pas « la volonté du peuple [1] » qui est en cause parmi nous, ainsi que le prétend le Prince, car sans elle le passé et l'histoire de la France resteraient inexplicables, mais son usage subséquent et son exercice facultatif. Si cette volonté peut toujours se prononcer sur tout, même lorsqu'elle se déjuge, la constitution définitive d'une République devient une entreprise usurpatrice, aussi bien que l'établissement d'une hérédité impériale : les scrutins, les plébiscites n'y changent rien; et l'état provisoire, qui ne règle que le présent, reste le seul rationnel. Si, au contraire, un peuple se lie par le choix qu'il fait de son gouvernement; s'il est en droit d'engager son avenir pour mieux l'assurer, alors la royauté héréditaire se présente en France comme seule originairement reconnue, la maison royale, comme plus anciennement désignée. Elles sont et demeurent par conséquent légitimes, en vertu de leur antique priorité : tant que la race dure, le titre vaut; mais, « à l'extinction de cette maison, la nation rentre indubitablement dans ses droits : c'est à elle à choisir ». — Qui a dit et dicté cela? Napoléon Ier [2].

Or, elle n'est pas éteinte, cette Maison de France, dont la splendeur, inséparablement unie à celle du

[1] Manifeste du 15 janvier 1883.
[2] *Mémorial de Sainte-Hélène*, comte DE LAS CASES.

pays, a tracé, dans nos annales, un lumineux parcours. Longtemps nous l'avons vue représentée par un prince aussi haut de cœur que de naissance, et grand, plus encore par son attitude et la dignité de sa vie, que par la majesté de son rang. Vraiment royal en son caractère, en sa droiture, en son langage, il était tel qu'il le fallait pour montrer un souverain, et nous le faire regretter. Soucieux de conserver intact le lustre de la couronne, plutôt que de la placer sur sa tête, il se préoccupait également « d'allier aux principes monarchiques les libertés publiques » (a), au nombre desquelles il comptait « le suffrage universel honnêtement pratiqué, et le contrôle de deux Chambres[1] », « l'une nommée par la souverain dans des catégories déterminées, l'autre par la nation selon le mode de suffrage réglé par la loi[2] ». Ainsi faisait-il la part de tous les droits, parce qu'il était leur commun défenseur, et que, chef d'un parti, il n'appartenait à aucun.

La France, après l'avoir repoussé ou méconnu, a paru lui rendre hommage au moment où elle allait le perdre. Pour lui, il est mort à la manière des rois, avec le pardon de Louis XVI et la foi de saint Louis!

Maintenant qu'il n'est plus, doit-on renoncer à tout, désespérer de la France, et porter, avec le deuil de M. le comte de Chambord, celui de la monarchie? Cette réso-

(a) Dans cette même lettre, écrite en 1848 à M. de Saint-Priest, M. le comte de Chambord demandait « la réforme des lois injustes qui privent le plus grand nombre des contribuables de la participation légitime qui leur appartient dans le vote de l'impôt ».

[1] Manifeste de M. le comte de Chambord, du 5 juillet 1871.

[2] Manifeste de M. le comte de Chambord, du 2 juillet 1874.

lution ne serait digne ni de lui, ni de nous. Son principe héréditaire subsiste, et sa race lui survit : c'est assez pour leur demeurer fidèle : et puisque le traité d'Utrecht a réglé la succession royale, puisque l'assentiment des royalistes a désigné M. le comte de Paris comme légitime successeur du Roi, il faut désormais suivre le Prince qui a le devoir de nous conduire, et seconder ainsi la politique d'union dont il a donné l'exemple.

ÉPILOGUE

En terminant une étude où l'on s'est proposé la recherche des principes généraux sur lesquels s'appuie la paix publique, et leur application particulière à la France, jetons un regard au delà de ses frontières, et demandons-nous si la paix internationale, qui complète et parfait celle du dedans, lui est, dès à présent, garantie dans des conditions suffisantes de justice réciproque.

Il n'y a pas besoin de raisonner beaucoup pour montrer le contraire, et, sans parler des guerres lointaines, inconsidérement engagées, qui de nous ne voit, ne sent, dans l'entaille récemment faite au sol de la patrie, un malheur présent et un mal perpétuel?

Tandis que la mer, les Pyrénées, les Alpes, le Jura, nous créent les meilleures et les plus sûres limites, que la neutralité belge et celle de la Suisse nous protégent en nous isolant, à l'est, une ligne de partage factice, tracée en rase campagne, à travers un pays homogène, quitte brusquement les Vosges pour gagner le Luxembourg, et nous sépare de l'Alsace et de la moitié de la Lorraine. Tel est le résultat d'une guerre dont l'Empire et la République assument à part égale la responsabilité, l'un, parce qu'il l'a déclarée pour se relever, l'autre, parce qu'elle l'a poursuivie pour s'imposer.

Sans doute ce douloureux état des choses a été officiellement reconnu; mais, comme il est l'œuvre de la force, comme il ne subsiste que par la contrainte, peut-on dire qu'il soit devenu légitime, que les habitants des provinces conquises n'aient plus désormais de revendications à faire entendre?

Une question si délicate, qui, pour tant de raisons, nous touche et nous émeut, ne peut être résolue par aucun Français : sa décision serait évidemment récusable. Il faut donc la soumettre au tribunal neutre d'un juge étranger et compétent. Faisons mieux; prenons ici pour arbitre le juriste qui possède le plus de vogue et de crédit en Allemagne, celui qui a codifié bon nombre de maximes ayant cours de l'autre côté du Rhin.

Tout en cherchant à glorifier la conquête, Bluntschli avoue qu'elle doit être ensuite justifiée. Il dit textuellement : « La *reconnaissance subséquente, par la population,* de la nécessité du nouvel ordre des choses (traité de paix ou soumission volontaire) purge les vices originaires de l'invasion [1]. » Il y a plus; et voici comment il s'exprime au sujet des annexions : « Un peuple devenu nation, ou en voie de le devenir, a certainement le droit d'attirer à lui les fractions nationales indispensables à son corps, mais *il ne peut pas arracher violemment et contre leur gré* celles dont il peut se passer, *ni celles qui trouvent satisfaction dans les liens d'un autre État* [2]. »

Il est difficile de ne pas reconnaître dans ces axiomes une condamnation, apparemment involontaire, des errements du nouvel Empire (*a*).

[1] BLUNTSCHLI, *Histoire générale de l'État*, l. IV, ch. II.
[2] *Id.*, l. II, ch. IV.
(*a*) Nous croyons cet ouvrage de Bluntschli antérieur à la guerre de 1870.

Mais, répondent les Allemands, nous ne gardons pas une conquête, nous ressaisissons une portion de l'Allemagne qui en a été jadis détachée. — C'est là une erreur historique. Ni l'Alsace ni la Lorraine ne faisaient partie autrefois de l'Allemagne ou Germanie (*a*); elles dépendaient seulement du Saint-Empire, au même titre que l'Helvétie, la Provence ou la Lombardie. En remontant plus haut, c'est-à-dire avant le neuvième siècle (*b*), on les trouverait unies, comme toute la rive gauche du Rhin, à la monarchie franque ou française, et, antérieurement, à la Gaule.

Ces vicissitudes de possession établissent donc une balance entre les deux peuples.

Remarquons d'ailleurs que la Lorraine ducale était affranchie, depuis deux siècles (*c*), de tout lien avec le Saint-Empire, lorsqu'elle nous fut volontairement cédée par ses Ducs (*d*); et que Henri II ne s'empara de Metz, en 1552, qu'en suite du traité de Chambord, conclu avec les princes allemands, ses alliés, qui l'y invitaient formellement (*e*). Au nombre des contractants était l'Électeur de Brandebourg, ancêtre des Hohenzollern et du roi de Prusse actuel. Aux termes de cette cession, « on trouvait bon que le seigneur Roi s'impatronisât, le plus

(*a*) « Germania omnis a Gallia Rheno separatur. » (TACITE.)
« De Alemania in Galliam transmisso Rheno. » (L'év. Othon DE FREISINGEN, auteur du douzième siècle, neveu de l'empereur Henri V.)

(*b*) Le traité conclu en 870, sur la Meuse, au lieu inconnu dit « in Procaspide », entre Héristal et Mersen, a réglé cette séparation à peu près comme elle l'est aujourd'hui.

(*c*) Par le traité de Nuremberg, conclu entre le duc Antoine et le roi des Romains.

(*d*) Le duc François III l'échangea contre la Toscane, en 1737.

(*e*) Ce traité a été ratifié à Chambord le 15 octobre 1551.

tôt qu'il pourrait, des villes qui appartiennent d'ancienneté à l'Empire, et qui ne sont de la langue germanique, savoir de Cambray, Toul, Metz, Verdun et autres semblables (a) ».

Quant à l'Alsace, nous ne pouvons pas, il est vrai, nous réclamer, vis-à-vis d'elle, d'un titre initial aussi bénévolement concédé; et la différence des idiomes, jointe aux obstacles du sol, semblerait de prime abord devoir la séparer davantage. Sa fidélité deux fois séculaire, son invincible attachement à la France témoignent cependant du contraire; et, aujourd'hui que nos droits sur elle se trouvent amoindris, elle conserve toujours les siens sur nous.

Dans un pareil conflit, où les griefs et les revendications se heurtent de part et d'autre, il est difficile de trouver place pour un accommodement équitable, et hasardeux d'en proposer les moyens. Les circonstances, d'ailleurs, n'y semblent guère propices; et la solution de ce problème international n'est pas arrivée à maturité. On pressent seulement qu'elle est double, ainsi que le comporte la diversité de caractère des provinces perdues. En Alsace, pays intermédiaire, elle devrait dépendre de la volonté des populations, affirmée par la durée : tandis qu'en Lorraine, surtout dans la région messine, elle resterait indissolublement liée, par la nature, aux destinées de la France.

Espérons, sans trop y compter, qu'un jour l'Allemagne, comme aussi l'Europe, en viendra à comprendre l'injustice des annexions forcées, et à reconnaître leur préjudice.

(a) L'original est aux Archives de Paris.

Depuis le commencement de ce siècle, plusieurs actes diplomatiques conclus entre de grandes puissances, la Sainte-Alliance, la Déclaration d'Aix-la-Chapelle, le traité de Paris, ont formulé des vœux solennels en faveur du maintien de la paix. Vœux stériles! Il n'y a, il ne peut y avoir pour chaque nation, non plus qu'entre les nations, de paix publique durable et profitable que celle qui est fondée sur la justice; et il faut se résoudre à « accomplir toute justice[1] », pour assurer, autant que possible, toute la paix.

[1] *Év. selon saint Matthieu*, ch. III, § 15.

FIN.

TABLE

	Pages.
Avant-propos	1

PREMIÈRE PARTIE

Chap. premier	7
— II	11
— III	22
— IV	29
— V	37
— VI	41
— VII	51
— VIII	61
— IX	74
— X	87
— XI	100
— XII	109
— XIII	117
— XIV	129
— XV	138
— XVI	147
— XVII	163
— XVIII	181

DEUXIÈME PARTIE

Chap. premier	215
— II	232

Pages.
CHAP. III. 250
— IV. 270
— V. 287
— VI. 302

ÉPILOGUE. 323

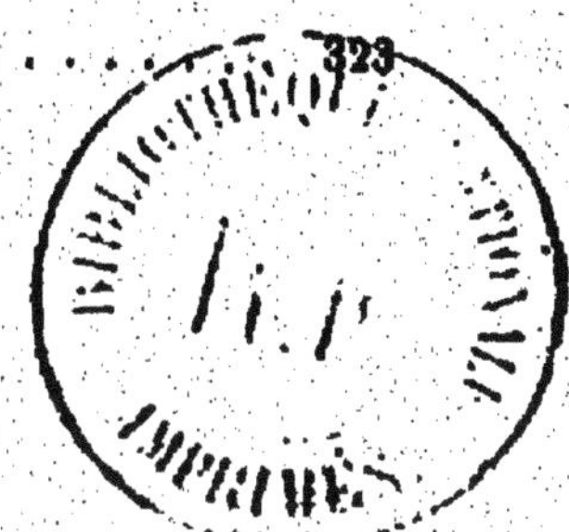

FIN DE LA TABLE.

PARIS
TYPOGRAPHIE DE E. PLON, NOURRIT ET Cie
Rue Garancière, 8.

www.ingramcontent.com/pod-product-compliance
Ingram Content Group UK Ltd.
Pitfield, Milton Keynes, MK11 3LW, UK
UKHW021924230726
13925UKWH00007B/246

9 782013 546065